Schwierigkeiten mit der Moral

Philipp Aerni · Klaus-Jürgen Grün
Irina Kummert (Hrsg.)

Schwierigkeiten mit der Moral

Ein Plädoyer für eine neue
Wirtschaftsethik

 Springer VS

Herausgeber
Philipp Aerni
Universität Zürich, Schweiz

Klaus-Jürgen Grün
Goethe-Universität Frankfurt
am Main, Deutschland

Irina Kummert
Ethikverband der deutschen Wirtschaft
e. V. Berlin, Deutschland

ISBN 978-3-658-10281-4   ISBN 978-3-658-10282-1 (eBook)
DOI 10.1007/978-3-658-10282-1

Die Deutsche Nationalbibliothek verzeichnet diese Publikation in der Deutschen Nationalbi-
bliografie; detaillierte bibliografische Daten sind im Internet über http://dnb.d-nb.de abrufbar.

Springer VS
© Springer Fachmedien Wiesbaden 2016

Lektorat: Frank Schindler, Daniel Hawig

Gedruckt auf säurefreiem und chlorfrei gebleichtem Papier

Springer Fachmedien Wiesbaden ist Teil der Fachverlagsgruppe Springer Science+Business Media
(www.springer.com)

Inhalt

Vorwort

Welche Rolle spielt die Moral für unser Handeln? Steht sie uns vielleicht sogar im Weg? Im Zusammenhang mit Finanz- und Wirtschaftskrisen ist eine sich immer weiter öffnende Schere des Misstrauens zwischen Wirtschaft und Gesellschaft zu beobachten. In Anbetracht dessen muss die Frage gestellt werden, ob wir eine neue Form von Wirtschaftsethik brauchen: eine Wirtschaftsethik, die den Menschen wirklich Orientierung gibt, statt sie ins Dunkel zu führen, eine Wirtschaftsethik, die dem Anspruch, den sie erhebt, Schaden von den Menschen und der Gesellschaft abzuwenden, tatsächlich gerecht wird.

Am 5. September 2014 fand in Zürich eine viel beachtete und gut besuchte Konferenz zum Thema *Lüge, Vertrauen und Verbindlichkeit – Welche Ethik vermittelt zwischen Wirtschaft und Gesellschaft?* statt. Wissenschaftler verschiedener Disziplinen, darunter Philosophen, Soziologen, Psychologen und Betriebswirte, sowie ranghohe Repräsentanten aus Unternehmen diskutierten im *Center for Corporate Responsibility and Sustainability* an der Universität Zürich darüber, welche Rolle Aspekte der Ethik und Moral an der Schnittstelle zur Wirtschaft spielen und spielen sollten. Die Beiträge behandelten aus unterschiedlichen Perspektiven, in welchen Konstellationen es zu Missverständnissen, ja zu Schwierigkeiten im Umgang mit der Moral kommen könnte, die einerseits als fester Bestandteil wirtschaftlichen Handelns gesehen und andererseits insbesondere im ökonomischen Kontext in Frage gestellt wird.

Die Idee zu dieser Konferenz entstand Anfang 2014 in Berlin im Rahmen eines Philosophie-Kolloquiums, das von Klaus-Jürgen Grün durchgeführt wurde. Einen ganzen Tag hatten wir uns intensiv auseinandergesetzt mit Karl Poppers Kritik am geschlossenen Denken und seiner Warnung vor bestimmten Denkformen, die ein Scheinwissen über die Entwicklung der Zukunft verbreiten. Wir diskutierten Poppers Vorstellung von Dialektik und seine Kritik am induktiven Vorgehen – aus einer endlichen Anzahl von Beobachtungen ein allgemeines Gesetz abzuleiten –, was zu Fehlschlüssen führen kann. Die Position Poppers, Erkenntnisfortschritt nicht aus einer a priorischen Vorgehensweise, sondern aus einer trial-and-error-Methode zu gewinnen und alle Erkenntnisse immer wieder zur Diskussion zu stellen, begeisterte uns. Sie begeisterte uns deshalb, weil für Popper in erster Linie der Widerstreit der Ideen Fortschritt generiert, da nicht von vorne herein klar ist, wie das Resultat aussehen wird. Wir fragten uns gleichzeitig, warum es den meisten von uns so schwerfällt, den Gedanken zu ertragen, dass das was wir als Überzeugung in unseren Köpfen haben, möglicherweise nicht nachweisbar oder sogar zweifelhaft ist. Nach dem Kolloquium, bei einem guten Glas Wein und einer unvergesslichen italienischen Pasta, beschlossen Klaus-Jürgen Grün und ich, unsere Schwierigkeiten mit der Moral zum Gegenstand einer interdisziplinären Konferenz zu machen.

Mit diesen Gedanken in unseren Köpfen, sprachen wir Philipp Aerni, den Direktor des Center for Corporate Responsibility and Sustainability (CCRS) an der Universität Zürich und langjähriger Weggefährte von Klaus-Jürgen Grün an. Wir fragten ihn, was er von der Idee einer interdisziplinären Konferenz zu diesem Thema hält und konnten ihn so dafür begeistern, dass er nicht nur vorschlug, die Konferenz an der Hochschule in Zürich durchzuführen, sondern sich auch maßgeblich in die Organisation der Konferenz einbrachte. Wir hatten uns schnell darauf verständigt, wen wir zu dieser Konferenz einladen wollten, aber würde es auch gelingen, unsere Wunschreferenten für eine Teilnahme zu gewinnen? Dass die Konferenz am 5. September 2014 in Zürich stattgefunden hat, nimmt die Antwort auf diese Frage vorweg: Es ist gelungen, es war großartig, inspirierend und spannend. Aus diesem Erlebnis ist der Gedanke geboren, die Ergebnisse aus der Konferenz in einem Buch zusammenzufassen und zu veröffentlichen. Mit Unterstützung von Springer VS und dem Cheflektor Ethik und Geschichte Frank Schindler konnte auch dieses Vorhaben realisiert werden.

Die in diesem Buch vorliegenden Beiträge behandeln unser Thema unter ganz unterschiedlichen Aspekten. Das Spektrum reicht von der Auseinandersetzung mit der Kontextualität von Moral und Regulierung unter besonderer Berücksichtigung des Kapitalmarktes über die Betrachtung der Kontextabhängigkeit von Moral, den ungerechtfertigten Gegensatz zwischen Natur und sozialem Verhalten, die gesellschaftsbedingten Unterschiede in der Gewohnheit zu lügen, der Bedeutung von Heuristiken für Entscheidungen unter Unsicherheit, den Unterschied zwischen physischer Gesetzlichkeit und moralischer Gesetzgebung, der kritischen Betrachtung des Nachhaltigkeitsbegriffs bis hin zur provokanten These, dass sich Wirtschaftsethik ausgezeichnet als Warnung vor der Moral eignet.

Wir freuen uns, dass es gelungen ist, aus einer Idee ein konkretes Projekt zu machen und wünschen uns, dass wir damit eine Debatte für eine neue Wirtschaftsethik anstoßen können.

Irina Kummert
Berlin im Juni 2015

I Märkte und Moral

Absicherungsstrategien und Scheinsicherheit: Die Kontextualität von Moral und Regulierung unter besonderer Berücksichtigung des Kapitalmarktes

Irina Kummert

»Erfolg garantiert!« Mit diesem oder einem ähnlichen Slogan werben moderne Partnervermittlungen für ihre Dienstleistung. Es scheint so, als sei sogar die Liebe, dieses unkalkulierbare Phänomen, unserem Sicherheitsdenken zum Opfer gefallen. Dass Partnervermittlungen einen derart großen Zulauf haben und Menschen ihr Beziehungsglück nicht mehr dem Zufall überlassen wollen, ist nur ein Indikator dafür, dass unsere Bereitschaft, Risiken einzugehen gesunken ist. Weil wir die Zukunft nicht vorhersagen können, weil sie unserem Kalkül verschlossen bleibt, weil wir Angst haben vor Verlusten und vor dem Scheitern, neigen wir dazu, uns abzusichern. Das gilt neuerdings offenbar nicht nur für die Liebe, sondern auch für unternehmerische Entscheidungen, die immer eine Chancen-Risikoabwägung voraussetzen und nicht selten der Anfang von Innovation sind. Von Innovationen erwarten wir, dass sie positiv wirken, dass sie unsere Welt vereinfachen oder reicher machen. Wir erwarten das. Wissen können wir es nicht. Viele unternehmerische Impulse sind daher ein Abenteuer, auf das wir uns einlassen. Ein Abenteuer mit ungewissem Ausgang und damit gleichzeitig ein Risiko.

Durch die Wirtschaftskrise, die 2007 begonnen hat, 2009 zum Zusammenbruch der Finanzmärkte führte und kurze Zeit später ganze Volkswirtschaften betraf, haben sich unser Blick auf Ethik und Moral an der Schnittstelle zur Wirtschaft und unsere Haltung gegenüber Risiken entscheidend verändert. Im Kapitalmarktgeschäft haben wir vor Beginn der Finanzmarktkrise Risiken noch differenziert betrachtet. Es gab Risiken, die man eingehen konnte und Risiken, die man nicht eingehen sollte. Heute ist das Phänomen des Risikos grundsätzlich negativ belegt. Am liebsten wollen wir überhaupt kein Risiko mehr eingehen und versuchen, möglichst alles durch Regeln abzusichern. Die Kombination von Wagen und Gewinnen geht uns auch deshalb heute nicht mehr so leicht über die Lippen, weil wir uns in einem gesellschaftlichen Klima bewegen, in dem schon die Bereitschaft, Risiken einzugehen als unmoralisch gilt.

Der von dem amerikanischen Soziologen Erving Goffman eingeführte Begriff des Framings beschreibt gut, welche Mechanismen hier wirken. (Goffman, 1974) Ein Frame bezeichnet nach Goffman das Phänomen, dass durch bestimmte Kontexte die Bedeutung von Begriffen beeinflusst und damit die Wahrnehmung der Realität verändert wird. Auch die Bewertung und Einschätzung von Gefahrenpotenzialen ist kontextabhängig und kann somit unabhängig davon, ob sich damit in Verbindung stehende Faktoren verändert haben oder nicht stark variieren. Insbesondere die Rolle der Medien im Hinblick auf die subjektive Wahrnehmung von Risiken ist nicht zu unterschätzen, da diese bereits das Verständnis und die Einordnung des Begriffs des Risikos selbst abgelöst von konkreten Situationen beeinflussen können. Im Ergebnis sind wir nicht mehr in der Lage, das Gefahrenpotenzial von realen Situationen adäquat einzuschätzen.

Der amerikanische Psychologe Daniel Kahneman benutzt den Begriff des Framing-Effektes »für ungerechtfertigte Einflüsse von Formulierungen auf Überzeugungen und Präferenzen«. Am Beispiel unterschiedlich formulierter Fragestellungen beschreibt er einen emotionalen Framing-Effekt, durch den bei Versuchspersonen eine unterschiedlich ausgeprägte Bereitschaft, ein Risiko einzugehen ausgelöst wird. Kahneman stellte seinen Probanden folgende Fragen: »Würden Sie eine Lotterie eingehen, die eine 10-prozentige Chance, 95 Dollar zu gewinnen, und eine 90-prozentige Chance, 5 Dollar zu verlieren, bietet?« und »Würden Sie 5 Dollar bezahlen, um an einer Lotterie teilzunehmen, die eine 10-prozentige Chance, 100 Dollar zu gewinnen, und eine 90-prozentige Chance, nichts zu gewinnen, bietet?«. Die Formulierung der zweiten Frage löste eine deutlich höhere Risikobereitschaft aus, obwohl es sich inhaltlich um dieselbe Aussage handelt. Die Ursache dafür ist darin zu sehen, dass die Aussicht auf mögliche Verluste stärkere negative Gefühle hervorruft als mögliche Kosten. (Kahneman, 2012, S. 175)

Die Finanzkrise hat uns gezeigt, dass Vieles, was wir bis dahin für sicher hielten keineswegs sicher ist. Vor diesem Hintergrund wird es immer häufiger als verantwortungslos eingestuft, vermeintlich Sicheres zugunsten des Unbekannten aufs Spiel zu setzen. Diese Entwicklung wird sich auch darauf auswirken, wie entschlossen wir Chancen nutzen – mit entsprechenden Konsequenzen für unsere Volkswirtschaft. Der Philosoph Karl R. Popper, der Erfinder des Modells der offenen Gesellschaft, vertritt die Position, dass sich Erkenntnis und Fortschritt nur im Neuen, Unerwarteten manifestieren und nicht aus Erkenntnissen, die sich aus dem bereits Bekannten erschließen. (Vgl. Popper et al. 1985, insb. S. 13–39) Popper wirbt in seiner Schrift *Die offene Gesellschaft und ihre Feinde* dafür, sich auch auf das Unsichere, Ungewisse einzulassen, das, was wir zu wissen glauben, immer wieder zu hinterfragen und offen zu sein für das Unbekannte. Für Popper würde die häufig genutzte Redewendung ›Ich habe eine Nische gefunden‹ ein Gefühl der Geschlossenheit transportieren, obwohl wir mit dem Satz eigentlich etwas Positives aussagen wollen. Wir gehen sprachlich und damit auch gedanklich automatisch von einem begrenzten Fundus an Nischen, also Möglichkeiten aus und eine davon haben wir besetzt. Im Gegensatz zu diesem statischen Bild, muss es nach Popper das Ziel jeder Unternehmerpersönlichkeit sein, neue Felder zu entdecken, die es noch gar nicht gibt, anstatt es als Vorteil zu empfinden, das aufzuteilen, was schon da ist. Indem wir die Nischen unter uns aufteilen und unseren Status absichern, verhalten wir uns nach der von dem Psychologen Detlef Fetchenhauer entwickelten Fixed-Pie-Annahme. Gemäß dieser Theorie gehen ökonomische Laien davon aus, dass der Wohlstandskuchen bereits gebacken, verteilt und kein Vorteil für einen Akteur möglich ist, ohne dass einem anderen Akteur ein Stück vom Kuchen weggenommen wird. Für Menschen, die der Fixed-Pie-Annahme folgen gibt es keinen Blick über den Tellerrand, weil es nur den Teller gibt. Der Gedanke ›der Kuchen ist verteilt‹ wird normalerweise so weitergedacht: ›Wachstum nutzt nicht der Gemeinschaft, sondern nur einzelnen Profiteuren‹, weil jedes Wachstum, jeder Fortschritt in dieser Gedankenwelt lediglich eine Umverteilung ist. (Vgl. Kummert, 2013, S. 104) Warum gehen wir automatisch von begrenzten Möglichkeiten aus? Indem wir versuchen, unsere Situation abzusichern, verzichten wir auf die Chance, unsere Situation zu verbessern. Wir sichern ab, weil wir glauben, dass unsere Möglichkeiten begrenzt sind: Es geht uns schon gut. Besser geht nicht. Wir könnten stattdessen fragen: Wieso eigentlich nicht? Diese Bereitschaft zur Offenheit wäre für Popper die Art von Innovation, mit der wir uns unter anderem aus Angst vor dem Ungewissen so schwer tun. Unsere Sprache hilft uns dabei, die Unwägbarkeiten des Ungewissen auszuhalten: Wir sprechen von ›der Angst vor dem Fliegen‹, obwohl wir die Angst vor dem Absturz meinen. Peter Handke formulierte die *Angst des Tormanns beim Elfmeter* und nicht die Angst des Torhüters vor dem Versagen.

Kaum ein Philosoph kann treffender zusammenfassen, worauf es ankommt als Popper: »Wenn wir von einer Rückkehr zu unserer Kindheit träumen, wenn wir versucht sind, uns auf andere zu verlassen und auf diese Weise glücklich zu sein, wenn wir vor der Aufgabe zurückschrecken, unser Kreuz zu tragen, das Kreuz der Menschlichkeit, der Vernunft und der Verantwortlichkeit, wenn wir den Mut verlieren und der Last des Kreuzes müde sind, dann müssen wir uns mit einem klaren Verständnis der einfachen Entscheidung zu stärken suchen, die vor uns liegt. Wir können wieder zu Bestien werden. Aber wenn wir Menschen bleiben wollen, dann gibt es nur einen Weg, den Weg in die offene Gesellschaft. Wir müssen ins Unbekannte, ins Ungewisse, ins Unsichere weiterschreiten und die Vernunft, die uns gegeben ist, verwenden, um, so gut wir es eben können, für beides zu planen: nicht nur für Sicherheit, sondern zugleich auch für Freiheit.« (Popper 1975, S. 405) Poppers Position verhallt ungehört. Stattdessen deutet vieles darauf hin, dass wir in einer Welt angekommen sind, in der die mutige, charismatische, leidenschaftliche und dynamische Unternehmerpersönlichkeit dem sicherheitsorientierten, bedachten und kalkulierenden Manager Platz machen soll, der seine moralische Integrität in erster Linie dadurch unter Beweis stellt, dass er Risiken vermeidet. (Vgl. auch Kummert in: *Ethik im Mittelstand,* 2015)

Ein äußerer Beleg für die gewachsene Risikosensibilität ist, dass in den letzten Jahren vor allem in dem durch das Kapitalanlagegesetz regulierten Bankensektor im Risikomanagement und im Bereich Compliance die meisten Stellen neu geschaffen oder bestehende Abteilungen massiv ausgebaut wurden (Vgl. Härle et al., 2010). Die Angst davor, Risiken einzugehen und der Versuch, sie zu vermeiden kostet viel Geld. Eine Studie der Wirtschaftsprüfungsgesellschaft KPMG nennt konkrete Zahlen:»Hochgerechnet betragen die direkten Kosten der Regulierung über alle deutschen Kreditinstitute kumuliert 2010 bis 2015 entsprechend zirka 8,6 Milliarden Euro, womit in diesem Zeitraum also durchschnittlich jedes Jahr etwa 1,4 Milliarden Euro in dieser Kostenkategorie anfallen.« (KPMG, 2013, S. 6)

Moral steht nicht im Widerspruch zu ökonomischer Wertschöpfung

Die derzeit vorherrschende öffentliche Meinung ist, dass wir so viele Regeln wie möglich brauchen, damit die Wirtschaftsakteure nicht tun können, was sie wollen. Dieses Denkmuster fasst ökonomische Interessen und Moral als gegensätzliche Pole auf, was fatale Konsequenzen für unsere Wirtschaftskraft und damit auch für unser Gemeinwesen haben kann. Ethik und Moral sind dazu da, Schaden von den Menschen und der Gesellschaft abzuwenden. Den ökonomischen Prozess menschlich zu gestalten, muss daher das wichtigste Ziel einer Wirtschaftsethik sein. Ihr Zweck ist es nicht, unternehmerische Aktivitäten grundsätzlich kritisch zu betrachten oder gar abzuwehren.

Die Gefahr, dass Ethik und Moral zu Antipoden von ökonomischer Wertschöpfung gemacht werden, statt sie in den Wirtschaftsprozess zu integrieren, besteht allerdings. Die Architektur unserer Gesellschaft hat sich durch unterschiedliche Krisenszenarien verändert, ist angreifbarer, instabiler und das gesellschaftliche Klima gegenüber unternehmerischer Gewinnerzielung kritischer geworden. Der ökonomische Erfolg von Unternehmen wird pejorativ hinterfragt, indem nicht nur genau hingesehen wird, ob der Gewinn auf Kosten von Geschäftspartnern/innen oder Mitarbeitern/innen erzielt wurde. Gelegentlich werden Unternehmen, unabhängig davon, ob sie sich ihrer Mitarbeiterschaft gegenüber tatsächlich unfair verhalten haben oder nicht, unter Generalverdacht gestellt und es wird vermutet, dass unternehmerische Gewinne durch die Übervorteilung

Schwächerer entstanden seien – der Verlauf der Debatte um die Einführung des Mindestlohns im Frühjahr 2015 ist ein gutes Beispiel dafür.

Eine existenzielle Frage, die sich im aktuellen gesellschaftlichen Klima jeder Entscheider und jede Entscheiderin stellen muss ist, wie sie als Wirtschaftsakteure wahrgenommen werden und wie sie wahrgenommen werden möchten. Spätestens seit dem Beginn der Finanzkrise 2007 ist es evident, dass unternehmerische Aktivitäten nur dann gesellschaftliche Akzeptanz erfahren, wenn wirtschaftliches Denken und Handeln als fair und glaubwürdig erlebt wird.

Wenn wir als Volkswirtschaft einerseits weiterhin wirtschaftlich erfolgreich bleiben und andererseits mögliche Risiken für einzelne Menschen und unsere Gesellschaft minimieren wollen, dann sollten sinnvolle, klare und einfache Regeln dazu beitragen, die Entscheidungskompetenz der Menschen vor allem in Entscheidungssituationen unter Unsicherheit weiterzuentwickeln, um sie in komplexen Entscheidungssituationen zu unterstützen. Die Realität sieht jedoch ganz anders aus.

Regulierung ist kein Garant für ein höheres moralisches Bewusstsein der Akteure

Das Kapitalanlagegesetzbuch, KAGB, das 2013 infolge der Finanzkrise vom Deutschen Bundestag beschlossen wurde und unter anderem den so genannten *grauen Kapitalmarkt* regulieren soll, enthält 355 Paragraphen, 14 Übergangsvorschriften, 12 verschiedene Begriffe für Manager und 36 verschiedene Begriffe für Fonds. Das Gesetz weist Inkonsistenzen und Unklarheiten auf, die wegen des dadurch erhöhten Beratungsbedarfs bereits kurz nach seiner Verabschiedung dazu beigetragen haben und nach wie vor dazu beitragen, dass Rechtsanwaltskanzleien und Steuerberatungsgesellschaften mehr zu tun haben. Darüber hinaus dauert es erfahrungsgemäß nicht lange, bis ein findiger Kapitalmarktakteur, wenn er es denn will, einen Weg gefunden hat, eine Regulierung auszuhebeln. Es kommt zu einer Regulierungs-/Regulierungsumgehungsspirale, die nicht im Sinne des Erfinders der Regeln sein kann.

Statt mehr Ethik in den Wirtschaftsprozess einzubringen, führen die seit Beginn der Finanzmarktkrise implementierten Regulierungsmaßnahmen dazu, dass die Funktionsfähigkeit eines maßgeblichen Wirtschaftszweigs empfindlich gestört wird, was auch volkswirtschaftlich kein Vorteil ist. Speziell im Kapitalmarktgeschäft wurden Regeln eingeführt, die angeblich die Verbraucher/innen schützen sollen, tatsächlich aber eine ganze Branche lahm legen und es einzelnen Akteuren nach wie vor ermöglichen, sich kriminell zu verhalten wenn sie es darauf anlegen.

Obwohl die Regulierungsdichte im Kapitalmarktgeschäft seit 2007 steil angewachsen ist, haben die bisherigen Regulierungsmaßnahmen demzufolge nicht den gewünschten Erfolg gebracht. Auf diese Erkenntnis mit noch mehr Regeln zu reagieren ist auch deshalb nicht sinnvoll, weil mehr Regulierung kein Garant für ein höheres Maß an moralischem Bewusstsein bei den Wirtschaftsakteuren und damit der Erfolg zusätzlicher Regulierungsmaßnahmen fraglich ist.

Regeln, unabhängig davon wie sinnvoll sie sind, werden zum Teil aus Gewohnheit und einer Konvention folgend, aber nicht aus Überzeugung eingehalten. Würden wir einen Menschen, dem die Überzeugung fehlt, dass es sinnvoll ist, sich im Umgang mit Anderen daran zu halten, erstmals mit der Regel ›Du sollst nicht lügen‹ konfrontieren, würde er sich vielleicht an die Regel halten. Er würde es tun weil es von ihm erwartet wird und weil es eine Konvention ist, auf deren Einhaltung sich die Gemeinschaft, in der er lebt verständigt hat.

Nun könnte man den Standpunkt vertreten, dass die Motivation des Einzelnen, sich an eine Regel zu halten, keine Rolle spielt solange das Ergebnis stimmt. Gehen wir davon aus, dass die betreffende Person sich an die Regel hält, sie zwar nicht reflektiert und lediglich einer Konvention folgt, aber sie lügt eben auch nicht. Hier wird die Auffassung vertreten, dass damit das gewünschte Ziel nicht erreicht wäre, weil folgende Aspekte nach wie vor unbefriedigend sind: Es ist keineswegs sicher, dass eine Person sich stabil an eine Regel hält, wenn sie es unreflektiert und ohne Überzeugung tut. Hinzu kommt, dass es gute Gründe dafür gibt, sich über Regeln hinwegzusetzen. Ob Regeln eingehalten werden oder nicht, wird ohne Reflexion und ohne Überzeugung der handelnden Personen zum Vabanque-Spiel. Unabhängig davon stellt sich die Frage, ob eigentlich jemand, der zwar unreflektiert, aber regelkonform handelt noch ein Mensch ist oder schon Erfüllungsgehilfe einer von wem auch immer festgelegten Strategie. Es könnte sein, dass aus diesem Gefühl heraus mehr Regeln übertreten werden als uns lieb sein kann.

Was uns dazu verführt, Regeln zu übertreten

Wenn wir uns regelkonform verhalten, entgehen wir möglichen Sanktionen, finden uns nicht mit Negativschlagzeilen auf der ersten Seite einer deutschen Boulevard-Zeitung wieder und müssen kein schlechtes Gewissen haben. Eine Regel wie ›Du sollst nicht lügen‹ hat also ziemlich viele Vorteile, es gibt sie schon lange und keiner kann behaupten, von ihr noch nie gehört zu haben. Gleichwohl lügen wir, das belegen wissenschaftliche Studien, durchschnittlich zweimal am Tag (Lukesch, 2003). Wenn es stimmt, dass Regeln auch deshalb sinnvoll sind, weil sie das Leben einfacher machen, warum gibt es dann im ökonomischen Kontext so viele Abweichungen? Die Antwort auf diese Frage ist: Es gibt starke, zum Teil im Belohnungssystem unseres Gehirns verankerte Motive, die uns dazu verführen, Regeln zu umgehen oder zu missachten.

Der Evolutionsbiologe Robert Trivers vertritt die These, dass unser Vertrauen in unsere Fähigkeiten und unser Geltungsbedürfnis so groß sind, dass wir dazu neigen, Regeln zu übertreten. Trivers konnte in seiner Studie *Deceit & Self Deception* darüber hinaus zeigen, dass Selbstüberschätzung und Selbstbetrug wesentliche Ursachen unter anderem dafür sind, dass wir andere belügen. Demnach lügen wir, weil wir besser dastehen wollen als wir sind und wir scheitern, weil wir uns selbst maßlos überschätzt haben. Trivers zeigt am Beispiel mehrerer Regelübertretungen durch Piloten aufgrund von Selbstüberschätzung, welche fatalen Folgen dieser Mechanismus haben kann. Für den Kapitalmarkt stellt er fest, dass die Illusion zu glauben, über mehr Informationen zu verfügen als es tatsächlich der Fall ist, zu Fehleinschätzungen bei Aktienkäufen führt. Von signifikant hoher Bedeutung sei daher das Maß an Selbstüberschätzung für Verluste an der Börse: »One work was notable for studying multiple kinds of overconfidence as possible correlates of trading volume. The key correlate to overconfidence turned out to be the good old ›above-average effect.‹ The average investor rated him- or herself above average in ability and past performance. And the more an individual did so, the more he or she traded, even though there was no correlation with actual past performance. This resulted in more trading with no average gain and an average loss due entirely to the transaction costs. Believing that there is more information than in fact there was, that is, underestimating the variance of the signal, was not correlated with trading activity, only overestimation of self.« (Trivers, 2011 S. 103 f.)

Der Psychologe Dietrich Dörner hat in seiner Studie *Die Logik des Mißlingens* anhand von realen Beispielen gezeigt: Die Verletzung von Vorschriften lohnt sich. Es erleichtert das Leben, wenn man die Einschränkung durch Vorschriften los ist, weil man sich freier bewegen kann. Die positiven Folgen der Verletzung von Vorschriften, so Dörner, führen dazu, dass die Tendenz steigt, sie zu übertreten. Dadurch wiederum erhöht sich die Gefahr, dass es zu Zwischenfällen, zu Krisenszenarien kommt. (Dörner, 2003)

Plakativer äußerte sich der Philosoph Robert Pfaller in einem Interview mit der Frankfurter Allgemeinen Sonntagszeitung zu unserem Spaß insbesondere an dem, was vermeintlich verboten ist: »Alles, wofür es sich zu leben lohnt, ist rund um eine zwiespältige Eigenschaft gebaut: Es ist teuer wie Partykleidung, ungesund wie Alkohol, unanständig oder unappetitlich wie Sex, unangenehm wie die Bierdusche, die siegreichen Fußballtrainern den Anzug ruiniert, unvernünftig wie Phantasie, Spiel, Müßiggang oder Verausgabung.« (Pfaller, 2011)

Trivers, Dörner und Pfaller zeigen aus unterschiedlichen Perspektiven, dass eine Regel immer auch die Lust transportiert, genau das zu tun, was man nicht

tun darf, dass die Übertretung von Regeln gelegentlich Spaß machen kann und
dass Regeln das Wesen des Menschen nicht immer ausreichend berücksichtigen.
Der Philosoph Klaus-Jürgen Grün geht noch weiter, indem er die Lust am Verbotenen als konstitutives Element von Moralvorschriften beschreibt: »Gäbe es
nicht die unbewusste Angst vor der Lust zum Übertreten der Verbote, so gäbe
es auch keine religiösen und sozialen Moralsysteme. Angst ist nicht die margina-
le Ausnahme, sondern sie ist konstitutiv für das moralische Bewusstsein.« (Grün,
2011, S. 60)

Regelkonformität statt Reflexion und Eigenverantwortung

Was wir uns wünschen ist doch, dass Wirtschaftsakteure sich nicht nur an bestimmten Werten und daraus resultierenden Verhaltensregeln orientieren, weil
man ihnen sagt, dass sie sich daran zu halten haben. Vielmehr sollten die handelnden Personen aus sich heraus motiviert sein, sich verantwortungsbewusst zu
verhalten und zu den Entscheidungen stehen, die sie getroffen haben. Ein Indikator dafür, dass das nicht mehr selbstverständlich zu sein scheint, ist die Beobachtung, dass es in den letzten Jahren zunehmend zu Klagen auch von Seiten profes-
sioneller Anleger gegenüber Banken gekommen ist, nachdem sie in Kenntnis der
Risiken eine Anlageentscheidung getroffen haben, die sich als nicht vorteilhaft er-
wies. Professionelle Anleger, denen man unterstellt, dass sie wissen was sie tun,
klagen gegen Banken aufgrund von Falschberatung. In diesen Fällen wird nicht
nur die eigene Entscheidungsfähigkeit ex post in Abrede gestellt. Vielmehr werden
das aktuelle Klima des Misstrauens gegenüber einer ganzen Branche und die Versuche, diese Branche zu regulieren dazu genutzt, um sich Vorteile zu verschaffen.
Überspitzt formuliert müssen professionelle Kapitalmarktakteure für ihre Anlageentscheidungen keine Verantwortung mehr übernehmen, wenn sie mit derartigen Klagen durchkommen.

Sehr verkürzt bedeutet Verantwortung zu übernehmen, für die vorherseh-
baren Folgen des eigenen Handelns einzustehen. Wenn das Handeln von Wirtschaftsakteuren in erster Linie danach bewertet wird, ob sie sich regelkonform
verhalten haben, geht es nicht mehr explizit darum, eine Handlung danach auszurichten, ob die betreffende Person mit den Konsequenzen ihres Handelns leben
will. Vielmehr gibt uns die Regel bereits den Weg vor: Wir haben uns dann verantwortungsbewusst verhalten, wenn wir uns an die Regel gehalten und waren verantwortungslos, wenn wir die Regel ignoriert haben. Insofern wird der Begriff der
Verantwortung ein Stück weit ersetzt durch die Forderung nach Regelkonformität. Wenn dieser Zusammenhang hergestellt wird, hätte dies weitreichende Auswirkungen auf die Motivation, die Rezeption und die Validität von Aussagen, in

denen Verantwortung eingefordert wird. Deshalb lohnt sich ein Blick auf die Mechanismen, die wirken können, wenn wir mit moralisch codierten Begriffen wie Verantwortung argumentieren.

Moralisch codierte Begriffe und deren inhärente Botschaft

Wer von Verantwortung oder Gerechtigkeit spricht, der meint meistens die Anderen und nutzt damit Moral auch als Strategie, um Zustimmung einzufordern oder die eigenen Ziele durchzusetzen. Wir argumentieren unter anderem deshalb mit moralisch codierten Begriffen, weil sie uns helfen, unsere Ziele zu erreichen. Das gelingt, indem wir deren inhärente Botschaft nutzen: so wie das Wort *Ethik* immer ethisch klingt, klingt *Verantwortung* immer nach einer Pflicht, der man sich nicht entziehen darf. Jeder glaubt zu wissen, was mit der Forderung, Verantwortung zu übernehmen gesagt werden soll. Deshalb wird vielfach nicht nur nicht mehr nach*gefragt,* sobald in moralischen Kategorien argumentiert wird, sondern es wird auch nicht mehr nach*gedacht.* Tatsächlich hat jeder einen Begriff davon, was mit Verantwortung gemeint sein soll – nur eben seinen eigenen. Dieser eigene Begriff ist ein Abbild persönlicher Erfahrungen und individueller Kränkungen, was für viele, wenn nicht für alle moralisch codierten Begriffe gilt.

Die Richtigkeit dieser These lässt sich leicht am Beispiel des Begriffs *Gerechtigkeit* belegen. Die Forderung nach einer höheren Qualität ethisch-moralischer Maßstäbe ist dann am lautesten, wenn das gesellschaftliche Klima unter dem Einfluss von politischen und wirtschaftlichen Unwägbarkeiten steht. Insbesondere in Krisensituationen also, in denen wir über die Verteilung von Lasten und Pflichten nachdenken müssen, wird die Forderung nach einem Wert wie Gerechtigkeit hörbarer. Es muss allerdings erst ein persönliches Interesse da sein, damit sich das Empfinden, ungerecht behandelt worden zu sein, einstellt. Was wir meinen, wenn wir Gerechtigkeit fordern, hat seine Wurzeln in unserer individuellen Situation und emotionalen Befindlichkeit und ist damit nicht nur subjektiv, sondern sogar situationsabhängig. Mit der Aussage ›Die Welt ist nicht gerecht‹ formuliert die betreffende Person zwar, dass es keine Gerechtigkeit gibt, setzt aber mit ihrer Behauptung voraus, zu wissen, was Gerechtigkeit eigentlich ist. Sie kommuniziert gleichzeitig mit der Behauptung eine bestimmte Erwartungshaltung, die ihrer Vorstellung von Gerechtigkeit entsprechen würde. (Vgl. Kummert, 2013, S. 120–130)

Moralisierend zu argumentieren kann ein Signal dafür sein, dass uns entweder die sachlichen Argumente ausgegangen sind oder dass wir eine individuelle Meinung adressieren und als allgemeine Pflicht ausweisen wollen. Es wird dann zwar von Verantwortung oder von Gerechtigkeit gesprochen, jedoch spielen unterschwellige, persönliche Gefühle eine bedeutende, wenn nicht sogar die entscheidende Rolle und eigentlich gemeint oder beabsichtigt ist etwas ganz anderes als das was gesagt wird.

Im Rahmen meiner wissenschaftlichen Studie habe ich zwischen 2012 und 2013 namhafte Kapitalmarktakteure zu deren Ethikverständnis befragt. Die Studie belegt, dass die befragten Unternehmensvertreter Ethik als Grundlage ihres Handelns betrachten und gleichzeitig spüren, dass sich der Begriff im Alltagsgebrauch einer klaren Definition entzieht. Je mehr wir uns den Begriffen von Ethik und Moral nähern, desto deutlicher bestätigt sich, dass das, was darunter verstanden wird, ein individuelles und damit subjektives Dafürhalten ist. Einer der Teilnehmer an meiner Studie antwortete auf die Frage, ob er die Aussage ›Wir brauchen mehr Ethik an den Kapitalmärkten‹ bejahen würde: »Hinter dem pauschalen Satz ›Wir brauchen mehr Ethik an den Kapitalmärkten‹ können wir uns alle verstecken. Mir fehlen konkrete Definitionen und Klarheit darüber, welchen ethischen Regeln jemand folgt.« (Kummert, 2013, S. 243)

Genau diese Klarheit der Begriffe ist vielleicht gar nicht in allen Fällen gewünscht. Sie ist genau dann nicht gewünscht, wenn moralisch codierte Begriffe insbesondere an der Schnittstelle zu Regeln, auf deren Einhaltung sich eine Gemeinschaft verständigt hat, auch dazu genutzt werden, eine individuelle Auffassung dessen, was als moralisch gelten soll, durchzusetzen beziehungsweise ein individuelles Dafürhalten dessen, was unmoralisch sei, abzuwehren.

Die Trennung zwischen Moralität und Legalität geht verloren

Regeln tragen in einer Gemeinschaft dazu bei, dass ein Gemeinwesen funktioniert und es wird zu Recht erwartet, dass sich alle an die vereinbarten Regeln halten. Eine dieser Regeln besteht darin, dass wir Steuern bezahlen müssen. Halten wir uns nicht an die gesetzliche Verpflichtung, Steuern zu bezahlen, ist das Steuerhinterziehung und Steuerhinterziehung ist ein Straftatbestand. Obwohl es sich somit eindeutig um eine juristische Thematik handelt, spielen moralische Argumente in dem Kontext eine zunehmend stärkere Rolle; was sich schon in dem Begriff der *Steuerehrlichkeit* manifestiert.

Der amerikanische Linguist George Lakoff, überzeugter Anhänger der demokratischen Partei in den USA, beschreibt in seiner Studie *Auf leisen Sohlen ins Gehirn – Politische Sprache und ihre heimliche Macht,* dass die Konservativen in den USA die Auffassung vertreten, dass Sozialprogramme, die immer durch Steuereinnahmen finanziert werden, unmoralisch seien. Man würde die Menschen damit »der Möglichkeit berauben, innerlich zu wachsen.« Die Sozialprogramme, so

Lakoff, »schaden den Menschen durch ihre Intervention […] und bringen das moralische System von Belohnung und Bestrafung in Unordnung. […] Und das schadet der Gesellschaft als ganzer, weil es den Menschen die Notwendigkeit nimmt, selbstdiszipliniert ihr Eigeninteresse zu verfolgen. Was kennzeichnet also eine moralische Gesellschaftsstruktur? Ganz einfach: Wettbewerb – ein soziales System von Belohnung und Bestrafung.« (Lakoff, 2014, S. 44) Diese Position fordert, dass sich der Staat heraushalten soll und betont den Wettbewerb als vorrangigen Ordnungsmechanismus. Das Argument verkennt, dass alle Mitglieder einer Gemeinschaft davon profitieren, wenn nicht alles dem Wettbewerbsgedanken unterworfen ist und humanistische Aspekte gerade nicht aus einem System ausgeblendet werden, wofür die große Bedeutung des Ehrenamtes in unserer Gesellschaft ein Beleg ist.

An Fällen der Steuerhinterziehung durch Prominente wie dem Fußballmanager Uli Hoeneß wurde deutlich, dass die Verpflichtung Steuern zu bezahlen, nicht nur in den USA, sondern auch bei uns zunehmend zur moralischen Frage, sogar zur moralischen Verpflichtung gemacht wird. Durch das moralische Argument kommt es schnell zu Vorverurteilungen und es besteht die Gefahr, dass das Strafmonopol des Staates durch zunehmende Moralisierung aufgeweicht werden könnte. Es könnte sogar dazu kommen, dass ein so genanntes ›moralisches Vergehen‹ härter bestraft wird, als es der tatsächliche Strafbestand rechtfertigen würde. Im Fall von Uli Hoeneß hätten wir erwarten dürfen, dass für ihn so lange die Unschuldsvermutung gilt, bis die Richter zu einem Urteil gekommen sind. Tatsächlich war er bereits moralisch verurteilt, bevor ein Richterspruch verkündet worden war – mit den entsprechenden gesellschaftlichen, beruflichen und persönlichen Konsequenzen. Wenn wir dergestalt den Grundsatz der Unschuldsvermutung aufweichen, beschädigen wir möglicherweise ein Rechtssystem, von dem wir profitieren, wenn wir selbst in der Rolle desjenigen sind, der sich gegen den Vorwurf verteidigen muss, sich nicht an geltendes Recht gehalten zu haben.

Gerade weil es theoretisch möglich ist, dass viele Menschen ihre Steuern nicht gerne oder freiwillig bezahlen würden, wir die Steuereinnahmen aber brauchen, um als Gemeinwesen zu funktionieren, ist es notwendig, sich auf bestimmte Regeln zu verständigen, die von allen eingehalten werden müssen. In der kontroversen, moralisierenden Debatte um die Verpflichtung, Steuern zu bezahlen, wäre es interessant wissenschaftlich fundiert zu hinterfragen, wie viele Menschen in erster Linie deshalb Steuern bezahlen, weil sie Angst vor den strafrechtlichen und gesellschaftlichen Konsequenzen haben. Was würde passieren, wenn wir jedem freistellen würden Steuern in der Höhe zu bezahlen, die jeder für sinnvoll und persönlich angemessen hält?

Unsere Sehnsucht danach, besser zu sein als wir sind

Wenn die oben zitierte These des Philosophen Klaus-Jürgen Grün stimmt, dass hinter einer Regel auch die verdrängte Lust am Verbotenen steckt, dann bezahlen wir Steuern, weil wir müssen, weil wir Angst vor den Sanktionen haben mit denen wir rechnen müssen, wenn wir es nicht tun und weil wir erkannt haben, dass es für den Fall, dass wir selbst oder andere auf Sozialleistungen angewiesen sind, vorteilhaft ist, Steuern zu bezahlen. Wir verzichten nicht darauf, das Geld anderweitig auszugeben, weil wir *Verantwortung* für unser Gemeinwesen übernehmen wollen.

Kritiker dieser These wehren sich, in der Regel recht emotional, mit dem Argument, dass für sie *Verantwortung* bedeute auch dann Steuern zu zahlen, wenn sie das Geld lieber behalten würden. Sie begründen das damit, dass sonst eine Gemeinschaft und ein Sozialsystem nicht funktionieren können. Dem ist entgegen zu halten, dass es unserer Gemeinschaft und unserem Sozialsystem was die Funktionalität betrifft, herzlich egal sein kann, ob wir unsere Steuern gerne bezahlen – Hauptsache wir bezahlen sie. Interessant ist in diesem Zusammenhang die Beobachtung des amerikanischen Psychologen und Verhaltensökonomen Dan Ariely. Er schildert in seiner Studie *Die halbe Wahrheit ist die beste Lüge* unter anderem ein Erlebnis mit dem Nobelpreisträger Gary Becker. Dieser hatte sich, um pünktlich zu einem Meeting zu kommen, dafür entschieden, falsch zu parken und einen Strafzettel in Kauf zu nehmen. Daraus leitet Ariely ab, dass wir in Entscheidungssituationen lediglich eine persönliche Kosten-Nutzen-Analyse vornehmen, statt uns zu fragen, ob unser Verhalten im moralischen Sinne richtig oder falsch ist. Wir wägen die möglichen positiven und negativen Folgen unseres Handelns ab und orientieren uns an unserem individuellen Vorteil. (Ariely, 2012, S. 8) Wir bezahlen also auch unsere Steuern unter Einschaltung unseres gesunden Menschenverstandes, der uns sagt, dass wir zwar Kosten haben, aber gleichzeitig Nutzen daraus generieren.

Hinter dem Argument des Kritikers steht auch die Sehnsucht danach, ein besserer Mensch zu sein, indem er es sich versagt, der Lust nachzugeben, sein Geld anderweitig auszugeben. In dieser Denkstruktur wird ein Begriff wie *Verantwortung* als unumstößliche, allgemein gültige moralische Kategorie verstanden, hinter der wir uns selbst und unsere persönliche Kosten-Nutzen-Analyse völlig vergessen. Dem hält der amerikanische Philosoph Antony Appiah entgegen, dass die Ethik an Glaubwürdigkeit verliert, wenn sie das Wesen des Menschen nicht berücksichtigt und stattdessen an ihm vorbei philosophiert: »Wie können wir Menschen ein Ideal ernst nehmen, hinter dem wir als menschliche Wesen so weit zurück bleiben müssen?« (Appiah, 2009, S. 57) Die Position des Kritikers ist damit auch ein Ausdruck der Angst vor der dunklen Seite in uns und vor dem Risiko, das wir eingehen, wenn wir uns eingestehen müssen, dass wir vielleicht doch nicht so tugendhaft sind, wie wir es gerne wären.

Jenseits dieser verdrängten Ängste birgt es demnach ganz konkrete Gefahren, den strafrechtlich relevanten Tatbestand der Steuerhinterziehung und damit die Regelverletzung zu einer Frage der Moral zu machen, statt zu trennen zwischen Legalität und Moralität. Moral ist nicht justitiabel und sie hängt letztlich ab von der subjektiven Überzeugung von Individuen. Argumentieren wir in strafrechtlich oder juristisch relevanten Kontexten mit Verantwortung besteht die Gefahr, dass Menschen, die sich einer abweichenden Vorstellung von Verantwortung verpflichtet fühlen und eine andere Definition davon haben, was Verantwortung gegenüber einem Gemeinwesen bedeutet, sich aus dem Grund auch nicht an geltendes Gesetz und an Regeln gebunden fühlen. Die Argumentation mit moralisch codierten Begriffen, die individuell mit Bedeutung aufgeladen werden, kann insbesondere an der Schnittstelle zur Forderung, sich an Regeln zu halten, zu Missverständnissen und Konflikten führen. Ein gutes Beispiel dafür ist der Konflikt zwischen Griechenland und Deutschland im Zusammenhang mit den ergangenen Finanzhilfen aus dem Euroraum.

Wenn Moral gesagt wird und Regelverletzung gemeint ist

Im Frühjahr 2015 kam es zu diesem Konflikt zwischen Deutschland und Griechenland, der über Monate zu eskalieren drohte und zum Zeitpunkt des Verfassens dieses Beitrags noch nicht ausgestanden war. Auslöser war, dass in Griechenland Lücken in der griechischen Steuergesetzgebung ausgenutzt wurden und genau das passiert ist, was einige von uns vielleicht auch gern tun würden, was wir uns aber aus Angst vor den damit verbundenen Nachteilen und aus der Überzeugung heraus, dass Steuern grundsätzlich sinnvoll sind, versagen: Es wurden keine oder zu wenig Steuern bezahlt. Unter anderem deshalb kam der griechische Staat in Turbulenzen und Griechenland war angewiesen auf finanzielle Unterstützung aus dem Euro-Raum. Im Gegenzug zu den erhaltenen finanziellen Mitteln verpflichtete sich die griechische Regierung zur Rückzahlung der Kredite und zu Reformen.

Im Verlauf der Debatte um ausstehende Reformbemühungen von Seiten Griechenlands wurde von Deutschland und anderen Euro-Ländern immer wieder der Begriff der *Verantwortung* verwendet. Insbesondere wir Deutschen forderten von den Griechen, dass sie endlich Verantwortung übernehmen sollten. Dabei handelt es sich um ein wunderbares Beispiel dafür, dass moralisch codierte Begriffe wie der der *Verantwortung* zwar vordergründig als moralische Kategorie, eigentlich aber als Metapher, als Ausdruck individueller Emotionen und Verletzungen, verwendet werden. Mit der Forderung, Verantwortung zu übernehmen, haben wir insofern indirekt zum Ausdruck gebracht, dass wir gekränkt waren. Wir waren gekränkt, dass sich die Griechen nicht an Regeln gehalten und sich etwas herausgenommen haben, was wir uns versagen. Wir waren der Meinung, sie dürften dafür nicht noch mit Zuwendungen belohnt werden. Stattdessen wollten wir sie dazu bewegen, sich regelkonform zu verhalten, was in dem Fall unter anderem hieß zum Ausgleich dafür, dass vorher zu wenig Steuern gezahlt wurden, Reformen umzusetzen.

Insbesondere in Krisenzeiten reagieren alle Beteiligten sensibel auf den Versuch, Gewinne zu privatisieren und Verluste zu sozialisieren. Wir wehren uns dagegen, für die Konsequenzen daraus einzustehen, dass andere geltende Regeln nicht eingehalten haben und wollen insofern nicht Verantwortung für deren Fehlverhalten übernehmen. Nicht nur Deutschland, auch ein Land wie Spanien wehrte sich dagegen, mit im Boot zu sitzen, während für Griechenland andere Regeln gelten sollten als für die übrigen EU-Mitgliedsstaaten und Griechenland auf dieser Basis weitere Geldmittel zugesprochen werden sollten, die ja von allen EU-Mitgliedsstaaten finanziert werden müssen.

Dass die Griechen sich regelwidrig verhalten haben, war aus diesem Grund für alle Europäer ein Ärgernis. Das wurde aber zunächst nicht offen gesagt. Stattdessen wurde an die *Verantwortung* der Griechen appelliert. Als wir von den Griechen die Übernahme von Verantwortung gefordert haben, haben wir eigentlich gemeint, dass sie sich bitte so beschränken sollen, wie wir es auch tun. Unabhängig davon, ob wir gerne Steuern zahlen oder nicht – wir sind unserer Verpflichtung nachgekommen und argumentieren gegenüber dem, der sich erlaubt hat, das nicht zu tun, mit dem moralischen Zeigefinger. Entsprechend haben die Griechen Bevormundung verstanden wenn wir von Verantwortung gesprochen haben. Die Verwendung moralisch codierter Begriffe kann also zu einem klassischen Sender-Empfänger-Problem führen mit der Folge, dass aneinander vorbei geredet wird und sich Unmut aufstaut, der sich möglicherweise an unerwarteter Stelle Luft macht und mehr Verwirrung stiftet als zur Klarheit der Positionen beizutragen.

Regulierung vermittelt lediglich eine Scheinsicherheit

Die Existenz von Regulierung und von Regeln macht uns nicht per se moralischer. Regulierung, Regeln und die damit einhergehenden Sanktionen bei Nichteinhaltung mögen ein gewisses Abschreckungspotenzial haben, das dazu führt, dass wir der Lust am Verbotenen nicht zu oft nachgeben. Bezogen auf den Kapitalmarkt schützt uns Regulierung allerdings nicht vor Risiken oder Verlusten. Das ist schon an einem einfachen Beispiel erkennbar: Eine nach geltenden Regulierungsvorschriften perfekte Dokumentation eines Kundengesprächs in einer Bank ist kein Garant dafür, dass der Anleger ein Produkt verstanden hat und alle Risiken tatsächlich überschauen kann. Unabhängig davon werden Anlageentscheidungen grundsätzlich unter Unsicherheit getroffen, weil es unmöglich ist, künftige Entwicklungen an den Kapitalmärkten vorherzusagen. Risiken können bei speziellen Finanzprodukten mit bestimmten Methoden zwar abgesichert werden, aber auch diese Methoden bleiben unsicher, weil die der Absicherung zugrundeliegenden, identifizierten Risiken zwangsläufig auf der Basis von Ereignissen in der Vergangenheit eingeschätzt wurden. Wären wir in der Lage, künftige Entwicklungen an den Kapitalmärkten sicher einzuschätzen, hätte es unter anderem die Finanzkrise 2007 nicht gegeben.

Der Psychologe Gerd Gigerenzer vertritt die Position, dass der meistens erfolglose Versuch, vollständiges Wissen zu erlangen aufgrund der damit einhergehenden Komplexität von Informationen Entscheidungen unter Unsicherheit nicht vereinfacht, sondern erschwert oder sogar blockiert: Je mehr wir wissen oder zu wissen glauben, desto schwerer fällt uns eine Entscheidung und desto größer ist die Fehlerquote. Gigerenzer legt durch seine Forschungsergebnisse nahe, dass es sinnvoller ist, durch einfache Heuristiken einen besseren Umgang mit potenziellen Risiken zu lernen, statt bei Entscheidungen unter Unsicherheit weiterhin zu versuchen, über die komplexe Schätzung von Risiken und die Anhäufung von Informationen zu den besten Handlungsoptionen zu kommen. (Gigerenzer, 2014)

Studien belegen, dass durch Absicherungsinstrumente die Bereitschaft Risiken einzugehen steigt. Die Psychologen Ross Owen Phillips, Aslak Fyhri und Fridulv Sagberg haben herausgefunden, dass Fahrradfahrer/innen, die einen Helm tragen, dadurch Risiken falsch einschätzen und viel schneller fahren, als sie fahren, wenn sie keinen Helm tragen. (Phillips et al., 2011) Selbst religiöser Glaube kann uns dazu verführen, höhere Risiken einzugehen, wie Psychologen an der Stanford University kürzlich herausgefunden haben. In einer Studie wurde untersucht, ob sich das Verhalten von Menschen in Entscheidungssituationen verändert wenn sie an Gott denken. Mithilfe des Framings wurden in einer Kontrollgruppe bestimmte Sachverhalte verknüpft mit religiösem Glauben und mit Gott, während in einer anderen Kontrollgruppe keine Assoziationen an eine höhere Macht oder an Religiosität geweckt wurden. Die Studie ergab unter anderem, dass nachweislich die Personen, bei denen der Gedanke an Gott adressiert wurde, bezogen auf Risiken, die sie nicht mit Moral in Verbindung brachten wie dem Fallschirmsprung, risikobereiter waren. (Kupor et al., 2015)

Radfahrer fühlen sich mit Helm sicherer. Gläubige fühlen sich durch Gott beschützt. Anleger fühlen sich durch Regulierung sicherer. Auf unseren Straßen, beim Fallschirmspringen und im Kapitalmarktgeschäft handelt es sich ganz gewiss lediglich um eine Scheinsicherheit, die nicht dazu führen sollte, dass wir unser Denken ausschalten und weniger aufmerksam sind. Speziell am Kapitalmarkt sollte es nicht dazu kommen, dass die Anleger/innen sich auf Risiken einlassen, die sie ohne das Wissen, dass es eine Regulierungsbehörde und entsprechende Regeln gibt, vielleicht nicht eingegangen wären. Es muss demnach grundsätzlich gefragt werden, ob die Regulierung des Kapitalmarktes den Anlegerschutz überhaupt noch sicherstellt, beziehungsweise ab welchem Punkt genau das Gegenteil erreicht wird. Es ist nicht auszuschließen, dass die Regulierung sogar den gewünschten Effekt des Anlegerschutzes konterkariert, weil die Anleger/innen in Entscheidungssituationen unter Unsicherheit mögliche Risiken nicht mehr adäquat reflektieren und die Übernahme von Eigenverantwortung aufgrund einer durch die Regulierung vermittelten Pseudosicherheit nicht mehr in erforderlichem Masse stattfindet.

Unser verändertes, zwischenzeitlich beinahe neurotisches Verhältnis zum Risiko verstärkt zusätzlich die Tendenz, Probleme dadurch zu lösen, dass wir moralisieren statt unvoreingenommen zu hinterfragen, woraus sich ebenfalls Scheinsicherheiten ergeben können. Im Nachgang zu dem Absturz des Flugzeugs am 24. März 2015, bei dem 150 Menschen ihr Leben verloren haben, wurden in der Öffentlichkeit Forderungen nach der Lockerung der ärztlichen Schweigepflicht und der Verschärfung psychologischer Gutachten laut. Sollten diese Forderungen durchgesetzt werden, über deren Sinnhaftigkeit hier nichts gesagt werden soll, würde damit möglicherweise suggeriert, wir könnten das Risiko eines Absturzes durch die Beherrschung von Kausalfaktoren verkleinern oder sogar ausschalten. Ein Framing der Gehirne geschieht dabei derart, dass wir die Wahrnehmung von Risiken verkleinern und gleichzeitig mit enormen Transaktionskosten die Illusion einer falschen Sicherheit steigern, den Erfolg aber vermutlich niemals messen können.

Einerseits versuchen wir, durch die Einführung von Regeln, durch Absicherungsmechanismen und Risiko Management Systeme möglichst alle Risiken in den Griff zu bekommen. Andererseits verlassen wir uns zu sehr auf die Funktionalität von Regeln, was uns unaufmerksamer gegenüber tatsächlichen Risiken macht. Wir verlernen, selbst nachzudenken, die Konsequenzen unseres Handelns stärker zu hinterfragen und selbst Verantwortung für unsere Entscheidungen zu übernehmen.

Unser Denken verändert unser Gehirn und unser Leben

Der Hirnforscher Gerald Hüther hat in seiner Studie *Was wir sind und was wir sein könnten* eindrucksvoll die möglichen Konsequenzen aus einer derartigen Entwicklung dargestellt. Er hat nachgewiesen, dass unser Gehirn so wird, wie wir es nutzen. Für Hüther gibt es keine naturgegebenen Funktionalitäten unseres Gehirns. Vielmehr sind menschliche Gehirne beziehungsweise die sich dort konstituierenden Nervenzellverknüpfungen neuronaler Vernetzungen und synaptischer Verschaltungsmuster durch die jeweiligen Nutzungsbedingungen viel formbarer als bisher angenommen. Die Art und Weise, wie wir denken verändert unser Gehirn, unser Sein und damit unser Handeln. (Hüther, 2013)

Letztlich kommt es auch hier zum Framing-Effekt: Je nachdem wie wir Risiken wahrnehmen, verändert sich unser Denken bezogen auf die betreffenden Situationen, damit auch unser Verhalten und unsere Lebenswirklichkeit. Diese Erkenntnis hat weitreichende Konsequenzen für uns selbst, für unsere Kinder – die Manager/innen von morgen – für unser Zusammenleben und unsere Gesellschaft. Sie kann Fluch sein, aber auch Chance – je nachdem, was wir daraus machen.

Literatur

Appiah, Anthony (2009): *Ethische Experimente. Übungen zum guten Leben.* München: Beck.

Ariely, Dan (2012): *Die halbe Wahrheit ist die beste Lüge.* München: Droemer.

Dörner, Dietrich (2003): *Die Logik des Mißlingens. Strategisches Denken in komplexen Situationen.* Reinbek: rowohlt.

Gigerenzer, Gerd (2014): *Risk Savvy. How to make good decisions.* New York: Penguin.

Goffman, Erving (1974): *Frame Analysis.* New York: Harper.

Grün, Klaus-Jürgen (2011): *Angst, die sich verschweigt. Über die falsche Konditionierung unseres moralischen Bewusstseins.* In: Aerni, Philipp (Hg.): Moral und Angst, Göttingen: Vandenhoeck & Ruprecht.

Härle, P.; Lüders, E.; Pepanides, T.; Pfetsch, S.; Poppensieker, T.; Stengmann, U. (2010) *Basel III and the European Banking: It's Impact, how banks might respond, and the challenges of implementation.* In: McKinsey: Working Papers on Risk, Number 26.

Hüther, Gerald (2013): *Was wir sind und was wir sein könnten.* Frankfurt am Main: Fischer Taschenbuch.

Kahneman, Daniel (2012): *Schnelles Denken Langsames Denken.* München: Siedler.

KPMG (2013): *Auswirkungen regulatorischer Anforderungen.* Online Verfügbar unter: http://www.kpmg.com/DE/de/Documents/auswirkungen-regulatorischer-anforderungen-2013.pdf, zuletzt geprüft am 18. März 2015, 14:17 Uhr.

Kummert, Irina (2013): *Strategien der Moral am Kapitalmarkt.* Wiesbaden: Springer-Gabler.

Kupor, Daniella; Laurin, Kristin; Levav, Jonathan (2015): *Anticipating Divine Protection? Reminders Of God Can Increase Nonmoral Risk Taking.* Psychological Science, pp 1–11.

Lakoff, George, Wehling, Elisabeth (2014): *Auf leisen Sohlen ins Gehirn – Politische Sprache und ihre heimliche Macht*. Heidelberg: Carl-Auer-System-Verlag.

Lukesch, Helmut (2003): *Die Häufigkeit von Lügen im Alltag*. Online verfügbar unter: http://www-app.uni-regensburg.de/Fakultaeten/PPS/Psychologie/Lukesch/downloads/forschung/Berichte/sso3_32067_LuegenImAlltag.pdf, zuletzt geprüft am 17. März 2015, 14:52 Uhr.

Pfaller, Robert (2011): *Über das gute Leben*. In: Frankfurter Allgemeine Sonntagszeitung, 06.03.2011 (Nr. 9), S. 30.

Phillips, Ross Owen; Fyhri, Aslak; Sagberg, Fridulv (2011): *Risk Compensation and Bicycle Helmets*. In: Risk Analysis 31 (8): S. 1187–95. Online verfügbar unter: http://www.ncbi.nlm.nih.gov/pubmed/21418079, zuletzt geprüft am 24. März 2015, 11:14 Uhr.

Popper, Karl R. (1975): *Die offene Gesellschaft und ihre Feinde I. Der Zauber Platons*. München: A. Francke Verlag.

Popper, Karl R.; Lorenz, Konrad (1985): *Die Zukunft ist offen. Das Altenberger Gespräch München*. Zürich: Piper.

Trivers, Robert (2011): *Deceit and Self-Deception. Fooling Yourself the Better to Fool Others*. New York: Basic Books.

Zentrum für Mittelstand der HTW Dresden (2015): *Ethik im Mittelstand*. Wiesbaden: SpringerGabler.

Welche Ethik braucht es für die Durchsetzung der UNO-Nachhaltigkeitsziele?

Globale Unternehmerverantwortung im Spannungsfeld von Regulierung und Innovation

Philipp Aerni

In den laufenden internationalen Bestrebungen der Vereinten Nationen Nachhaltigkeitsziele für die nächsten 15 Jahre zu definieren (Post-2015 Agenda) wird der Förderung von innovativem Unternehmertum nach wie vor kaum Bedeutung zugemessen. Implizit wird nämlich angenommen, dass der Unternehmer in seinem Streben nach Gewinn primär sich selbst bereichert, und das oftmals auf Kosten der Gesellschaft. Nicht nur in der Öffentlichkeit, sondern auch bei vielen Ethikern und Ökonomen herrscht daher die Überzeugung, dass der Unternehmer nicht zugleich gewinnorientiert und ethisch sein kann. Unternehmertum muss daher durch Regulierung »gebändigt« und vom Staat wie auch der Zivilgesellschaft streng überwacht werden, um die Gesellschaft auf einen nachhaltigen Pfad zu bringen. In diesem Kapitel soll aufgezeigt werden, dass diese Sichtweise zu einseitig ist. Nebst der Wächtermoral, welche streng auf die Erfüllung von Werten, Normen und Regeln achtet, gibt es gemäss der interdisziplinären Sozialwissenschaftlerin Jane Jacobs nämlich auch eine »Händlermoral«, die sich durch Offenheit, Lernbereitschaft und Kompromiss auszeichnet. Sie wird durch den tugendhaften Unternehmer verkörpert, der im Wandel eine notwendige Kraft der Erneuerung durch Handel und Innovation sieht. Dieser tugendhafte Unternehmer erkennt, dass die Übernahme von moralischer Verantwortung auch im langfristigen Eigeninteresse sein kann. Dabei dienen ihm erfahrungsbasierte moralische Regeln als Stütze und Orientierung. Sie sind das Resultat von affektbasierten zwischenmenschlichen Erfahrungen und haben wenig mit einer rationalen Kosten-Nutzen Abwägung oder der Orientierung an übergeordneten abstrakten ethischen Prinzipien zu tun. Stattdessen handelt es sich um eine Form der naturalisierten Ethik, bei der das »Sollen« dem adäquaten Erkennen des »Seins« folgt, und nicht umgekehrt. Der Bürgerhumanismus im Italien der Renaissance hat bereits erkannt, dass Händlermoral in der Wirtschaft nicht durch Wächtermoral ersetzt werden darf; denn Unternehmer bringen den grössten gesellschaftlichen Nutzen, wenn sie auf neue Risiken und Knappheiten mit neuen Ideen und Innovation reagieren und nicht bloss in der Öffentlichkeit beteuern, dass man sich an die Gesetze hält und diese sogar noch mit Selbstregulierung übertreffen will. Nur wer versteht, dass Nachhaltigkeit in Anbetracht des Bevölkerungswachstums und des zunehmenden Wohlstands ein dynamisches Konzept ist, realisiert, warum die Begriffe Unternehmertum und nachhaltige Entwicklung auch heute zusammengehören.

Wächter- und Händlermoral im Kontext der globalen nachhaltigen Entwicklung

Im Jahr 2015 sollen die »Sustainable Development Goals« (SDGs) die sogenannten »Millennium Development Goals« (MDGs) der UNO ersetzen. Das übergeordnete Ziel der MDGs war es, die Armut auf diesem Planeten in einem Zeitraum von 15 Jahren zu halbieren. Die Nachhaltigkeitsziele, oder kurz SDGs, sollen nun auf dem Erreichten aufbauen und bis 2030 eine inklusive und friedfertige globale Gesellschaft schaffen, die Sorge trägt zu ihren natürlichen Ressourcen und zum Klima. Der ambitiöse Plan der SDGs besteht aus 17 Oberzielen und 169 Unterzielen – weitaus mehr als bei den MDGs (8 Oberziele, 18 Unterziele). Das Problem in den laufenden Diskussionen um die SDGs, die im September 2015 von der UNO Generalversammlung verabschiedet werden sollen ist jedoch, dass die involvierten staatlichen Akteure in ihrer Nachhaltigkeitsrhetorik und ihrer Finanzierungszusicherung für bestimmte Nachhaltigkeitsziele weniger an das Wohlergehen der globalen Gemeinschaft als vielmehr an die kurzfristige Gunst der organisierten Wählerinteressen im eigenen Land denken. Dabei werden die zu berücksichtigenden Partikularinteressen im Heimatland rhetorisch so verpackt, dass sie den Anschein geben, den globalen öffentlichen Interessen zu dienen (The Economist 2015).

Die gut organisierten Partikularinteressen in Wohlstandsländern sind jedoch nicht diejenigen, deren Vertreter Veränderung wollen, sondern die, die vom Status Quo profitieren und im technologischen und wirtschaftlichen Wandel eine Gefahr ihres privilegierten Zugangs zu knappen öffentlichen Ressourcen sehen. Diese privaten Interessenorganisationen umfassen Lobbygruppen, welche die Interessen der etablierten Industrie und Verbände im Land vertreten, und teilweise auch Nichtregierungsorganisationen, welche beanspruchen, die Zivilgesellschaft vor den Risiken des Wandels zu schützen, dabei aber implizit annehmen, dass das Festhalten am Status Quo keine Risiken in sich birgt. Beide stellen in ihrer politischen Rhetorik Innovation als Gefahr für die nachhaltige Entwicklung dar, welche es zu regulieren, wenn nicht gar zu verhindern, gilt. Dabei können sie in vielen Bereichen mit der Zustimmung der breiten Öffentlichkeit rechnen, die den durch Gewinnstreben induzierten Wandel durch Innovation mit Ungleichheit und Risiko assoziiert. Gerade in Wohlstandsländern wird dieser dynamische Prozess zudem nicht mit Hoffnung und neuen Chancen, sondern mit Ängsten vor dem eigenen sozialen Abstieg verknüpft (Aerni 2011a). Daraus lässt sich eine Präferenz für mehr Wächtermoral ableiten; strikte Regulierung und Verbote sollen die treibenden Kräfte des Wandels in Schach halten und diejenigen, die sich nicht daran halten sollen entsprechend bestraft werden. Der Begriff »Wächtermoral« (the guardian syndrome) wurde von Jane Jacobs in ihrem Buch *Systems of Survival* verwendet. Sie bringt dieses moralische Syndrom in Verbindung mit durchaus gehaltvollen Begriffen wie Wertorientierung, Loyalität, Schutz der Umwelt und der Armen, Bewahrung von Tradition, Respekt gegenüber Hierarchie, Streben nach Ruhm und Ehre im Kampf für das Gute, kompromisslose Verfolgung von Normverletzungen, gesellschaftliche Anerkennung und Belohnung für normkonformes Verhalten, Misstrauen gegenüber Tausch und Handel. Gemäss Jacobs ist die Wächtermoral essenziell für das Funktionieren aller Gesellschaften, doch zugleich muss man ihr gegenüber selbst wachsam sein, denn eine solche Moral kann mit der wachsenden Bürokratisierung in Wirtschaft und Gesellschaft überhand nehmen und dadurch wertvolle negative Freiheitsrechte zerstören, die für die moralische Erneuerung einer Gesellschaft unabdingbar sind. Die wachsende Bürokratisierung, die aus der Präferenz für eine Wächtermoral resultiert, kann zudem zu Auswüchsen führen, bei der die offizielle Rhetorik bezüglich der kompromisslosen Durchsetzung der öffentlichen Moral immer weiter im Widerspruch steht zum real existierenden Opportunismus innerhalb der Bürokratien in Regierung, Industrie und Zivilgesellschaft.

Wächter- und Händlermoral in aufstrebenden Entwicklungsländern

In weniger wohlhabenden aber aufstrebenden Entwicklungsländern gibt es noch keine explizite Präferenz für eine Wächtermoral, denn diese Gesellschaften misstrauen der Fähigkeit ihrer Eliten, eine solche auch effektiv und unparteiisch durchsetzen zu können. Ausserdem wird der Wandel durch Unternehmertum und Innovation als dringend notwendig erachtet, um die langfristigen Nachhaltigkeitsziele insbesondere in der Armutsbekämpfung zu erreichen. Gerade für diejenigen asiatischen Länder, die in den letzten vier Jahrzehnten die Armut am effektivsten bekämpft haben, ist der Erfolg nicht auf die »schutzorientierte« Entwicklungshilfe aus Wohlstandsländern, sondern auf das private Unternehmertum in den Ländern selbst zurückzuführen (Juma 2011). Da Unternehmer nur dann Investitionen und adäquaten rechtlichen Schutz erhalten, wenn sie formal registriert sind, waren die dortigen Regierungen bestrebt, diesen Übergang von informellen zu formellen Geschäftstätigkeiten zu fördern; und dies erfolgte natürlich auch im Eigeninteresse, denn Unternehmen im formellen Sektor können auch besteuert werden. Der wachsende formelle Wirtschaftssektor hat die Investitionen in die inländische Wirtschaft massiv erhöht und dadurch nachfrageorientierte Innovation, endogenes Wirtschaftswachstum und neue Arbeitsplätze geschaffen, was zur Entstehung einer emanzipierten Mittelklasse geführt hat, die mehr Wert auf Bildung, Gesundheit und Lebensstandard ihrer Nachkommen legt. Ausserdem verlangt diese neue Mittelschicht von der Regierung, dass sie Rechenschaft darüber ablegt, wie die Steuergelder ausgegeben werden und inwieweit sie die tatsächlichen Bedürfnisse und Prioritäten der eigenen wirtschaftlich aktiven Bevölkerung berücksichtigt. Die Ansprüche der neuen Steuerzahler schaffen dadurch mehr Transparenz bei der Allokation von öffentlichen Ressourcen und können dadurch das Ausmass der Korruption senken.

In diesen aufstrebenden Bürgergesellschaften in Entwicklungsländern dominiert daher noch die sogenannte Händlermoral (commercial syndrome). Jane Jacobs assoziiert dieses Syndrom mit Zuverlässigkeit, Umsichtigkeit, Lernbereitschaft, Sparsamkeit, Toleranz, Neugier und Offenheit für Neues und Fremdes und einer Präferenz für den Tauschhandel und den Kompromiss. Diese Länder werden zwar oft von autoritären Regimes regiert, die sich selbst eine Wächtermoral zuschreiben, doch dieser offiziellen Moral wird tendenziell misstraut, da bei Korruptionsfällen oft klar wird, dass wegen fehlender Kontrolle durch freie Medien oft Händlermoral statt Wächtermoral in der politischen Elite praktiziert wird. Die Wächtermoral, die den öffentlichen Diskurs in Wohlstandsgesellschaften bestimmt und sich auf übergeordnete Werte und Normen bezieht, an die sich alle Bürger halten sollen, ist allenfalls populär bei den wirtschaftlichen und politischen Eliten in Entwicklungsländern, sowie bei den Vertretern von westlichen Entwicklungsorganisationen. Ärmere Bevölkerungsschichten mögen zwar bereit sein, öffentlich Bekenntnisse zu Werten und Normen abzulegen, doch im Alltag dominiert die Händlermoral. Für sie ist nämlich der Apriorismus und Formalismus der Wächtermoral »eine Sache der Wohlhabenden und Wohlbestellten, die, weil für ihr Wohl von Haus aus gesorgt ist [...], hinreichend Musse haben, die Moral vom Glückseligkeitstriebe abzusondern« wie es Ludwig Feuerbach treffend ausdrückt (Rawidowicz 1964).

Moralischer Paternalismus als Nachhaltigkeitsproblem

Die ärmsten Entwicklungsländer, die im 20. Jahrhundert nur wenig wirtschaftliche Verbesserungen zu verzeichnen hatten und bis heute von politischer Instabilität bedroht sind, haben das grösste Nachhaltigkeitsproblem; denn es fehlen Mittel und Anreize zur guten Regierungsführung. Oftmals haben die dort regierenden Eliten nämlich ihren Wohlstand nicht durch unternehmerischen Fleiss, sondern durch Krieg, staatlich-kontrollierte Monopole in der Rohstoffproduktion, fehlgeleitete Entwicklungshilfe und Vetternwirtschaft erworben. Die Folge der schlechten Regierungsführung sind Missmanagement der natürlichen Ressourcen und eine wachsende Bevölkerung ohne Aussicht auf ein besseres Leben.

Die Regierungen dieser Länder werden aber dennoch von westlichen Entwicklungsorganisationen umworben, trotz deren ständiger Beteuerung, ihre Unterstützung von »Good Governance« Kriterien abhängig zu machen (Easterly 2008). Häufig einigen sich die lokalen Eliten in diesen Ländern mit den Entwicklungsorganisationen auf ein Programm der nationalen Armutsreduktion *(Poverty Reduction Strategy)*, das jedoch häufig den Anweisungen und Präferenzen der Geldgeber folgt und kaum Aussicht auf eine effektive Umsetzung hat; denn sie bedingen die Einbezugnahme eines starken, produktiven und kompetenten lokalen Privatsektors, der sich aus materiellem Eigeninteresse um die Bedürfnisse der lokalen Kunden und Konsumenten kümmert und dabei zugleich Arbeitsplätze schafft. Die Schuld für den Misserfolg und das nicht Erreichen der Armutsreduktionsziele wird stattdessen ausgerechnet dem Privatsektor zugeschoben, der sich in seinem Profitstreben um seine soziale Verantwortung drücken und die Not der Schwächeren ausnützen würde. Die Antwort auf das Versagen in der Armutsbekämpfung ist dann häufig mehr Regulierung von privaten Akteuren, und ein Appell an multinationale Organisationen moralische Verantwortung durch Selbstregulierung zu übernehmen. Im Namen des Vorsorgeprinzips soll erreicht werden, dass der nachhaltige Wandel nicht durch neue Risiken und Ungleichheiten gefährdet wird. Dieses Argument ist jedoch inkonsistent, denn kein Wandel kann ohne Innovation stattfinden, und keine Innovation ist ohne Risiken und kurzfristige Ungleichheiten zu haben (Paarlberg 2009). Zugleich ermöglicht Innovation langfristig die Eliminierung existierender Risiken, schafft neue Einkommens- und Aufstiegsmöglichkeiten für die ärmeren Bevölkerungsschichten (und somit eine Verminderung der Ungleichheit) und führt zu einem effizienteren Management von natürlichen Ressourcen (Aerni et al. 2015). Sie ist daher essentiell für ein dynamisches Verständnis von Nachhaltigkeit.

Der Nutzen eines solchen Wandels ist jedoch tatsächlich weniger ersichtlich für Entwicklungsorganisationen, die sich zwar offiziell zur Bekämpfung der Armut in Entwicklungsländern bekennen, inoffiziell jedoch befürchten, dass mit schrumpfender Armut in diesen Ländern auch ihre Daseinsberechtigung wegfällt. Sie sind daher meistens starke Befürworter der Regulierung des technologischen und wirtschaftlichen Wandels und erhalten dabei Unterstützung von der wertkonservativen Bevölkerung in ihren Heimatländern (Driessen 2010). Ausserdem wehren sich oft auch grosse etablierte Unternehmen nicht gegen wachsende Regulierungskosten, denn sie können sich diese besser leisten, als kleine innovative Unternehmen. Dank den daraus resultierenden steigenden Markteintrittsbarrieren für kleine Unternehmen können die grossen etablierten Unternehmen ihre dominante Position im Markt zumindest kurzfristig stärken.

Ein armes Land muss daher die Regulierung so ausgestalten, dass sie die dringend notwendige wirtschaftliche und technologische Veränderung nicht verhindert. Während nämlich ein reiches Land noch lange von dem Erreichten der vorausgehenden Generationen zehren kann, die durch Innovation und Unternehmertum eine erfolgreiche und dynamische Wirtschaft aufgebaut haben, ist es die gegenwärtige Generation in aufstrebenden armen Ländern, die diese Aufgabe in vielem noch vor sich hat. Daher ist es problematisch, wenn ein reiches Land seine defensive nationale Nachhaltigkeitspolitik als globale Nachhaltigkeitspolitik anpreist. Eine Nachhaltigkeitspolitik, die implizit im Wandel eine Gefahr sieht und glaubt ihn im Namen der Nachhaltigkeit strikt regulieren zu müssen, unabhängig vom Entwicklungsstadium eines Landes, kann daher negative Konsequenzen haben. Die Veränderung, die ein Entwicklungsland braucht, kann nicht bloss mit Subventionen von aussen herbeigeführt werden, sondern muss von der Bevölkerung selbst kommen. Nur wenn sich diese wirtschaftlich durch Unternehmertum ermächtigt, kann auch eine politische Emanzipation stattfinden. Zu dieser Einsicht haben sich offiziell alle OECD Staaten in der Paris *Declaration of Aid Effectiveness* bekannt. In dieser Erklärung, die 2005 verabschiedet wurde, beteuern die Wohlstandsländer, dass sie ihre Prioritäten in der Entwicklungszusammenarbeit an den Bedürfnissen der Empfängerländer ausrichten würden. Eine kürzliche Studie der UNO zeigte jedoch, dass gerade tropische Länder zum Beispiel grossen Wert auf verbesserte institutionelle Rahmenbedingungen für die Schaffung von Agrarinnovation legen, dieses Bestreben jedoch nach wie vor keine Priorität unter den Geldgebern der Entwicklungszusammenarbeit in OECD Ländern hat (Aerni et al. 2015).

Die Schwierigkeit in der Entwicklungszusammenarbeit, sich an den realen Bedürfnissen dieser Länder auszurichten, hat auch damit zu tun, dass sich Entwicklungsorganisationen an der Wahrnehmung der Spender und Steuerzahler im jeweiligen Heimatland orientieren müssen, um ihre Position im »Kartell der guten Absichten« (Easterly 2002) nicht zu gefährden. Es gibt nämlich ein Principal-Agent Problem in der Entwicklungszusammenarbeit, das sich in der Tatsache manifestiert, dass der »Principal« (der Auftraggeber) nicht die Armen in Entwicklungsländern, sondern die Spender und Steuerzahler im eigenen Wohlstandsland sind (Aerni 2006). Als »Agent« (Auftragnehmer) sind Entwicklungsorganisationen darauf bedacht, nur die Informationen an den »Principal« weiterzugeben, die den Bürgern im Wohlstandsland im Glauben bestärken, dass ihre Spenden und Steuergelder für nachhaltige Projekte in Entwicklungsländern verwendet wurden. Dass diese Projekte aus finanzieller Perspektive oftmals alles andere als nachhaltig sind, sondern im Gegenteil, die Abhängigkeit von externer Unterstützung fördern, erfährt er jedoch aus politökonomisch nachvollziehbaren Gründen nicht (Aerni 2006). Dieser Markt der guten Absichten, funktioniert ähnlich wie der Ablasshandel im Mittelalter, bei dem der Arme als Objekt der Nächstenliebe (object of charity) bemitleidet und nicht als Unternehmer, der sich einen Lebensunterhalt verdienen muss, ernst genommen wird. Ökonomen und Ethiker sind dabei nicht unschuldig daran, dass solche Märkte heute nach wie vor florieren, denn sie haben kaum etwas zur Bedeutung des Unternehmertums für die moralische Erneuerung einer Gesellschaft zu sagen.

Die Schwierigkeit der Ökonomen, den Unternehmer als moralische Kraft zu begreifen

Der nachhaltige Wandel bedingt, dass man die Unternehmer nicht einfach als Profiteure versteht, sondern als Agenten des Wandels, die gesellschaftliche Erneuerung ermöglichen. Gerade dies fällt jedoch den meisten Ökonomen schwer, die den Unternehmer primär als vernunftgesteuerten nutzenmaximierenden homo oeconomicus ohne soziales Gewissen verstehen. In dieser Vorstellung gehen sie mit vielen Ethikern einig (Sandel 2013). Corporate Social Responsibility (CSR) Experten (Ruggie 2008, Scherer and Palazzo 2011) hingegen glauben, dass durch den Gebrauch der Vernunft normative Regeln für Unternehmen abgeleitet werden können, die diesen dazu verhelfen, nebst dem Profitstreben auch Gutes für die Gesellschaft zu tun. Implizit wird dadurch das Profitstreben jedoch als etwas Amoralisches dargestellt, das irgendwie kompensiert werden muss, zum Beispiel durch einen »Sustainability« Report, der auf die sozialen und ökologischen Zusatzleistungen des Unternehmens hinweist, als ob diese nicht auch im Sinne einer langfristigen Unternehmensstrategie sinnvoll sein könnten. Zugleich, werden die Innovationen eines Unternehmens, die eine effizientere Nutzung der natürlichen Ressourcen oder die Substitution von ökologisch problematischen Produkten ermöglichen, nicht einer Nachhaltigkeitsleistung zugeordnet, da diese Innovation ja auch hohe Profite abwirft und somit im Sinne des Unternehmens ist und nicht unbedingt der Gesellschaft als Ganzes. Doch schliesst sich das tatsächlich aus?

Da an der Ausarbeitung der Sustainable Development Goals (SDGs) hauptsächlich ökonomisch und ethisch geschulte Vertreter der etablierten Bürokratien von staatlichen und überstaatlichen Organisationen sowie der Zivilgesellschaft beteiligt waren, erstaunt es nicht, dass das Unternehmertum in den SDGs nicht als wichtige moralische Kraft, die Veränderung durch Innovation ermöglicht, verstanden wird; und dies trotz der Resolution *Entrepreneurship for Development* die von der UNO Generalversammlung im Jahr 2012 verabschiedet wurde (UN 2012) und von der UNCTAD in einem Bericht an den Generalsekretär als integraler Bestandteil der Nachhaltigkeitsziele angesehen wird (UNCTAD 2014). Unternehmertum wird bei den SDGs gerade zweimal erwähnt, einmal im Oberziel 4 in 4.4 in Bezug auf praxisorientierte Ausbildung und einmal im Oberziel 8 in 8.3 in Bezug auf die Förderung von produktiven Aktivitäten. Indirekt hat das fehlende Verständnis für die Bedeutung von Unternehmertum und Innovation auch mit dem Bildungssystem in Wohlstandsländern und insbesondere mit der Vernachlässigung der geschichtlichen Dimension in den Sozialwissenschaften und der Ethik zu tun (Aerni und Oser 2011).

Der tugendhafte Unternehmer im Italien der Renaissance

Die Einsicht, dass sich Profitstreben und moralische Verantwortung nicht gegenseitig ausschliessen, wurde bereits von den Humanisten in der Renaissance im 15. Jahrhundert und den Philosophen und Soziologen der Aufklärung erkannt. Der Aufstieg der Ökonomie als Königsdisziplin der Sozialwissenschaften im 19. Jahrhundert hat jedoch dazu beigetragen, dass aus methodischen Gründen die moralische Dimension des wirtschaftlich aktiven Bürgers ausgeklammert wurde (Hirschmann 1992).

Vertreter des frühen Bürgerhumanismus im Italien der Renaissance wie Leonardo Bruni und Poggio Bracciolini waren darum bemüht, die traditionelle Morallehre der Kirche und der antiken Philosophen an die Realität des Frühkapitalismus anzupassen. Dabei stand die moralische Herausforderung der Ablösung des Feudaladels durch das aufstrebende Bürgertum im Vordergrund. Moral soll nicht bloss dem Blutadel vorbehalten sein, der seine Handlungen und Privilegien von einer übergeordneten Macht ableitet, und somit glaubt, das moralische Leben unabhängig von »Fortuna« (also dem materiellen Schicksal) gestalten zu können. Stattdessen, kann sich gemäss den Bürgerhumanisten jeder Mensch durch Tüchtigkeit (virtues) moralisch emanzipieren, wobei die Subjektivität der konkreten Erfahrung eine unverzichtbare Grundlage aller Erkenntnis ist. Diese Erfahrung muss wiederum in der intersubjektiven geschichtlichen Erfahrung abgesichert sein. Mit anderen Worten: jede moralische Wahrheit ist historisch bedingt, denn die Göttin Fortuna, also das Schicksal, kann dem Menschen in seiner natürlichen Veranlagung und seinem moralischen Streben entgegenkommen, oder aber die Umstände so verändern, dass seine Bestrebungen sich kontraproduktiv auf seine hehren Ziele auswirken, sofern er nicht fähig ist sich selbst zu verändern (Bobbitt 2013). Der Mensch ist daher gezwungen sich mit dem Willen der Göttin Fortuna zu arrangieren, denn auf sie, die uneingeschränkte Macht über sein Schicksal ausüben kann, hat er keinen Einfluss. Fortuna kann gemäss den Bürgerhumanisten manchmal grausam und manchmal wohlwollend sein, doch generell ist sie dem unternehmerischen Bürger wohlgesinnt, solange er Mut zeigt und sein Schicksal nicht einfach passiv hinnimmt, sondern sich im Angesicht der sich ändernden Umstände ebenfalls verändert (Kessler 2008, Bobbitt 2013). Ob die Entscheidungen, die man heute trifft, künftig als tugendhaft beurteilt werden oder nicht, hängt davon ab, ob man die Ziele, die man sich steckt, auch erreicht. Doch dazu ist man vom Wohlwollen des Schicksals abhängig.

Wenn zum Beispiel ein junger Mensch, der einer Berufung zu folgen glaubt, die nicht im Einklang steht mit den Plänen seiner Eltern, seinem von den Eltern vorbestimmten Schicksal entflieht, mag er als rücksichtslos und unethisch bezeichnet werden, sofern seine Entscheidung langfristig keine Früchte trägt und er dadurch seine Familie in eine Notlage bringt. Wenn er aber durch Tugenden wie Ausdauer, Fleiss und Lernbereitschaft fähig ist auf durch das Schicksal verursachte Änderungen der Umstände zu reagieren und somit Erfolg hat, wird er als tugendhaft bezeichnet, da er schlussendlich der Familie Wohlstand, Ruhm und Ehre bringt. In einer dynamischen Tugendethik geht es also schlussendlich darum, Mut zu zeigen im ständigen Ringen mit dem Schicksal.

Ein innovativer Unternehmer gilt in der Renaissance als tugendhaft, weil er durch seine schöpferische Kraft nicht nur sein Leben verändert, sondern auch das seiner Mitbürger, indem er neue Ideen, Produkte und Dienstleistungen bereitstellt, die einen gesellschaftlichen Nutzen haben. Somit steht sein Streben nach Glückseligkeit im Einklang mit dem allgemeinen Streben nach Glückseligkeit.

Allerdings kann der Unternehmer nicht Erfolg haben, wenn er seine Handlungen versucht aus abstrakten und rationalen Moralprinzipien abzuleiten, denn diese werden von normativ gesinnten Ethikern tendenziell als dem interessengeleiteten Handeln entgegengesetzt verstanden. Vielmehr ist seine Moral als Evolution einer »verkörperten« Tugend zu verstehen. Diese ist gekoppelt an konkrete Erfahrung und zwischenmenschliche Gefühle. Im Streben nach Tugend ist der Unternehmer nicht zuerst ein Erkennender, sondern ein Schöpfer seiner selbst und seiner Welt. Er muss das Experiment seines eigenen Lebens wagen und über Versuch und Irrtum eine moralische Biographie entwickeln, die ihm nicht nur hilft eine verantwortungsvolle Rolle in der Gemeinschaft zu übernehmen, sondern ihm auch den langfristigen Erfolg als verlässlicher Geschäftspartner sichert. Für den

Menschen der Renaissance wäre der heutige Begriff des autonomen und selbst-
bestimmten Individuums fremd gewesen, denn er betrachtete sich immer als Teil
einer Gemeinschaft, sei es durch seine Zugehörigkeit zur Familie, zu einer Zunft,
zu einer Gemeinde oder Stadt oder zu einer religiösen Vereinigung (Goldtwhaite
2009). In Anbetracht der Abwesenheit von staatlich finanzierten Altersrenten und
Sozialhilfen, war es selbstverständlich, dass der Unternehmer in der Renaissance
nicht nur Rechte, sondern auch Pflichten gegenüber seiner Gemeinschaft hatte,
die ihn in der Not unterstützt, und ohne die er nie derjenige hätte werden können, der er ist. Zugleich ist er jedoch auf übergemeinschaftliche Gesetze angewiesen, die es ihm ermöglichen, mit Leuten aus anderen Gemeinschaften Handel
treiben zu können und gemeinsame Interessen bei der Entwicklung von Innovation verfolgen zu können. Dies bedingt jedoch eine Gleichbehandlung vor dem
Gesetz, und diese war im damals herrschenden hierarchischen Recht nicht gegeben, da die Rechte und Pflichten eines jeden Menschen an seinen sozialen Status gebunden waren. In der Folge haben die damaligen Unternehmer kurzerhand
ihr privates, grenzüberschreitendes Handelsrecht entwickelt, das festhält, dass vor
dem Gesetz alle gleich sind und die gleichen Rechte haben. Die Idee der gleichen
Menschenrechte für alle stammt also ursprünglich aus dem privaten Handelsrecht
und nicht dem öffentlichen Recht, wie heute oft angenommen wird (Jacobs 1994).
Dass alle Menschen vor dem Recht gleich sind, wurde dabei vom Naturrecht abgeleitet. Dieses besagt, dass der Mensch mit unveräußerlichen Rechten ausgestat-
tet sei – unabhängig von Geschlecht, Alter, Ort, Staatszugehörigkeit und Zeit. Die
heutige Diskussion im Bereich Wirtschaft und Menschenrechte scheint dem jedoch kaum Rechnung zu tragen. Das sogenannte *UN Framework on Business and
Human Rights* mit seinem Fokus auf »Protect, Respect, Remedy« (Ruggie 2008)
ist stark normativ ausgerichtet und sieht im Unternehmertum an sich keine moralische Kraft.

Die naturalisierte Ethik versöhnt Eigeninteresse und Moral

Baruch de Spinoza hat beim Übergang vom Humanismus zur Aufklärung in seinem Buch »Ethik: eine geometrische Darstellung« (1677) nochmals überzeugend
dargestellt, dass ein unternehmerisch denkender Mensch Tugend erlangen kann,
und zwar nicht indem er *gegen* sein Eigeninteresse, sondern *im Einklang mit* seinem Eigeninteresse handelt. Seine naturalisierte Ethik basiert auf dem, was alle
Menschen gemeinsam haben, nämlich das Streben danach, im Leben zu verharren. Die Antriebskraft dieses Strebens nennt Spinoza »Conatus«. Dieses manifestiert sich zu Beginn des Lebens als eher kurzfristiges Eigeninteresse, da das Kind
primär von inadäquaten Ideen geleitet wird, die auf dem Motto basieren »alles

was mir nützt ist gut, und alles was mir schadet ist schlecht«. Der Mensch lernt jedoch im Verlaufe des Lebens, dass das wovon er geglaubt hat, das es ihm nützt, ihm letztendlich schadet und umgekehrt. Somit entwickelt sich im Verlaufe des Lebens eine moralische Biographie durch Versuch und Irrtum. Sie verhilft ihm dazu, die adäquaten Ideen zu erkennen, die immer und überall Gültigkeit haben, weil sie den Gesetzen der Natur im Allgemeinen und der Natur des Menschen im speziellen entsprechen.

Der Mensch erkennt in diesem Entwicklungsprozess, dass Tugend das höchste und am meisten erstrebenswerte Gut im Leben ist. Er leitet sein Handeln also nicht von abstrakten ethischen Prinzipien ab, sondern von der Lebenserfahrung, die ihm aufzeigt, was tatsächlich in seinem Eigeninteresse ist. Das Streben nach Tugend hat dabei den Vorteil, dass Tugend kein rivales Gut ist; das heisst, wenn ich Tugend erlange, führt das nicht dazu, dass weniger Tugend für andere da ist. Somit kann ich aus »skrupellosem« Eigeninteresse nach Tugend streben und schade dabei niemandem. In der Tat, wenn alle erkennen würden, dass Tugend ein erstrebenswertes Gut ist, würde auch die Gesellschaft als Ganzes besser.

Diese dynamische Tugendethik von Spinoza entspricht auch einer Art naturalisierter Ethik, wie sie Feuerbach verstanden hat. Diese gründet auf der materiellen Grundlage des Glückseligkeitstriebes der zugleich auch einen sozialen Charakter hat. Der Mensch, so Feuerbach, sauge nämlich die Elemente der Moral mit der Muttermilch ein. Diese Elemente umfassen das Gefühl der Zusammengehörigkeit, Verträglichkeit, Gemeinschaftlichkeit, sowie die Beschränkung der unumschränkten Alleinherrschaft des eigenen Glückseligkeitstriebes. Erkenntnisse aus den Forschungsbereichen Affektheuristik, Evolutionspsychologie und Neurowissenschaften haben die inhärente und oftmals unbewusste Präferenz des Menschen für Fairness und Reziprozität bestätigt (Miller 2008). Die Entfaltung dieser natürlichen Moral bedingt allerdings einen institutionellen Rahmen, der die Anreize im Streben nach eigener Glückseligkeit so ausgestaltet, dass es das Glückseligkeitsstreben der Anderen nicht behindert, sondern es vielmehr erst ermöglicht.

Die »Doux-Commerce« Hypothese

Die Einsicht, dass der tugendhafte Unternehmer nicht nur sich selbst, sondern der Gesellschaft als Ganzes nützt, wurde auch von Baron de Montesquieu und anderen Aufklärern erkannt. In seiner Schrift *De l'esprit des lois* 1748 hebt Montesquieu hervor, dass wo immer der Handel herrscht, sich auch die Sitten und Umgangsformen verbessern. Der Handel versüsst also das Leben (die sogenannte Doux-Commerce Hypothese), indem dem Menschen Respekt erwiesen wird, unabhängig davon aus welcher sozialen Schicht er stammt. Marquis de Condorcet beschreibt in

seinem *Esquisse d'un tableau historique due progress de l'esprit humain* 1795 den
Weg des Menschen in die Freiheit als Sieg der kommerziellen Interessen über die
religiösen und politischen Interessen. Für ihn ist es der Handel, der die Nationen
in Frieden vereinigt und weniger die gemeinsame Festsetzung von Werten und
Normen. Wie Condorcet hebt auch Thomas Paine, ein Vater der amerikanischen
Aufklärung, in seinem Buch *Rights of Man* 1792 die Bedeutung der Naturrech-
te des Menschen hervor, die er primär als negative Freiheitsrechte versteht, die
nicht vom Staat beschnitten werden dürfen. Es sind gerade diese Freiheitsrechte,
die der Unternehmer benötigt um investieren und innovieren zu können. Emile
Durkheim unterscheidet in seinem Werk *De la division du travail social* 1893 zwischen dem repressiven Gesetz (droit repressif) in primitiven Gemeinschaften, das
hauptsächlich auf Bestrafung von abweichendem Verhalten bedacht ist, also eine
Art Wächtermoral, und dem restitutiven Gesetz (droit restitutif) das primär das
soziale Leben in komplexen Gesellschaften regelt, um Frieden und Handel zu ermöglichen, also eine Art Händlermoral. Unternehmertum und Handel werden
von vielen anderen Philosophen als Agenten des moralischen Wandels dargestellt,
welche viele nichtmaterielle Nutzen für die Gesellschaft bringen, auch wenn in jedem Tauschhandel ein gewisses Mass an erlernter Freundlichkeit erkennbar und
akzeptiert werden muss. Der Unternehmer ist geradezu gezwungen, sich Manie-
ren beizubringen und seine Mitmenschen mit Respekt zu behandeln, wenn er im
Handel erfolgreich sein will. Auch ist er generell am Finden von Lösungen interessiert und ist gerne bereit Kompromisse einzugehen, wenn diese von gegenseitigem
Nutzen sind. Das Problem der relativ brutalen Industrialisierung im 19. Jahrhundert, als Ausbeutung noch die Norm und gegenseitiger Respekt zwischen Arbeit-
nehmer und Arbeitgeber noch die Ausnahme waren, war die Tatsache, dass feu-
dalistische, also vorkapitalistisch und hierarchisch gesinnte Mentalitäten, die im
Markt bevorzugte egalitäre Mentalität überschattete (Hirschman 1992).

In Anbetracht dieser Erkenntnisse warf der bekannte Entwicklungsökonom
und Feldforscher Albert O. Hirschman der Ökonomenzunft vor, dass sie mit der
Darstellung des unternehmerisch tätigen Menschen als ›Homo Oeconomicus‹ in
ihren ökonometrischen Modellen einen Reduktionismus am falschen Ort betrieben habe; denn die Annahme, dass der Unternehmer ein amoralischer Nutzenma-
ximierer ist, greift viel zu kurz und führt zu falschen politischen und wirtschaftlichen Einschätzungen (Hirschman 1992).

Händlermoral und der Wert der Innovation

Die Erfahrung der Geschichte wie auch die Erkenntnisse aus der interdisziplinären empirischen Sozialwissenschaft zeigen, dass Unternehmer intrinsisch motiviert sind, dass sie sich in geradezu irrationaler Weise ins Risiko und die Unsicherheit stürzen und keineswegs immer erfolgreich sind. Wenn es ihnen jedoch gelingt, durch Innovation neue Märkte zu schaffen, so können diese enorme Wohlfahrtseffekte für die Gesellschaft als Ganzes schaffen. Der Unternehmer ist somit eine Art Idealist, der glaubt, durch die Schaffung eines neuen Marktes bestimmte Bedürfnisse in der Gesellschaft besser befriedigen zu können, und der bereit ist, seine Ersparnisse und seine Zeit für dieses langfristige und riskante Ziel der Schaffung eines neuen Marktes zu opfern. Seine Unternehmertugenden mögen am Ende auch finanziellen Erfolg und Ansehen bringen, doch sie garantieren dies keineswegs: Dies hängt nämlich wie zuvor dargestellt, vom Wohlwollen der Fortuna ab. Ob ein mutiger Entscheid als tugendhaft oder verrückt und rücksichtslos in der Gesellschaft beurteilt wird, hängt davon ab, ob man das Unternehmen zum Erfolg bringt. Die Wahrscheinlichkeit des Erfolgs steigt mit Willensstärke, Mut, Ausdauer und Lernbereitschaft. Es sind diese Tugenden, die die Wahrscheinlichkeit erhöhen, dass dem Unternehmer Fortuna wohlgesinnt ist. Er darf jedoch nie aufhören, seine Strategie ständig neu zu prüfen, und den sich verändernden Umständen und Bedürfnissen anzupassen. Das Gewissen, das auf Gefühlsebene signalisiert, dass man jemandem Unrecht getan hat, ist bei einem langfristig denkenden Unternehmer ausgeprägt, denn es geht nicht nur um moralische Gewissensbisse, sondern auch um konkrete negative finanzielle Konsequenzen (Vertrauensverlust bei Kunden, Aktionären, Angestellten) für die er niemandem als sich selbst die Schuld geben kann.

Was ist ein tugendhafter Unternehmer?

Der Unternehmer als umsichtiger und verantwortungsvoller Akteur in der Gesellschaft muss sich auf institutionelle Rahmenbedingungen verlassen können, die ihm den Schutz des Lebens und des Eigentums, allgemeine Rechtssicherheit und eine unabhängige Justiz garantieren. Wenn diese unternehmerischen Rechte durch Korruption und staatliche Misswirtschaft unterwandert werden, dient dies kurzfristig denkenden, opportunistischen und kriminellen Unternehmern, die durch den Gebrauch des käuflichen Justiz- und Polizeiwesens grosse Gewinne mit illegalen Geschäften erzielen, die auch nicht versteuert werden müssen. Unter solchen Rahmenbedingungen lohnen sich langfristige Investitionen und wirtschaftliche Erneuerung nicht, denn Gewinne können auf leichtere Art im illegalen Bereich erzielt werden. Diesen Übergang von der Tugend zum Laster betrifft jedoch nicht nur die Wirtschaft, sondern umfasst die Gesellschaft als Ganzes; denn es signalisiert jedem Einzelnen, dass nicht der Fleissige und Zuverlässige, sondern der Schlaue und Skrupellose im Leben weiterkommt. Rechtsunsicherheit und Korruption führen daher zu einer negativen Selektion im Markt wie auch in der Gesellschaft; denn wer Erfolg im Geschäft haben will, kann dies straflos auf Kosten der Gesellschaft tun, und wer dem Gemeinwohl dienen will, gilt als naiv. Ein solches Umfeld lässt das Vertrauen in die Märkte und deren Akteure schwinden, und gleichzeitig schwindet auch der Glaube an die Tugenden des Unternehmers. Stattdessen macht sich ein Zynismus in der Bevölkerung breit, der das Vertrauen in sämtliche Institutionen schwinden lässt.

Gerade unter solch widrigen Umständen gewinnt jedoch der tugendhafte Unternehmer, der an seiner langfristigen Strategie festhält, umso mehr an Bedeutung als Agent des Wandel und als Schöpfer der moralischen Erneuerung. Mit seiner langfristigen Strategie, die auf Investitionen in Innovation und am Festhalten an der Händlermoral beruht, trägt er nicht nur zur Erneuerung der Wirtschaft durch technische Innovation bei, sondern auch zur Erneuerung der gesellschaftlichen Werte. Als tugendhafter Unternehmer erbringt er nämlich den Beweis, dass Opportunismus kurze Beine hat. Sein Erfolg geht daher nicht auf Kosten der Gesellschaft, sondern verbreitet erneut Hoffnung und Zuversicht, dass man mit Mut, Risikobereitschaft, Wissensdurst, Geduld, Ausdauer und Fleiss nicht nur sich selbst, sondern der Gesellschaft als Ganzes Nutzen bringen kann.

Tugendhaftes Unternehmertum im 20. Jahrhundert: Der Fall Adriano Olivetti

Adriano Olivetti war einer der grossen Unternehmer des 20. Jahrhunderts, der die zuvor beschriebenen Unternehmertugenden praktizierte und dabei mithalf, Italien nach dem zweiten Weltkrieg in die Moderne zu führen, ohne dabei das Volk hinter sich zu lassen (Cadeddu 2012). Bereits in den dreissiger Jahren hatte er mit der Einwilligung seines Vaters und Unternehmensgründers Camillo Olivetti verschiedene Innovationen aus den USA im Familienunternehmen eingeführt. Diese haben es ermöglicht, die Produktivität pro Arbeiter massiv zu steigern. Zugleich führte die Ausrichtung an den Zukunftsmärkten in Amerika nach dem zweiten Weltkrieg zu einer Erneuerung der Produktpalette, so dass der inzwischen internationale Konzern seinen Umsatz nicht nur mit Schreibmaschinen, sondern auch zunehmend mit Rechnern und Computern machte.

Adriano Olivetti war sich jedoch von Anfang an bewusst, dass der Erfolg langfristig nur durch motivierte Mitarbeiter gesichert ist, die sich mit dem Unternehmen und seinen Werten identifizieren können, die Möglichkeiten der persönlichen Entwicklung in und ausserhalb des Unternehmens sehen, und sich zugleich weiterhin als Teil ihrer lokalen Gemeinschaft und Kultur fühlen können. Es erstaunt daher nicht, dass seine Angestellten die bestbezahlten und produktivsten in der ganzen metallurgischen Branche Italiens waren. Zugleich erhielten sie die grosszügigsten Sozialleistungen, und hatten im Rahmen der eigens gegründeten Unternehmensgewerkschaft ein Mitspracherecht im Unternehmen. Sein humanistischer Idealismus machte sich auch in seinen Bemühungen bemerkbar, den Mitarbeitern eine optimale Arbeitsumgebung mit viel Licht und Vegetation zu schaffen, die ihre starke kulturelle Verwurzelung und ihre Gewohnheit im Freien zu arbeiten mit der Integration in eine globale Weltwirtschaft versöhnen sollte.

Auch auf politischer Ebene war Adriano Olivetti mit der Gründung der Gemeinschaftsbewegung (Movimento Comunità) aktiv. Seine Motivation beruhte auf der Erkenntnis, dass Italien nicht durch den Kommunismus, sondern nur durch einen gesunden Kapitalismus vor dem Faschismus bewahrt werden kann. Ein solcher bedingt, dass die Gemeinschaft am wohlstandsfördernden wirtschaftlichen und technologischen Wandel partizipieren kann, ohne dadurch seine kulturellen Wurzeln und Identität im zivilen Leben aufgeben zu müssen. Als tugendhafter Unternehmer ist es Olivetti grösstenteils gelungen mit seinem Unternehmen in der globalen Gesellschaft zu reüssieren, ohne dabei das Leben in der Gemeinschaft opfern zu müssen. In der Tat machte er das Unternehmen Olivetti zu einem der grössten und erfolgreichsten Technologiekonzerne weltweit. Er empfand diesen Erfolg als eine kulturelle Errungenschaft, genauso wie ein Kunstwerk oder eine wissenschaftliche Erkenntnis. In der Tat zeichnen sich der innovative Unternehmer wie auch der Künstler und Wissenschaftler durch Tugenden wie Neugier, Offenheit und Experimentierfreudigkeit aus, also Tugenden die mehr mit einer Händler- als mit einer Wächtermoral zu tun haben.

Diskussion

In diesem Artikel wurde aufgezeigt, dass Ethik und Eigeninteresse nicht im Widerspruch stehen müssen, und dass sich dies gerade im Falle des tugendhaften Unternehmers illustrieren lässt. Dieser folgt einer Händlermoral, die sich unter anderem auszeichnet durch Offenheit, Risikobereitschaft, Zuverlässigkeit und Lernbereitschaft. Durch Investitionen in Innovation schafft er nicht nur potenziellen Nutzen für sich selbst, sondern auch für die Allgemeinheit; denn Innovation ermöglicht eine effizientere und nachhaltigere Nutzung von natürlichen Ressourcen und schafft soziale Wohlfahrt durch neue Arbeitsplätze und erhöhtes Steueraufkommen. Der Unternehmer muss sich jedoch auf einen institutionellen Rahmen verlassen können, der seine Rechte schützt und opportunistische Akteure, die ihren Gewinn tatsächlich auf Kosten der Gesellschaft machen, sanktionieren. Ein effektiver Staats- und Polizeischutz sowie die Verteidigung der Freiheit durch eine Armee mit glaubwürdigem Abschreckungspotenzial bedingt eine Wächtermoral, die Wert legt auf die Einhaltung von Normen und Werten sowie Gehorsam und Loyalität. Diese Wächtermoral im Staatswesen schafft die nötigen Anreize dafür, dass sich eine Händlermoral auch wirtschaftlich lohnt.

Trotz der Bedeutung der Wächtermoral für nationale Sicherheit und politische Stabilität, ist es die Händlermoral, die eine moralische Erneuerung in der Gesellschaft ermöglicht. Den kreativen Unternehmern in Wissenschaft, Wirtschaft und Kunst geht es nämlich in ihren Nachhaltigkeitsbestrebungen nicht primär um die Regulierung von unerwünschten Entwicklungen, sondern um die konstruktive Mitgestaltung einer nachhaltigen Zukunft durch Innovation. Gerade durch die wachsende Bürokratisierung der Gesellschaft in Wohlstandsländern ist jedoch tugendhaftes Unternehmertum in seiner Existenz zunehmend bedroht, denn mit wachsender Bürokratisierung und Besitzstandswahrung nimmt auch die Präferenz für eine Wächtermoral in der Gesellschaft zu. Belohnt wird, wer sich angeblich an die gesellschaftlichen Werte und Normen hält, und nicht wer diese kritisch hinterfragt und Risikobereitschaft in der Mitgestaltung des Wandels zeigt. Auch bei Unternehmern, Wissenschaftlern und Künstlern geht daher zunehmend die Angst um, man könnte durch unpopuläre, kritische oder unzeitgemässe Ansichten und Entscheidungen in Ungnade beim Publikum fallen und als Feind der Nachhaltigkeit dargestellt werden. Der fehlende Mut führt dazu, dass diese potenziellen Agenten des Wandels vor der Allmacht der öffentlichen Meinung kapitulieren und in der Nachhaltigkeit bloss noch einen individuellen Lifestyle sehen, den sogenannten *Lifestyle for Health and Sustainability* (LOHAS), den man sich entweder leisten kann oder eben nicht. Die LOHAS Devise sich selbst zu verwöhnen und gleichzeitig die Welt zu retten, hat jedoch mehr mit Narzissmus als mit Nachhaltigkeit zu tun. Lifestyle Nischenmärkte fördern den aufsehenerregenden Konsum (conspicuous consumption), und weil diese trendigen Konsumenten kaufkräftig sind, helfen grosse Firmen aktiv mit, Nachhaltigkeit als eine Art »Wellness« in ihrer Werbung darzustellen. Solche Nischenmärkte haben sicherlich ihre Berechtigung, taugen aber kaum für eine globale Nachhaltigkeitsstrategie im 21. Jahrhundert; denn sie bauen auf einer statischen Vorstellung von Nachhaltigkeit auf. Nachhaltigkeit wird als ein Produkt verstanden, das nicht nur heute, sondern auch in Zukunft nachhaltig sein wird. Solche Produkte basieren auf einer negativen Definition von Nachhaltigkeit, denn sie verweisen primär auf Produkte, die angeblich nicht nachhaltig sind und es nie sein werden. Viele private Konsumlabels bauen auf dieser vermeintlichen Gewissheit von »gut« und »böse« auf und generieren unter Konsumenten eine freiwillige Wächtermoral, indem alle

Produkte vermieden werden, die als »böse« also »nicht nachhaltig« von vermeintlich glaubwürdigen Akteuren in den Medien denunziert werden. Und dies obwohl oftmals eine wissenschaftliche Basis dafür fehlt.

Dabei wird vergessen, dass Nachhaltigkeit eigentlich ein dynamisches Konzept ist. Es geht darum, durch Innovation den Ressourcenverbrauch vom Bevölkerungswachstum und dem zunehmenden Wohlstand abzukoppeln. Nur so kann eine malthusianische Katastrophe vermieden werden, wie sie nicht nur Thomas Malthus, sondern auch der Club of Rome mit seinem Buch *Limits to Growth* prophezeit hat. In der Tat besteht gemäss dem bekannten Ökonomen Paul Collier nur eine Grenze für das nachhaltige Wachstum: es ist die Angst der Wohlhabenden vor dem technologischen Wandel, der ihre bestehenden Privilegien gefährden könnte. Sie manifestiert sich in einer starken Präferenz für Regulierung und einem grossen Misstrauen gegenüber Innovation und Unternehmertum (Collier 2015).

Die UNO muss moralische Verantwortung zeigen und dieser statischen, besitzstandsinteressen-gebundenen und defensiven Vorstellung von Nachhaltigkeit entgegenwirken bei der Festsetzung der neuen Nachhaltigkeitsziele (SDGs) im Rahmen der Post-2015 Agenda. Die Einsicht, dass Nachhaltigkeit ein dynamisches Konzept ist, das sich dank tugendhaften Unternehmern und nicht etwa Beamten entfaltet, muss sich im Erziehungswesen, in der öffentlichen Diskussion sowie in der nationalen und internationalen Umweltpolitik durchsetzen, wenn die grossen Nachhaltigkeitsprobleme des 21. Jahrhunderts bewältigt werden sollen.

Leider zeichnet sich ab, dass auch bei den SDGs die Wächtermoral als implizit »nachhaltig« und die Händlermoral als implizit »nicht nachhaltig« dargestellt werden. Glücklicherweise haben tugendhafte Unternehmer wie Adriano Olivetti bewiesen, dass sie auch unter sehr ungünstigen Rahmenbedingungen an ihrer Händlermoral festhalten und dadurch nachhaltige Veränderung durch Innovation bewirken. Bleibt zu hoffen, dass diese grossen Nachhaltigkeitsleistungen mit der Zeit auch von der internationalen Gemeinschaft anerkannt werden.

Literatur

Aerni, P. (2011a). *Die Moralisierung der Politik als Kehrseite der Angst vor dem globalen Wandel*. In: Philipp Aerni und Klaus-Jürgen Grün (Hrsg) Moral und Angst. Göttingen: Vandenhoeck und Ruprecht Verlag 13–32.

Aerni, P. (2011b). *Learning from the past: how to bring ethics and economics in line with the real nature of the human being'*. In: M. Cockell et al. (eds) Common Knowledge: Rising to the Challenge of Transdisciplinarity. EPFL/CRC Press, Lausanne, Switzerland: 15–30.

Aerni, P. und Oser, F. (2011). *Forschung verändert Schule*. Zürich: Seismo Verlag.

Aerni, P.; Nichterlein, K.; Rudgard, S.; Sonnino, A. (2015). *Making Agricultural Innovation Systems (AIS) Work for Development in Tropical Countries*. Sustainability 7(1): 831–850.

Aerni, P. (forthcoming). *The Sustainable Provision of Environmental Services: From Regulation to Innovation*. Heidelberg: Springer.

Aerni, P. (2006). *The Principal-Agent Problem in International Development Assistance and its Impact on Local Entrepreneurship in Africa: Time for New Approaches*. ATDF Journal 3(2): 27–33.

Bobbitt, P. (2013). *The Garments of Court and Palace: Machiavelli and the World that He Made*. New York: Grove Press.

Cadeddu, D. (2012). *Reimagining democracy on the political project of Adriano Olivetti*. New York: Springer.

Collier, P. (2015). Achieving Sustainability: Should People be fitted to Policies, or Policies to People? Monthly Lecture on Sustainability and Innovation, March 19, 2015. Zürich: University of Zurich.

Driessen, P. (2010). *Eco-Imperialism: Green Power Black Death*. New York: Merril Press.

Emerich, Monica M. (2011). *The gospel of sustainability: Media, market, and LOHAS*. Chicago: University of Illinois Press.

Easterly, W. (2006). *The White Man's Burden: Why the West's Efforts to Aid the Rest Have Done So Much Harm and So Little Good*. New York: Penguin Books.

Easterly, W. (2002). *The Cartel of Good Intentions*. Foreign Policy, June 2002: 40–49.

Goldthwaite, R. A. (2009). *The Economy of Renaissance Florence*. Baltimore: John Hopkins University Press.

Hirschman, A. O. (1992). *Rival Views of Market Society and Other Recent Essays*. Cambridge, MA: Harvard University Press.

Kessler, E. (2008). *Die Philosophie der Renaissance: Das 15. Jahrhundert*. München: C. H. Beck.

Kummert, I. (2013). *Strategien der Moral am Kapitalmarkt*. Wiesbaden: Springer Gabler.

The Economist (2005) *Global Economic Development: Unsustainable Goals*. March 28, 2015: 58–59.

Juma, C. (2011) *New Harvest: Agricultural Innovation in Africa*. Oxford: Oxford University Press.

Jacobs, J. (1994). *Systems of Survival: A Dialogue on the Moral Foundations of Commerce and Politics*. New York: Vintage.

Miller, G. (2008). *The Roots of Morality*. Science 320: 734–737

Paarlberg, R. (2009). *Starved for Solutions*. Cambridge, MA: Harvard University Press.

Rawidowicz, S. (1964). *Ludwig Feuerbachs Philosophie: Ursprung und Schicksal*. Berlin: Walter de Gruyter.

Ruggie, J. (2008). *Protect, respect and remedy: A framework for business and human rights*. Innovations, 3(2), 189–212.

Sandel, M. (2013). *What money can't buy: The Limits of Markets*. New York: Farrar, Straus, and Giroux.

Scherer, A.G, Palazzo, G. (2011). *The New Political Role of Business in a Globalized World: A Review of a New Perspective on CSR and its Implications for the Firm, Governance, and Democracy*. Journal of Management Studies 48 (4): 899–931.

Spinoza, B. 1677. *Ethik in geometrischer Ordnung dargestellt*. Hamburg: Felix Meiner Verlag (veröffentlicht 1966).

United Nations (2012a) *Entrepreneurship for development*. Resolution 67/202. adopted by the General Assembly on 21 December 2012.A/69/150. Retrieved from http://www.un.org/ga/search/view_doc.asp?symbol=A/69/150 (3 April 2014).

UNCTAD (2014) *Report of the Secretary General: Entrepreneurship and Development*. General Assembly, 14 August 2014. A/69/320. Retrieved from http://unctad.org/meetings/en/SessionalDocuments/a69d320_en.pdf (3 April 2014).

Kollektive Verantwortung im Ethischen Naturalismus

Yvonne Thorhauer

Einleitung

Begriffe wie Freiheit, Gerechtigkeit und Ethik haben in der Geschichte der Philosophie Tradition. Anders ist dies mit dem Begriff der Verantwortung, der erst seit dem 19. Jahrhundert ein philosophisch relevanter Terminus ist. Verantwortlich für etwas zu sein bedeutet ursprünglich Rechenschaft ablegen zu müssen, beispielsweise vor Gott, der Justiz oder der Öffentlichkeit. (Vgl. Lenk und Maring 1971 ff., Sp. 566) Seine »ethisch und politisch motivierte Hochphase« (Nida-Rümelin 2011, S. 142) erreichte der Begriff in den 1970er Jahren, als atomare Bedrohung, Umweltzerstörung und neue Technologien eine kritische Öffentlichkeit bewegten. (Vgl. Jonas 1984, S. 26 ff.; Nida-Rümelin 2011, S. 142)

Heute geht die Rede von Verantwortung mit der Zurechnung von Schuld einher und ist meist normativ konnotiert. Lasten etwa Medien Kreditinstituten die Schuld an der Finanzkrise an, so ist dies keine rein deskriptive Feststellung. Erhebt die Zuschreibung von Verantwortung einen normativen Anspruch, kann dieser juristischer oder moralischer Natur sein. Hier sei angemerkt, dass das, was moralisch tadelnswert ist, in der Wirtschaftspraxis nicht zwingend juristisch verboten sein muss, wie etwa die *aggressive Steuerplanung* – die Verlagerung von Gewinnen durch multinationale Konzerne in Länder mit geringem Steuersatz – zeigt.

Während wir Individuen problemlos Verantwortung zusprechen, ist die Zuschreibung bei kollektiven Handlungen schwer fassbar. Dennoch ist das Bedürfnis vorhanden, Unternehmen als solche für ihr Verhalten moralisch zur Rechenschaft zu ziehen: Insofern der »individualethische Verantwortungsbegriff [...] an sachliche und normative Grenzen« stößt, muss laut Heidbrink »der ursprünglich am Personenmodell ausgerichtete Verantwortungsbegriff [...] durch ein systemisches Verständnis ökonomischer Verantwortung erweitert werden, durch das sich Korporationen als responsive Organisationssysteme innerhalb multipler Stakeholder-Netzwerke begreifen und adressieren lassen.« (2011, S. 196) Inwieweit das Verantwortungskonzept sinnvollerweise auf Unternehmen *erweitert* werden kann, berührt sowohl eine rechtswissenschaftliche als auch eine moralphilosophische Dimension:

Nach deutschem Recht ist das Unternehmen eine juristische Person, die für pflichtwidriges Handeln eine Haftungsfolge in zivilrechtlicher Hinsicht treffen kann; nicht jedoch fällt das Unternehmen unter das Kriminalstrafrecht im Sinne des Strafgesetzbuchs, weil es nur vermittels seiner Akteure *handelt*. Das Unternehmen selbst gilt als handlungsunfähig und somit als schuldunfähig. Kann ein Unternehmen keine individuelle Vorwerfbarkeit (Schuld) treffen, so fehlt eine wesentliche Voraussetzung für die Verhängung von Strafe. Diese Auffassung ist keineswegs unstrittig, schließlich kennt das anglo-amerikanische Recht durchaus eine *Corporate Criminal Liability*. Möglicherweise führt auch der deutsche Weg in diese Richtung, hat doch Nordrhein-Westfalen kürzlich einen Gesetzesentwurf zum Unternehmensstrafrecht vorgelegt. Angesichts der Tatsache, dass das deutsche Recht außerhalb des Strafrechts gegenwärtig bereits im Ordnungswidrigkeitengesetz die Möglichkeit eröffnet, beim Unternehmen durch rechtswidriges Verhalten erlangte Gewinne abzuschöpfen und Geldbußen gegen juristische Personen und Personenvereinigungen zu verhängen, was faktisch einer Strafe entspricht, schließt sich an den nordrhein-westfälischen Gesetzesentwurf eine breite rechtswissenschaftliche Diskussion an, die hier nur schemenhaft dargestellt werden soll. Was aus moralphilosophischer Sicht mehr interessiert als pragmatische Argumente der Rechtswissenschaftler, sind die tieferliegenden Motivationen der Befürworter der Verankerung einer *echten* Unternehmensstrafe im Strafgesetzbuch.

Auch Wirtschaftsethiker diskutieren kontrovers, ob ein Unternehmen im moralischen Sinne schuldfähig ist. Damit einher geht die Frage, ob Korporationen etwa *moralische Personen* (vgl. u. a. French 1984 und 1979) oder nur *sekundäre moralische Agenten* (vgl. u. a. Werhane 1985) sind – oder ob nur das Individuum Verantwortungsträger sein kann. (vgl. u. a. Zimmerli 1991) Hierzu gibt es zahlreiche Konzepte, deren Berücksichtigung an dieser Stelle zu weit führen würde. (Eine strukturierte Darstellung der Theorien moralischer Verantwortung von Unternehmen und deren Status findet sich bei Maring 2001, S. 264 ff.)

Stattdessen beschränken sich vorliegende Ausführungen bewusst auf die Positionen des Individualismus und Kollektivismus, anhand derer man bereits erkennen kann, dass der Begriff *kollektiver Verantwortung* deutlichere Konturen erlangt durch ein differenziertes Verständnis von Ethik und Moral. Ziel der Untersuchung ist es, auf dem theoretischen Fundament des *ethischen Naturalismus* die Diskussion um die Möglichkeit und Reichweite einer *kollektiven Verantwortung* zu erhellen.

Ethischer Naturalismus

Ethischer Naturalismus im hier verstandenen Sinn grenzt sich ab von einem mechanischen Materialismus, der die Differenz von *Phaenomena* und *Noumena* ignoriert und glaubt, die Welt mit physikalischen Beschreibungen vollständig erfassen zu können. Dann nämlich wäre Moralphilosophie nicht mehr als bloße *deskriptive Ethik*. (Vgl. Thorhauer 2005, S. 148 f.) Innerhalb dieser lässt sich lediglich feststellen, dass ein Unternehmen geltende moralische oder juristische Normen verletzt hat, jedoch kann man keinen ethischen Vorwurf hieraus ableiten. Ein solcher Naturalismus bietet keine taugliche Grundlage für einen moralisch-ethisch aufgeladenen Verantwortungsbegriff, weil er – aufgrund der fehlenden Spannung zwischen dem Bestehenden und dem in ethischer Hinsicht zu Erreichenden – nicht in der Lage ist, eine wertende Kategorie zu entwickeln. Dieser aber bedürfen wir – nicht nur in der Moralphilosophie, sondern auch im Recht: Denn mit Hegel setzen wir voraus, dass das *moralische* Bewusstsein der Individuen aufgehoben ist in der Legalität auf der Stufe der *Sittlichkeit.* Um diese Qualität zu erreichen, muss man alle vorausliegenden Momente von Moralität durchschreiten, wobei diese nicht überflüssig werden.

Die Defizite eines *mechanischen* Weltbildes machen eine »Neuinterpretation« (ebd., S. 164 ff.) des *ethischen Naturalismus* notwendig – und zwar auf der Basis eines *aufgeklärten Materialismus,* demzufolge Physik nicht imstande ist, Natur lückenlos zu erklären. Gleichzeitig steht dieser *ethische Naturalismus* im Gegensatz zu all jenen Versuchen, Sittlichkeit durch eine rein geistige Struktur begründen zu wollen: Da es nichts außerhalb der sinnlich erfahrbaren Welt gibt, muss auch das Ethische in ihr liegen. Entsprechend geht es nicht darum, dass Wirtschaftssubjekte und Korporationen sich vor Gott oder einer anderen metaphysischen Instanz der Sittlichkeit in Bezug auf deren Ge- und Verbote im buchstäblichen Sinne *verantworten,* sondern ihr Verhalten an jenseitigen Normen ausrichten. Die Ethik hat sich im *ethischen Naturalismus* nicht über die Biologie erhoben. Im Gegenteil: der Mensch soll seine naturgegebenen Anlagen entfalten, wozu auch die Kultivierung seines Charakters, seiner Tugenden und seiner Affekte zählt. (Vgl. ebd., S. 148 f.) Was diese in Bezug auf eine Korporation bedeuten kann, erläutert der Text im nachstehenden Kapitel.

Auch erfahren die Begriffe von *Ethik* und *Moral* eine differenzierte Betrachtung: *Ethik* wird in Anlehnung an Wolf auf das griechische *tà ethé, Charakter,* zurückgeführt und verweist darauf, dass ethisches Verhalten nicht spontan, zufällig oder durch bloße Gedankenoperationen leicht herbeiführbar ist, sondern dass es in der schwer veränderlichen Struktur des Charakters verankert ist. Ethik muss den Charakter des Menschen erreichen – nicht nur das Denken über sich und andere. Wie die Neurowissenschaft zeigt, spielen hier emotionale Kategorien eine maßgebliche Rolle. Denn rein kognitive Einsichten ziehen noch keine Änderung des Verhaltens nach sich:»Das limbische System hat gegenüber dem rationalen corticalen System das erste und letzte Wort.« (Roth 2003, S. 162) Der Charakter beheimatet, neben spezifischen Wissensinhalten, Momente des Unbewussten sowie Affekte – Letztere berühren eine rein rationale Ethik nicht. (Vgl. Thorhauer 2005, S. 26)

Demgegenüber steht *Moral*, im Rückgang auf das lateinische *mores, Sitten* und *Gebräuche*, für »das Handeln unter dem Aspekt, ob es gesellschaftlichen Normen entspricht« (Wolf 1999, S. 12). Somit können wir unterscheiden zwischen dem Charakter des Handlungssubjekts samt dessen intrinsischer Motivation einerseits und der extrinsischen Motivation, beeinflusst durch Normen des sozialen Umfeldes, andererseits. (Vgl. Thorhauer 2005, S. 23) Dies können religiöse Ge- und Verbote, Gesetze oder auch Normen des sozialen Umfelds sein. Sind diese nicht im Charakter des Individuums verankert, beziehungsweise ist es nicht von dessen Richtigkeit überzeugt, bedarf es Belohnungs- und Sanktionsmechanismen, um moralkonformes Verhalten sicherzustellen. Ist das Individuum indessen von der Richtigkeit der Normen überzeugt, wird es auch ohne entsprechende Mechanismen auskommen – es handelt ethisch.

Willensfreiheit

Wollen wir jemanden zur Verantwortung ziehen, gehen wir davon aus, dass er sich auch anders hätten entscheiden können. In letzter Zeit haben neurowissenschaftliche Erkenntnisse die These der Willensfreiheit in Zweifel gezogen, sodass – neben Philosophen – auch Rechtswissenschaftler das Bedürfnis verspüren, Stellung zu beziehen:

Hillenkamp plädiert dafür, die »Idee der an ein Anders-Entscheiden und Handeln-Können knüpfenden Schuld« aufzugeben und stattdessen an »das soziokulturelle Konstrukt der persönlichen Verantwortlichkeit für sein Tun und das subjektive Erleben der Freiheit anzuknüpfen.« (2015, S. 37) Statt einer Läuterung des Willens setzt er in Anbetracht neurowissenschaftlicher Erkenntnisse mit gutem Grund auf »eine Konditionierung des limbischen Systems, das trotz seiner genetischen, pränatalen und frühkindlichen Festlegungen einer Einflussnahme von außen nicht gänzlich verschlossen ist.« (Ebd.) Die meisten Strafrechtstheoretiker gehen nach Roth »von einer Art eingeschränkter Willensfreiheit« aus, also einer *Deliberationsfähigkeit,* die es dem Menschen ermöglicht, »vor der Tat von seiner eigenen Motivationslage zurückzutreten und diese zu überdenken« (2009, S. 15). Aber selbst hier findet sich für den Hirnforscher »nichts an wirklicher Handlungsfreiheit [...] Es handelt sich vielmehr um einen komplexen, nach unserem heutigen Wissen vollständig determiniert ablaufenden Prozess des Widerstreits der Motive.« (Ebd.)

Hillenkamp betont, dass die Umkehr zu einem Menschenbild, »in dem der Mensch wie alles Naturgeschehen strikt determiniert ist, [...] radikal die Grundlagen *allen* hier geltenden Rechts« (2005, S. 38) erschüttern würde. Mit gutem Grund also, fordert er den Gesetzgeber auf, »seine Position zur Willensfreiheitsfrage im Angesicht der Hirnforscherthesen zu bekräftigen«, anstatt Gelegenheiten hierzu »kommentarlos« (ebd., S. 81) verstreichen zu lassen. Auch die Gerichte ermahnt er dazu, sich explizit zum Verständnis von Freiheit, Schuld und Strafe im Sinne des Gesetzgebers zu bekennen und diese Haltung zu begründen. (Vgl. ebd.) Wenngleich Hillenkamp keinem neurobiologischen Determinismus das Wort reden will, so macht sein Aufsatz doch deutlich, dass Bedarf besteht, dieses Thema nicht nur philosophisch, sondern auch rechtswissenschaftlich aufzuarbeiten.

Die Einwände der Neurowissenschaftler darf auch die Moralphilosophie nicht ignorieren. Der philosophische Diskurs um die Willensfreiheit zeigt, dass das »Problem« nicht darin besteht, »ob es sie gibt, sondern wie sie zu verstehen ist.« (Tugendhat 2010, S. 57) Um den Begriff der Verantwortung zu retten, können Philosophen einerseits die Willensfreiheit in einer anderen Kategorie verorten als die physischen Phänomene, woraus folgt, dass man einen Kategorienfehler begeht, wenn man aus den naturwissenschaftlichen Erkenntnissen Rückschlüsse auf die Sphäre des Geistes zieht. Andererseits können naturalistische Ansätze einen Erklärungsrahmen für neurologische Fakten bieten und dabei gleichzeitig Raum für die Einzigartigkeit des Phänomens der Ethik – und damit auch für ein moralisch-ethisches Verständnis von Verantwortung – lassen. (Vgl. Thorhauer 2009, S. 79) Wenngleich es in unserem Charakter angelegt ist, welche Ursachen unser Verhalten in welchem Maße determinieren, so gesteht ein *aufgeklärter Materialismus* doch die Möglichkeit zu, dass ein ethisches Potenzial besteht, das zur Geltung gebracht werden kann. (Vgl. Thorhauer 2005, S. 276) Insofern macht es Sinn, das Individuum zur kritischen Reflexion anzuregen, indem man es zur Ver*antwort*ung zieht beziehungsweise indem man eine Antwort auf die Frage nach der Motivation seines Handelns verlangt. Oft sind es eher emotionale Impulse, welche für die Belange anderer sensibilisieren und die Wahrnehmung für moralische Konfliktsituationen schärfen. Gefühle stellen hier – anders als bei rationalen Moralphilosophien – keine Hinderungsgründe der Sittlichkeit dar, sondern, wie es die Hirnforschung beschreibt, »konzentrierte Erfahrungen«, ohne die »vernünftiges Handeln unmöglich ist« (Roth 1996, S. 212).

Ungeachtet der Bedenken, dass unser Wille möglicherweise nicht so frei ist, wie wir ihn selbst erleben, können wir festhalten, dass unser Handeln teils auf uns bewusste Intentionen emotionaler und rationaler Art zurückgeht, teilweise aber auch im Unbewussten verwurzelt ist. Dabei zeigt unser Verhalten in der Regel eine gewisse Stabilität auf, bedingt durch unseren Charakter. Folgt man neurowissenschaftlichen Studien, so sind es eher emotionale Kategorien, die eine Änderung der Verhaltensweise nach sich ziehen, als rein kognitive Einsichten. (Vgl. Roth 2003, S. 162) Dieser Gedanke lässt sich jedoch nicht auf Korporationen übertragen. Um deren prinzipielle Fähigkeit zur Übernahme von Verantwortung zu untersuchen, müssen wir nun fragen, was wir unter einem Willen des Unternehmens verstehen können und wie dieser zustande kommt.

Genese des kollektiven Willens

Zur Feststellung des Willens des Unternehmensganzen geht das Zivilrecht aus von den Willensäußerungen seiner Organe, beispielsweise Vorstand, Aufsichtsrat, Hauptversammlung, Mitgliederversammlung, Geschäftsführer und dergleichen. Doch wie kommt der Wille der Korporation zustande, dem schließlich deren Aktionen entspringen? Hierbei muss man feststellen, dass sich dieser gleichsam hinter dem Rücken der Subjekte einstellt. Denn der Wille des Unternehmens wurzelt nicht nur in bekannten Unternehmenszielen – analog den bewusst rationalen Handlungsmotiven des Individuums –, sondern wird auch beeinflusst von den Intentionen der Organisationsmitglieder sowie von sozialen Prozessen, die teils bewusst, teils unbewusst ablaufen. So legt etwa Schein dar, dass die Unternehmenskultur – vergleichbar dem menschlichen Charakter – in ihrer *Essenz* (vgl. Schein 2010, S. 23) auf unbewussten Grundannahmen und Werten beruht: »We can see the behaviour that results, but we often cannot see the forces underneath that cause certain kinds of behaviour. Yet, just as our personality and character guide and constrain our behaviour, so does culture guide and constrain the behaviour of members of a group through the shared norms that are held in that group.« (Ebd., S. 14)

Insofern können wir festhalten, dass sowohl der Wille des Einzelnen als auch der Korporation auf bewusste sowie unbewusste Momente verweist. Allerdings müssen wir davon absehen, dem Unternehmen eigene emotionale Handlungsgründe analog zum Individuum zuzuschreiben. Dadurch bleiben der Korporation ethisch wertvolle Momente der Menschlichkeit und Zwischenmenschlichkeit verschlossen, was es uns wiederum erschwert, ihr Vorwürfe in moralischer Hinsicht zu machen. Appellieren wir an den Charakter eines Menschen, weil wir uns von ihm eine sittliche Einsicht erhoffen, zielen wir häufig auf sein Mitgefühl und wollen ihn für die Belange des Anderen sensibilisieren. Diese Versuche müssen in Bezug auf die Unternehmenskultur ins Leere laufen.

Vergegenwärtigen wir uns weiterhin, dass die Genese des Willens beim Individuum bereits ein komplexer Prozess ist, erreicht die Komplexität beim Unternehmen eine andere Kategorie: Erkenntnistheoretisch lässt sich der Wille des Unternehmens verstehen als Synthese von den Intentionen der Individuen (These) einerseits und den Interessen des Kollektivs bzw. den Unternehmenszielen (Antithese) andererseits. Unter Zuhilfenahme der dialektischen Methode Hegels verdeutlicht sich, dass der Wille des Unternehmens auf der Wechselbeziehung von Erscheinungen beruht, die wiederum auf einer höheren Ebene *aufgehoben* sind im dreifachen Sinn: *aufgelöst – aufbewahrt – hochgehoben*. Das wiederum erschwert die Zuschreibung einer konkreten moralischen Verantwortlichkeit im Gegensatz zur rein individuellen Ebene.

Wir halten also fest, dass es Gemeinsamkeiten in der Genese des Willens bei Individuum und Kollektiv gibt. Nichtsdestotrotz scheint uns der Gedanke, einen moralischen Appel an ein Unternehmen zu richten, bizarr: Statt an den Charakter einer konkreten Person mit emotionalen Qualitäten, müssten wir an eine diffuse Unternehmenskultur appellieren, deren Zustandekommen ungleich komplex ist. Deshalb meinen wir, wenn wir ein Unternehmen zur Rechenschaft ziehen wollen, im Grunde die Personen dahinter – auch dann, wenn etwa wir Kremnitzer und Ghanayim zugestehen, dass die Auffassung von der Schuldfähigkeit von Unternehmen mit den »Zurechnungsregeln des Soziallebens« (Kremnitzer und Ghanayim 2001, S. 551) übereinstimmt. Dies liegt vor allem daran, dass Außenstehende in der Regel nicht wissen, welches Korporationsmitglied in welchem Maße an der betreffenden Entscheidungsfindung beteiligt war.

Zuschreibung von Verantwortung im Kollektiv

Distributive Verantwortung im Individualismus

Der Individualismus geht davon aus, dass allein das Individuum Träger von Werten und moralischer Verantwortung sein kann. (Vgl. Lewis 1991, S. 32) Insofern ist Verantwortung im Unternehmen immer und ohne Rest auf Individuen zurückführbar und die Verantwortung eines Kollektivs nicht mehr als die Summe der Verantwortlichkeiten seiner Mitglieder. Wenngleich in der öffentlichen Diskussion vielfach Unternehmen in der Kritik stehen, so ist es für den Individualisten nicht legitim, das Vergehen eines Kollektivs seinen Mitgliedern als moralische Schuld anzulasten. (Vgl. ebd., S. 29 f.) Auch sei es nicht sinnvoll, das Kollektiv als Ganzes zur Rechenschaft zu ziehen und zu sanktionieren (vgl. ebd., S. 25): Unschuldige Organisationsmitglieder oder Kapitalanleger könnten hierdurch zu Unrecht Nachteile erleiden. Was hier aus moralischer Sicht verständlicherweise vorgebracht wird, muss die juristische Praxis aus pragmatischen Gründen in Kauf nehmen. So rechtfertigen etwa Kremnitzer und Ghanayim Unternehmensstraf-

barkeit unter anderem mit dem Hinweis darauf, dass auch in anderen Fällen Tat-
unbeteiligte unter den Folgen einer Strafe leiden, etwa »wenn ein Mann bestraft
wird, der alleiniger Ernährer seiner Familie ist« (2001, S. 552). Was die Aktionäre betrifft, so zählt das Schrumpfen ihrer Aktienwerte zu ihren »normalen wirtschaftlichen Risiken« (ebd., S. 551) und ist nur ein möglicher sekundärer Effekt,
nicht aber der »Zweck der Bestrafung des Unternehmens« (ebd.).

Demgegenüber steht für den Individualisten außer Frage, dass unsere ge-
wöhnliche Vorstellung von Verantwortung immer schon mit dem Individuum
verknüpft ist – nicht mit dem Kollektiv: »For if we believe that responsibility is lit-
erally shared, it becomes very hard to maintain that there are any properly moral distinctions to be drawn between one course of action and another. All will
be equally good, or equally evil, as the case may be.« (Lewis 1991, S. 17) Auch für
Zimmerli lässt sich Verantwortung nicht vom Individuum auf das Kollektiv übertragen: »Wer nur auf Institutionen setzt, drückt sich vor der moralischen Verantwortung!« (1991, S. 85) Die »ontologische Unerschöpflichkeit des konkreten
Einzelnen« bedeutet in einem moralischen Sinn, dass sich das »Individuum niemals ohne Rest in das Kollektiv überführen« (ebd., S. 86) lässt. Denn Verantwortlichkeit hat nicht nur eine kognitive, sondern auch eine »sensitive und emoti-
ve« (ebd.) Dimension. Allen »institutionentheoretischen Ausflüchten zum Trotz«
gilt also für Zimmerli, dass »nur individuelle Menschen Verantwortungssubjek-
te sind, weil nur individuelle Menschen Verantwortungsgefühl entwickeln können.« (Ebd.) An anderer Stelle schreiben Zimmerli und Palazzo: »Nur im Sinne
einer schlechten Metaphysik (oder einer unpräzisen Redeweise, was häufig dasselbe ist) kann gesagt werden, Unternehmen, Institutionen, Gruppen, kurz: kollektive Akteure hätten ein *Gewissen* oder seien *moralische Subjekte*. Mithin muß auch,
wer so etwas wie institutionelle Verantwortung einfordert, zeigen können, wie sich
diese *Verantwortung* auf die Ebene der in den Kollektiven handelnden Individuen
abbilden läßt.« (Zimmerli und Palazzo 1998, S. 188)

Die hier verhandelte *naturalistische Ethik* geht insofern mit dem Individualismus überein, als für sie der Charakter des Menschen samt seiner affektiven ethischen Qualitäten im Zentrum steht. Es mag zwar sein, dass wir – in Unkenntnis der Beteiligten – ein Kollektiv zur Rechenschaft ziehen möchten, aber ethisch
verantwortlich können nur die Personen dahinter sein. Jeder Mitarbeiter ist auf-
gefordert, selbst Verantwortung zu übernehmen: Er kann sich dieser nicht entziehen mit Verweisen darauf, im Team oder im Auftrag des Unternehmens
gehandelt zu haben oder darauf, dass er keinen eigenen Vorteil aus der Tat gezogen hätte.

Auch ist es nicht möglich, wie etwa in Karl Homanns Forschungsprogramm
zur *ökonomischen Theorie der Moral* (vgl. u. a. Homann und Blome-Drees 1992,
S. 39 und Homann 2001), die Verantwortung für sein Handeln auf Institutionen

wie die Rechtsordnung abzuwälzen: Regelkonformität kann die ethische Haltung weder ersetzen noch macht sie diese überflüssig. Dies ist im Übrigen auch der Grund, warum all jene Konzepte zu kurz greifen, die Wirtschaftsethik auf Ordnungsethik reduzieren. (Vgl. Thorhauer 2005, S. 257 ff.) Institutionen sind zur Durchsetzung von Normen wichtig, jedoch ist die individuelle Charakterbildung konstitutiv für Ethik.

Dennoch, und hier unterscheidet sich der *ethische Naturalismus* wesentlich vom Individualismus, müssen wir uns – wie voranstehend gezeigt – bewusst sein, dass Entscheidungen im Kollektiv nicht durch die bloße Aggregation individueller Absichten zustande kommen, sondern durch dialektische Prozesse und systemische Beziehungen. Am Ende gruppendynamischer Prozesse stehen mitunter Entscheidungen, welche die Individuen für sich genommen nie getroffen hätten.

Problematisch ist vor allem, dass man meist nicht weiß oder nachvollziehen kann, welche Mitglieder in welchem Umfang an kritischen Entscheidungen mitgewirkt haben – dann nämlich sieht der Individualist vollständig von der Zuschreibung von Verantwortung ab. Dies bemängelt auch Pfeiffer und schlägt indessen vor: »one frequently lacks knowledge of just which members of each group are responsible and to what degree. It would appear that, in such cases, claims of nondistributive collective moral responsibility, as made by one lacking access to the process of making policy, are better confirmed, more plausible and provide a more coherent account of the relevant moral responsibility than would be provided by the few available substantiated claims of individual responsibility.« (1988, S. 76 f.) Pfeiffer schlägt hier ausdrücklich eine kollektive Verantwortung in einem ethisch-moralischen Sinn vor, welche sich aber in der aufgeklärt-naturalistischen Sichtweise nicht verorten lässt, da die ethische Qualitäten nur im Zusammenhang mit dem Individuum zur Sprache kommen können.

Dem Gegenstand einer *naturalistischen Ethik* ist es unangemessen, Korporationen moralisch-ethisch zu tadeln wie Menschen, wenn auch nur im übertragenden Sinn. Dennoch ist es sinnvoll, den Begriff der kollektiven Verantwortung beizubehalten und das Unternehmen als Ver*antwort*ungsträger zu verstehen – und zwar im figurativen Sinn eines Ansprechpartners, der auf Vorwürfe sowie Beschuldigungen *antworten* soll. Um so zu verfahren, müssen wir das Unternehmen nicht als Subjekt von Moral oder Ethik verstehen, wie dies beim Kollektivismus der Fall ist.

Non-distributive Verantwortung im Kollektivismus

Der Kollektivismus geht davon aus, dass Unternehmen durch ihre interne Entscheidungsstruktur, die sogenannte *CID: Corporation's Internal Decision Structure*

(vgl. French 1979, S. 211), moralische Subjekte gleichsam natürlicher Personen
sind: »corporations can be full-fledged moral persons and have whatever privi-
leges, rights and duties as are, in the normal course of affairs, accorded to moral
persons.« (Ebd., S. 207) Korporationen gelten French als *metaphysische Personen*
qua ihrer Qualität als *moralische Personen*. (Vgl. ebd. S. 215) Er gesteht Korporationen freilich zu, dass das Handeln der Mitglieder elementar für Handlungen des
Kollektivs ist. Nichtsdestotrotz hat das Unternehmen eigene Ziele: Stimmen beispielsweise Manager für den Eintritt in ein Kartell, weil sie bestochen wurden, so
hat das Unternehmen dessen ungeachtet eigene Gründe, etwa durch die Verringerung des Wettbewerbs höhere Dividenden zahlen zu können. Für diese Gründe trägt es eine *moralische Verantwortung*. Außerdem, so French, treten nicht die
Entscheidungsträger als konkrete Personen in das Kartell ein, sondern das Unternehmen als Einheit. (Vgl. ebd., S. 214)

Wie voranstehend beschrieben, sind Motivationsstrukturen von Korporationen ungleich komplexer als die des Individuums und es scheint mitunter so, als
hätten Unternehmen ein *Eigenleben*. Auch verleihen interne Entscheidungsstrukturen dem Auftreten des Unternehmens eine gewisse Stabilität und Berechenbar-
keit für Außenstehende – ähnlich dem Charakter des Menschen.

Dennoch ist der Schluss, dass Unternehmen deshalb *moralische Personen*
seien, weder logisch zwingend noch notwendig. Denn dem *aufgeklärten Naturalismus* zufolge verorten wir Ethik im Charakter eines Menschen, welcher aber
– im Gegensatz zur *Corporation's Internal Decision Structure* – nicht nur eine rationale, sondern vor allem eine emotionale Dimension hat. Diese ist maßgeblich,
wenn wir ein Individuum für die Belange anderer sensibilisieren wollen, wenn
wir sein Bewusstsein dafür schärfen wollen, dass es *gut* ist, sich für die altruistische Alternative zu entscheiden. Im *nonkonformistischen* Sinn geht es einer Ethik
darum, bewusst eine Distanz zu den gegenwärtigen Zuständen einzunehmen, um
sich selbst Fragen zu beantworten wie etwa *Was für ein Mensch möchte ich sein?*
Was bedeutet für mich das gute Leben und wie kann ich es erreichen? (Vgl. Thorhauer 2005, S. 306) Dies alles kann die abstrakte Entität der Korporation freilich nicht leisten, weshalb es nicht statthaft ist, sie als *moralische Person* zu bezeichnen.

Mit einigem Recht bemängelt Pfeiffer am Kollektivismus, dass das moralische
Eigenleben des Kollektivs es den Organisationsmitgliedern ermöglicht, leichter von ihrer individuellen Verantwortung freigesprochen zu werden. Dies ist für
Pfeiffer insofern absurd, als das Kollektiv zuallererst ein Instrument zur besseren Verfolgung individueller Interessen ist. (Vgl. 1988, S. 79) Unternehmen können nicht die Schuld ihrer Mitglieder auf sich laden und diese damit im buchstäblichen Sinne *ent-schuldigen*. Auch läuft die Sittlichkeit Gefahr, um ihren ethischen
Kern betrogen zu werden, wenn die individuelle Ethik einer rational durchorga-

nisierten Systemstruktur überantwortet wird. Der Mitarbeiter muss dann nicht mehr selbst eine Handlung ver-*antworten* – Abteilungen interner und externer Kommunikation oder Public-Relations-Agenturen erledigen das für ihn. Von anderer Seite argumentiert Nida-Rümelin »dass die Verantwortung für die kooperative Praxis bei dem Kollektiv« zwar an denjenigen liegt, die an der Kooperation beteiligt sind, aber eine »solche kollektive Verantwortung darf nicht zu einer kollektivistischen Metaphysik verführen, wonach Kollektiven mentale Eigenschaften und moralische Qualitäten zugeschrieben werden. Im strengen Sinne sind nur Individuen Akteure: Nur Individuen handeln, nur Individuen verfügen über die handlungskonstitutiven Intentionen. Die Rede von kollektiven Handlungen oder kollektiver Verantwortung ist insofern immer figurativ.« (Nida-Rümelin 2011, S. 129) Dies entspricht der hier bereits ausgeführten Idee, Korporationen in Unkenntnis der Umstände einer bestimmten Entscheidungssituation hilfsweise als Adressat moralischer Forderungen heranzuziehen, wohl wissend, dass nur das Individuum über ethische Qualitäten verfügt.

Kriminalstrafe für Unternehmen?

Die philosophische Frage, ob das Unternehmen als ein eigenständiges moralisches Subjekt von metaphysischer Qualität einzustufen ist, spiegelt sich in der gegenwärtigen rechtswissenschaftlichen Diskussion hinsichtlich der Einführung eines Unternehmensstrafrechts wider: Im Zivilrecht gelten juristische Personen – analog zu natürlichen Personen – als handlungsfähig. Sie können nach § 278 und § 31 BGB schuldhaft handeln, indem ihnen das Handeln ihrer Erfüllungsgehilfen oder verfassungsmäßig berufenen Vertreter zugerechnet wird. Während das Zivilrecht Schadensersatzansprüche im Sinne der *ausgleichenden Gerechtigkeit* feststellt, lehnt das Strafrecht eine Strafbarkeit juristischer Personen ab, weil ihm diese als handlungs- und schuldunfähig gelten. »In diesem Sinne anerkennt das deutsche Strafrecht Kriminalstrafen grundsätzlich nur gegenüber natürlichen Personen; und dies gilt auch für solche Delikte, die im Rahmen oder für Interessen einer juristischen Person, namentlich eines Unternehmens, begangen werden. Strafbar bleiben also die individuellen Täter.« (Vgl. Scholz 2000, S. 436)

Die Frage, ob die Kriminalstrafe als Folge einer *Corporate Criminal Liability* möglich und notwendig ist, ist der »vielleicht meistdiskutierte Komplex des Wirtschaftsstrafrechts« (vgl. Schünemann 2008, S. 429). Das anglo-amerikanische Recht anerkennt eine *Corporate Criminal Liability* bereits seit Anfang des Jahrhunderts und auch die internationale Rechtsentwicklung öffnet sich der prinzipiellen Strafbarkeit juristischer Personen und deren Sanktionierung. (Vgl. u. a. Scholz 2000, S. 435, 441) Die Gründe für ein Unternehmensstrafrecht scheinen eher pragmatischer Art: So rechtfertigt etwa Scholz seine Position mit dem als unbefriedigend empfundenen Umstand, »dass Unternehmen die eigene Bestrafung auf die für sie selbst handelnden Individualpersonen abwälzen können«. Ferner würde eine Erweiterung des Strafrechts auf Unternehmen es erleichtern, »die individuell verantwortlichen Täter zu ermitteln«, was »angesichts der wachsenden Größen von Unternehmen zunehmend schwieriger geworden« (ebd., S. 436) ist. Weiterhin wäre es ein erster Schritt auf dem Weg eines, wie Rotsch es nennt, »globalisierten Strafrechts« (Rotsch 2013, S. 497), mit dessen Hilfe Prozesse international tätiger Konzerne besser abgewickelt werden können.

Trifft eine juristische Person »organisatorisch oder organschaftlich nicht hinlänglich Vorkehrungen dafür«, dass es nicht zu strafrechtlich relevanten Schäden kommt, muss sie, laut Scholz, »hierfür rechtlich einstehen. Dies ist« – und hier liegt der Kern der Streitfrage – »nicht nur eine Frage des allgemeinen Haftungsrechts, sondern auch eine Frage des Strafrechts.« (Scholz 2000, S. 439) Demgegenüber reichen nach Ansicht der Bundesrechtsanwaltskammer die derzeitigen Sanktionsmöglichkeiten nach dem Ordnungswidrigkeitengesetz aus, so dass es keines Unternehmenskriminalstrafrechts bedarf. So können Unternehmen unter Rückgriff auf das Ordnungswidrigkeitengesetz auch heute schon etwa für bloße Aufsichtspflichtverletzungen zur Zahlung einer Geldbuße herangezogen werden. Dies schließt auch »fahrlässige Unterlassungshandlungen« ein. Zudem ist die »selbständige Festsetzung einer Geldbuße gem. § 30 Abs. 4 OWiG unter vergleichsweise geringen Voraussetzungen für die Feststellung einer Anknüpfungstat (z. B. ohne Feststellung eines Verantwortlichen) möglich«. Bei dieser »vergleichsweise freihändigen Sanktionspraxis *auf Verdacht*« (Bundesrechtsanwaltskammer 2013, S. 5) kann man sich dem Eindruck nicht verschließen, dass es den zuständigen Strafverfolgungs- und Verwaltungsbehörden vornehmlich um die finanziellen Vorteile durch Geldbußen und Vermögensabschöpfungen geht, während individuelle Belange in den Hintergrund geraten. (Vgl. ebd.)

Schünemann bezeichnet den Regelungsvorschlag zur Kriminalstrafbarkeit von Unternehmen als *rechtspolitischen Zombie,* da er bereits in der Vergangenheit mehrfach gründlich geprüft und verworfen wurde, trotzdem »nach einer gewissen Latenzzeit wieder hervorgekramt« wird und eine erneute Diskussion entfacht »mit wenigen neuen und überwiegend aufgewärmten alten Argumenten« (2014, S. 1). Doch alle Versuche, die für Handlungs- und Schuldfähigkeit notwendige »ontologische Basis der Kriminalstrafe bei Individuen [...] entweder durch bloße Zurechnung oder durch Analogie zu substituieren« (ebd., S. 2) sind, laut Schünemann, gescheitert. Ein Übertrag ist etwa deshalb nicht möglich, »weil systemische Prozesse, ähnlich wie ein nach Naturkausalität ablaufendes Geschehen, als solche nicht Gegenstand eines Sollenssatzes sein können. Die Verbotsnorm ist deshalb notwendig auf menschliches Handeln und dessen Vermeidbarkeit bezogen, während mit dem Ausdruck des Organisationsverschuldens ein bloßer Zustand der Organisation, nicht aber der Normverletzung beschrieben wird.« (Ebd., S. 4) Ebenso ist es nicht möglich, das Verschulden auf eine kriminogene Unternehmenskultur abzuwälzen, denn die »fehlerhaften Organisationsakte von Individuen« verletzen nicht die Norm, »deren Verletzung der betreffende Straftatbestand erfasst, so dass bei einer Bestrafung der juristischen Person in Wahrheit der angeblich verletzten Strafrechtsnorm eine auf eine ganz andere Norm, nämlich die Organisationsnorm, bezogene Verletzungshandlung untergeschoben würde.« (Ebd., S. 4 f.)

Auch die Bundesrechtsanwaltskammer erachtet eine Unternehmensstrafe als »ungeeignet, weil sie ihrem Sinn und Zweck nach nicht die Feststellung individueller Vorwerfbarkeit (Schuld) voraussetzt, ohne die jedoch nach deutschem Rechtsverständnis Strafe nicht verhängt werden darf.« Ein »sozialethisches Fehlverhalten«, wie es die Strafe impliziert, kann einem Unternehmen nicht vorgeworfen werden, denn ihre »*personalen* Voraussetzungen« sind nicht erfüllt. Auch ist dem Strafrecht »grundsätzlich der Gedanke fremd, dass eine Person für eine andere strafrechtlich haften könnte.« (Bundesrechtsanwaltskammer 2013, S. 8)

Für den Juristen ist es freilich legitim, für die Einführung eines Kriminalstrafrechts für juristische Personen pragmatische Gründe vorzubringen. Dennoch scheint – ohne in die rechtswissenschaftliche Diskussion eintreten zu wollen – die Argumentation von Schünemann und der Bundesrechtsanwaltskammer überzeugender, gehen sie doch differenzierter mit der Vorstellung von Schuld bzw. Verschulden und Strafe infolge normativer Verstöße um. Bedenkt man, dass es das Ordnungswidrigkeitenrecht auch heute schon ermöglicht, Unternehmen mit einer Geldbuße zu belegen, würde eine Verankerung der Unternehmensstrafe im Strafgesetzbuch nicht mehr als eine Umetikettierung bedeuten. Zudem ist sich der Deutsche Juristentag seit 1953 darüber einig, »dass es weder kriminalpolitisch sinnvoll noch legitimierbar noch mit einer korrekten rechtswissenschaftlichen Terminologie zu vereinbaren wäre, eine förmliche Strafbarkeit juristischer Personen und sonstiger Verbände einzuführen.« (Schünemann 2014, S. 7) Beide Umstände legen die Vermutung nahe, dass sich hinter den pragmatischen Gründen der Befürworter moralische oder gar moralisierende Motive verbergen:

Das deutsche Strafrecht vereint die Elemente von absoluten und relativen Straftheorien, sprich Vergeltung und Wiedergutmachung einerseits sowie Prävention und Resozialisierung des Täters andererseits. In Bezug auf die juristische Person sorgen Zivil- und Ordnungswidrigkeitenrecht für das Wiederherstellen von Gerechtigkeit. Demgegenüber rücken Überlegungen zur Erweiterung des Strafrechts auf Unternehmen die Strafzwecke der Abschreckung und Vergeltung ins Zentrum der Betrachtung.

Bezogen auf Nützlichkeitsüberlegungen ist es denkbar, dass die Umetikettierung andere tatgeneigte Bürger abschreckt. Mögliche Konsequenzen für Korporationen würden vermehrt ins Bewusstsein der Akteure gerückt. Was aber die Verstöße gegen die moralische Ordnung betrifft, so gilt es im Sinne einer *naturalistischen Ethik* festzuhalten, dass Vergeltung selbst ein unethisches Motiv ist, lässt sie doch egoistische Triebkräfte frei walten, so dass am Ende Täter und Richter gleichermaßen unethisch sind. (Vgl. Thorhauer 2005, S. 260 ff.)

Auch darf nicht mit moralischem Fehlverhalten argumentiert werden, wenn man in Wirklichkeit die Staatskasse füllen möchte. Denn, wie moralkritische Denker wie Schopenhauer und Nietzsche gezeigt haben, liegt schonungsloser Aufrichtigkeit bereits ein ethisches Motiv zugrunde: »In ethischer Hinsicht äußerst zweifelhaft ist derjenige, der seine egoistischen Absichten mit dem Deckmantel der Moral umhüllt, um daraus ökonomische Vorteile zu ziehen.« (Thorhauer 2005, S. 246)

In demselben Sinn sind die Beweggründe, welche der Implementation von *Compliance-Systemen* zugrunde liegen, kritisch zu betrachten. Denn unternimmt eine Organisation alles Erforderliche, um strafrechtlich relevantes Handeln zu unterbinden, kann dies deren Haftung ausschließen, was das ethische hinter das ökonomische Motiv zurücktreten lässt. Abgesehen davon bewirken *Compliance-Systeme* bloß regelkonformes, nicht aber genuin ethisches Handeln.

Manche Befürworter hoffen, dass die Anwendung des Kriminalstrafrechts auf juristische Personen eine sittlich-normative Signalwirkung in der Wirtschaft entfaltet. Aber diese moralisierende Absicht scheint selbst einen unethischen Kern zu haben. Vermutlich kritisiert der BDI auch in diesem Sinn die »Prangerwirkung« (Willems 2015, S. 45), die von der Bekanntgabe einer Verurteilung auf Unternehmen und Mitarbeiter ausgehen würde. Zwar zeigen derzeitig Fälle der *Deutschen Bank* und *Siemens,* dass Medien Unternehmen und deren Verantwortliche bereits anprangern, aber eine Eskalation der Zurschaustellung durch die Einführung eines Kriminalstrafrechts für Unternehmen ist dennoch denkbar. Das Zur-Verantwortung-Ziehen ist dann eine öffentliche Vorführung, die niedere Instinkte befriedigt. Möglicherweise gerechtfertigte Gründe, die Unternehmensvertreter zur Verteidigung anbringen, hört die Öffentlichkeit nicht an, weil diese ihrer Sensationslust entgegenstehen oder sie daran hindern, ihren Neid unter dem Deckmantel der Moral auszuleben. Die ursprünglich ethische Intention des Verantwortungsbegriffs kehrt sich in ihr Gegenteil.

Fazit ist, dass Strafen aus pragmatischen Erwägungen möglicherweise nützlich oder gar notwendig sind. Es ist auch denkbar, dass sie zu Abschreckungseffekten führen, die moralkonformes Verhalten bewirken. Aber den qualitativen Sprung vom Unethischen zum Ethischen vermögen sie nicht zu bewerkstelligen. Aus demselben Grund verfehlen Moralphilosophien, die sich auf die Mechanismen von Lohn und Strafe stützen, den ethischen Gedanken. (Vgl. Thorhauer 2005, S. 260 ff.)

Aus dem kritischen Blickwinkel einer *naturalistischen Ethik,* die das Gute nicht in einem Jenseits verortet, sei abschließend Folgendes angemerkt: Es scheint bezeichnend, dass das deutsche Recht bis heute am Ausdruck der Geld*buße* festhält. Damit legt es nahe, dass die Ordnungswidrigkeit nicht nur wider positives Recht verstößt, sondern auch wider die Gesetze Gottes. Der hier überlieferte Begriff der *Buße* ist in zweifacher Hinsicht moralisch-theologisch relevant: Im Sinne der »Tugend« meint sie die »Schmerzen des Herzens über die begangenen Sünden mit dem Vorsatze, dieselben nicht mehr zu begehen« und im Sinne des Bußsakramentes das »von Christus verordnete Heilsmittel, durch welches ein Christ, der schwer gesündigt hat, die Verzeihung wieder erlangen kann« (Burk 1814, S. 6). Insofern verleiht der Begriff der Geld*buße* der weltlichen Ordnungswidrigkeit einen moralisch-theologischen Hintergrund, der ihr Verständnis – ob bewusst oder unbewusst – bis heute prägt.

Fazit

Halten wir fest, dass wir ein Bedürfnis verspüren, Unternehmen für Unrecht, das sie begangen haben, Vorwürfe zu machen und sie zur Rechenschaft zu ziehen. Insofern diese jedoch keine natürlichen Personen sind, können wir die Vorstellung von einer moralischen Verantwortung nicht passgenau übertragen. Der Versuch, diesem Problem dadurch zu begegnen, dass man dem Unternehmen eine metaphysische Qualität zuschreibt, um es als moralisches Subjekt begreifen zu können, überzeugt nicht. Denn gerade die ethisch-moralische Dimension scheint hier nicht erfasst. »Wenn wir zurechnungsfähige Menschen für verantwortlich halten und uns ihre Handlungsweise als zutiefst unmoralisch erscheint«, so Nida-Rümelin, »dann machen wir ihnen Vorwürfe, wir verlangen von ihnen eine Rechtfertigung. Wenn diese nicht gegeben wird, dann sind wir enttäuscht, vielleicht nehmen wir das der Person nachhaltig übel, wir reagieren dann als moralische Wesen mit entsprechenden Gefühlen und Einstellungen. Als rationale moralische Akteure sollte uns klar sein, dass die vergleichbaren reaktiven moralischen Einstellungen und Gefühle einer Firma gegenüber unangemessen sind. Wenn man Nachrichten einer Firma [...] erhält, deren Urheber man nicht kennt und beurteilen kann, dann wird man ersatzweise *die Firma* kritisieren. Die Kritik richtet sich aber letztlich an Personen, nämlich diejenigen Personen, die für die betreffende Entscheidung verantwortlich sind, die gegebenenfalls auch ihre Entscheidungen rechtfertigen müssen.« (2011, S. 132)

Der Individualismus verweist zu Recht darauf, dass die moralisch-ethische Dimension des Verantwortungsbegriffs nur im Zusammenhang mit der natürlichen Person in ihrer rationalen und affektiven Dimension zugleich zur Geltung kommen kann. Das Individuum kann sich nicht mit dem Verweis auf das Kollektiv *ent-schuldigen* oder professionellen Kommunikationsagenten und Unternehmensberatungen die Rechtfertigung seines Verhaltens überlassen.

Ebenso kann in der *naturalistischen Ethik* die ethische Verantwortung nicht einer abstrakten Entität *überantwortet* werden. Dies liegt hier insbesondere daran, dass die für eine Ethik fundamentalen Ebenen der Menschlichkeit und Zwischenmenschlichkeit sich nicht verorten lassen in rational durchorganisierten Systemen oder gar in deren Entscheidungsstrukturen. Als abstrakte Entität kann das Unternehmen keine kritische Distanz zum Bestehenden ausbilden, um daraufhin den qualitativen Sprung vom Unethischen zum Ethischen zu vollführen.

Auch die Einführung eines Kriminalstrafrechtes für Unternehmen könnte allenfalls moralkonformes, nicht aber genuin ethisches Handeln der Mitglieder hervorbringen. Zwar gibt es pragmatische Gründe hierfür, die aber nicht übersehen lassen dürfen, dass der Institution der Strafe und dem Ruf nach einem Unternehmenskriminalstrafrecht möglicherweise ethisch-moralisch zweifelhafte Motive zugrunde liegen.

Also müssen wir die Rede von korporativer Verantwortung frei von einer ethisch-moralischen Konnotation halten, die der Verantwortung der natürlichen Person vorbehalten bleiben muss – eine Person, an deren Gewissen wir appellieren können, deren ethische Affekte wir ansprechen können und auf deren ethische Charakterbildung sowie Tugendhaftigkeit wir hoffen dürfen.

Dennoch müssen wir auf den Begriff der *kollektiven Verantwortung* nicht verzichten, um zum Ausdruck zu bringen, dass überzeugende moralische Gründe gegen die Aktionen eines Unternehmens sprechen. In Unkenntnis der betreffenden Umstände können wir das Kollektiv hilfsweise als Adressat moralischer Forderungen heranziehen – wohl wissend, dass nur das Individuum über ethische Qualitäten verfügt. Die natürliche und die juristische Person sind insofern im Verantwortungsbegriff miteinander verbunden, als sie etwas vor jemandem buchstäblich ver*antworten* müssen: Sie müssen Rede und *Antwort* stehen, wenn man ihnen Vorwürfe macht und sie zur Rechenschaft zieht.

Literatur

Bundesrechtsanwaltskammer. 2013. Stellungnahme Nr. 9. Einführung einer Unternehmensstrafe. http://www.brak.de/zur-rechtspolitik/stellungnahmen-pdf/stellungnahmen-deutschland/2013/mai/stellungnahme-der-brak-2013-09.pdf. Zugegriffen: 1. Mai 2015.

Burk, Franz J. 1814. *Historische Abhandlung über die Buße der Katholiken sammt einem Entwurfe zur Reformation derselben.* Ingolstadt: Attenkoverische Buchhandlung.

French, Peter. 1979. The Corporation as a Moral Person. *American Philosophical Quarterly* Vol. 16 (3): 207–215.

French, Peter 1984. *Collective and Corporate Responsibility.* New York City: Columbia Press.

Heidbrink, Ludger. 2011. Der Verantwortungsbegriff in der Wirtschaftsethik. In *Handbuch Wirtschaftsethik,* hrsg. Michael S. Aßländer, 188–197. Stuttgart: Metzler.

Hillenkamp, Thomas. 2015. Strafrecht – Versuch einer Zwischenbilanz. *Zeitschrift für die gesamte Strafrechtswissenschaft (ZStW)* 127(1): 10–96.

Homann, Karl. 2001. Marktwirtschaft und Ethik. Eine Neubestimmung ihres Verhältnisses. *Zur Debatte* (3): 1–3.

Homann, Karl und Blome-Drees, Franz. 1992. *Wirtschafts- und Unternehmensethik.* Göttingen: Vandenhoeck & Ruprecht.

Jonas, Hans. 1984. *Das Prinzip Verantwortung. Versuch einer Ethik für die technologische Zivilisation.* Frankfurt am Main: Suhrkamp.

Kremnitzer, Mordechai und Ghanayim, Khalid. 2001. Die Strafbarkeit von Unternehmen. *Zeitschrift für die gesamte Strafrechtswissenschaft (ZStW)* 113(3): 539–564.

Lenk, Hans und Maring, Matthias. 1971 ff. Verantwortung. In *Historisches Wörterbuch der Philosophie,* Bd. 11, hrsg. Joachim Ritter u.a, 566–575. Basel: Schwabe.

Lewis, H. D. 1991. Collective Responsibility (1948). In *Collective responsibility: five decades of debate in theoretical and applied ethics,* hrsg. Larry May und Stacey Hoffman, 17–33. Lanham, Maryland: Rowman & Littlefield

Maring, Matthias. 2001. *Kollektive und korporative Verantwortung. Begriffs- und Fallstudien aus Wirtschaft, Technik und Alltag.* Schriftenreihe *Forum Humanität und Ethik,* Bd. 2, Münster u. a.: Lit.

Pfeiffer, Raymond. 1988. The Meaning and Justification of Collective Moral Responsibility. *Public Affairs Quarterly* Vol. 2 (3): 69–83.

Nida-Rümelin, Julian. 2011. *Verantwortung.* Stuttgart: Reclam.

Roth, Gerhard. 1996. *Das Gehirn und seine Wirklichkeit. Kognitive Neurobiologie und ihre philosophischen Konsequenzen.* Frankfurt am Main: Suhrkamp.

Roth, Gerhard. 2003. *Aus Sicht des Gehirns.* Frankfurt am Main: Suhrkamp.

Roth, Gerhard. 2009. Willensfreiheit und Schuldfähigkeit aus Sicht der Hirnforschung. In *Das Gehirn und seine Freiheit. Beiträge zur neurowissenschaftlichen Grundlegung der Philosophie,* hrsg. Gerhard Roth und Klaus-Jürgen Grün, 3. Aufl., 9–27. Göttingen: Vandenhoeck & Ruprecht.

Rotsch, Thomas. 2013. Compliance und Strafrecht – Fragen, Bedeutung, Perspektiven. Vorbemerkungen zu einer Theorie der sog.»Criminal Compliance«. *Zeitschrift für die gesamte Strafrechtswissenschaft (ZStW)* 125(3): 481–498.

Schein, Edgar. 2010. *Organizational Culture and Leadership*. 4. Aufl., San Francisco: Jossey-Bass.

Scholz, Rupert. 2000. Strafbarkeit juristischer Personen? *Zeitschrift für Rechtspolitik (ZRP)*: 435–440.

Schünemann, Bernd. 2008. Strafrechtliche Sanktionen gegen Wirtschaftsunternehmen? In *Strafrecht und Wirtschaftsstrafrecht – Festschrift für Klaus Tiedemann*, 429–447. Köln: Heymanns.

Schünemann, Bernd. 2014. Die aktuelle Forderung eines Verbandsstrafrechts – Ein kriminalpolitischer Zombie. *Zeitschrift für Internationale Strafrechtsdogmatik (ZIS)* 1: 1–18.

Thorhauer, Yvonne. 2005. Nonkonformistische Ethik. *Moralphilosophische Überlegungen zur Wirtschaftspraxis aus Sicht eines aufgeklärten Materialismus*. In Thomas Beschorner et al. (Hrsg.), *Schriftenreihe für Wirtschafts- und Unternehmensethik (sfwu)*, Bd. 14. München und Mering: Hampp.

Thorhauer, Yvonne. 2009. Ethische Implikationen der Hirnforschung. In *Das Gehirn und seine Freiheit. Beiträge zur neurowissenschaftlichen Grundlegung der Philosophie*, hrsg. Gerhard Roth und Klaus-Jürgen Grün, 3. Aufl., 67–81. Göttingen: Vandenhoeck & Ruprecht.

Tugendhat, Ernst. 2010. Willensfreiheit und Determinismus. In *Anthropologie statt Metaphysik*, 57–73. München: Beck.

Werhane, Patricia. 1985. *Persons, Rights, and Corporations*. Englewood Cliffs: Prentice-Hall.

Willems, Heiko. 2015. Der NRW-Entwurf für ein Verbandsstrafgesetzbuch – die Perspektive der Wirtschaft. In *Zeitschrift für Internationale Strafrechtsdogmatik (ZIS)* 1: 40–45.

Wolf, Ursula. 1999. *Die Philosophie und die Frage nach dem guten Leben*. Hamburg: Rowohlt.

Zimmerli, Walther. 1991. Verantwortung des Individuums – Basis einer Ethik von Technik und Wissenschaft. In *Technikverantwortung. Güterabwägung – Risikobewertung – Verhaltenskodizes*, hrsg. H. Lenk und M. Maring, 79–89. Frankfurt am Main, New York: Campus.

Zimmerli, Walther Ch. und Palazzo, Guido. 1998. Interne und externe Technikverantwortung des Individuums und der Unternehmen. Zwischen Technik- und Wirtschaftsethik. In *Technikethik und Wirtschaftsethik*, hrsg. H. Lenk und M. Maring, 185–204. Opladen: Leske + Budrich

II Philosophische Ethik und Märkte-Moral

Kooperation in der Krise

Von der Habitualisierung der Lüge zur Organisation der Synergie

Dieter Thomä

Kürzlich hatte ich in einem Berliner Bürgeramt einen Termin. Ein junger Mann sprach mich im übervollen Warteraum an und fragte, ob ich mir die Zeit, bis ich aufgerufen werden würde, mit einem wissenschaftlichen Experiment vertreiben wolle. Ich willigte ein und das Spiel begann.

Mein Spielgerät waren Würfel und Würfelbecher. Ich sollte würfeln, mich aber vor jedem Wurf für die Zahl entscheiden, die ich nehmen würde: die Zahl entweder auf der Ober- oder der Unterseite des Würfels. Meine Entscheidung durfte ich ganz für mich behalten. Dann kam mein Wurf – und dann sollte ich das Ergebnis auf einer Liste notieren. Übrigens schaute mir niemand beim Würfeln zu, ich war also sogar ganz frei, aufzuschreiben, welche Zahl auch immer ich wollte.

In der ersten Runde entschied mich vorab für die Unterseite und würfelte. Der Würfel zeigte eine 5, mein Ergebnis war also eine 2. Was schrieb ich auf? Vielleicht war ich ehrlich und notierte eine 2? Vielleicht tat ich so, als hätte ich mich vorab für die Oberseite entschieden, und notierte eine 5? Vielleicht scherte ich mich gar nicht um das Ergebnis, weil ich sowieso aufschreiben konnte, was ich wollte, und so stand auf meiner Liste vielleicht eine 6? Jedenfalls machte ich dieses Spielchen 40 Mal – und dann gab ich den Bogen ab. Es gab am Ende eine kleine Belohnung abhängig von meinem Ergebnis, also dem Gesamtdurchschnitt all meiner Würfe. Für jeden Durchschnitts-Punkt erhielt ich einen Euro. Ich steckte die paar Münzen ein und der Spaß war vorbei.

Habe ich beim Ausfüllen wohl gelogen – und wenn ja, wie oft? Apropos Lüge: Meine Geschichte ist erlogen. Ich war gar nicht auf einem Berliner Bürgeramt, ich habe nur so getan, als hätte ich an einem Experiment teilgenommen, das vor ungefähr einem Jahr tatsächlich in Berlin durchgeführt worden ist – von den amerikanischen und deutschen Wirtschaftswissenschaftlerinnen und -wissenschaftlern Ariely, Garcia-Rada, Hornuf und Mann. (Vgl. Ariely; Garcia-Rada; Hornuf; Mann

2014) Ich kann also nicht sagen, wie mein eigenes Ergebnis ausgesehen hätte, wohl aber, wie sich die rund 250 Teilnehmer dieses Experiments entschieden haben. Es ist klar, was herausgekommen wäre, wenn alle sich einfach nur an die Wahrheit gehalten hätten. Insgesamt gab es massenweise Würfelwürfe: Wenn 250 Personen 40-mal würfeln, so ergibt das 10 000 Resultate. Man darf annehmen, dass jede Glückssträhne irgendwann reißt und das erwartete Durchschnittsergebnis herauskommt: ein Wert genau auf der Mitte zwischen 1 und 6, also 3,5. Man kann auch das Gegenszenario aufmachen: Wenn alle immer kaltlächelnd geschummelt hätten, egal was der Würfel zeigte, dann hätten sie 40 Mal eine 6 aufgeschrieben und genau so wäre der Gesamtdurchschnitt ausgefallen. Der Unterschied zwischen Wahrheit und Lüge liegt in diesem Fall also irgendwo zwischen 3,5 und 6.

Was ist herausgekommen? Man muss vom Glauben an die Menschheit nicht abfallen. Der Durchschnitt lag bei ca. 3,75. Kaum genutzt wurde die Option, das Ergebnis frei zu erfinden, was auch immer der Würfel zeigte. Hauptsächlich genutzt wurde von denen, die geschummelt haben, die Variante, dass sie sich zwar an die Lage des Würfels hielten, also nicht total mit den Regeln brachen, aber im Einzelfall das für sie günstigere Ergebnis wählten. Sie schrieben also die 5 von der Oberseite auf, auch wenn sie sich vor dem Wurf auf die 2 von der Unterseite festgelegt hatten. Die methodischen Details, wie man das herausfinden kann, will ich hier nicht ausbreiten. Das Ergebnis lautet, nochmals anders ausgedrückt, dass die Leute durchschnittlich bei jedem sechsten Wurf geschummelt haben. Das klingt schon etwas weniger gemütlich als jene gerade erwähnte Zahl (3,75 statt 3,5). Man stelle sich vor, man hätte mit Leuten zu tun, die bei einer von sechs Gelegenheiten lügen.

Vielleicht wirkt dieses Ergebnis nicht allzu aufregend oder überraschend, denn gelogen wird nach den Erkenntnissen der Psychologie offenbar häufiger als man denkt. Nun kommt aber ein Ergebnis aus jenem Experiment hinzu, bei dem sich die Langeweile in Grenzen halten dürfte. Die Wissenschaftler haben es nämlich nicht zufällig in Berliner Bürgerämtern durchgeführt. Sie wollten eigentlich nur eines herausfinden: Wer lügt häufiger, die Westdeutschen oder die Ostdeutschen? Um die Probanden zuordnen zu können, haben sie sie einen kleinen Fragebogen ausfüllen lassen. Damit die Zuordnung der Sozialisation eindeutig ist, hat man sich bei der Auswertung nur an die Teilnehmer gehalten, die 20 Jahre ihres Lebens oder mehr, also mindestens die 1970er und 80er Jahre, in der DDR oder eben in der BRD verbracht haben. Wer schummelt von ihnen häufiger, die aus dem Osten oder die aus dem Westen?

Die *Ostdeutschen* – und zwar *doppelt* so oft, überdies umso häufiger, je älter sie sind, je länger sie also die Erfahrung des Lebens in der DDR gemacht haben. Man kann sich ausmalen, dass über die empirische Validität dieses noch sehr frischen Ergebnisses noch diskutiert werden wird. Aber nehmen wir *for the sake of the argument* an, es sei robust. Wie kann man es erklären? Die Autoren der Studie erwägen verschiedene Gründe, versäumen allerdings, vorab auf einen Punkt aufmerksam zu machen, der ihr eigenes Experiment für die von ihnen gewählte Fragestellung besonders geeignet macht.

Bei diesem Experiment schummelt man nicht zu dem Zweck, etwa einen Mitspieler auszustechen. Das Schummeln löst zwar einen finanziellen Schaden aus, dieser wird aber auf eine anonyme Instanz abgewälzt, bei der sich das Bedauern der Versuchspersonen in Grenzen hält. Die kleinen Belohnungen am Ende wird eine große Forschungsinstitution wohl verkraften. Man tut vielleicht etwas moralisch Fragwürdiges, aber man hat subjektiv nicht das Gefühl, dass man *jemandem* etwas *antut*. Das war bei dem Schummeln, das im Sozialismus populär war, genauso. Geschädigt war in der Regel ein volkseigener Betrieb, und da man Teil des Volks war, sah man sich vielleicht als Teil-Eigentümer der Glühbirne, die man wegsteckte. Hatten die Ostdeutschen nun eine Sozialisation, die diese Art des Schummelns befördert? Zwei Hauptgründe sprechen dafür.

1. Den Ostdeutschen fällt das Schummeln vielleicht heute noch leichter, weil es im sozialistischen Mangelsystem zu einer weit verbreiteten Überlebensstrategie gehörte. Es war ziemlich üblich, etwas auf der Arbeit mitgehen zu lassen, um es im regen privaten Tauschhandel einzusetzen. Wolf Biermann hat vor Jahren gesagt: »Wenn man zehn Häuser in der DDR bauen wollte, dann musste man elf planen. Eines war am Ende irgendwie weg.« Ohne diese Schattenwirtschaft wäre man nicht verhungert, aber es hätte doch viel gefehlt und manche Datscha wäre trostlos in der Landschaft gestanden. Kurz gesagt: Man hat Interessen, kann sie aber weder als Produzent noch als Konsument legal realisieren, so sinnt man auf andere Wege und findet nichts dabei, ›fünfe gerade sein zu lassen‹.

2. Es gibt noch einen etwas anders gelagerten Grund, der weniger mit Mangel-Ökonomie zu tun hat als mit Pseudo-Politik. Wenn die Ostdeutschen die »Aktuelle Kamera« sahen oder »Neues Deutschland« lasen, wenn sie die in der DDR-Verfassung garantierten Grundrechte neben die Praxis von Zensur und Staatssicherheit hielten, dann sahen viele vor allem eines: moralische Heuchelei von oben. Als Reaktion darauf kann man angeekelt sein, das Gegenprogramm fahren und die Wahrhaftigkeit hochhalten. Es gibt aber auch so etwas wie eine Normalisierung und Verinnerlichung moralischer Gleichgültigkeit. Wenn es doch alle machen! Wenn es sogar der Staat macht! Man kennt das von der sozialwissenschaftlichen »Broken-Windows«-Theorie. Wenn ich eine Straße entlanggehe, die total sauber ist, dann fällt es mir schwer, den leeren Kaffeebecher einfach auf den Boden zu pfeffern. Wenn überall Müll herumliegt, dann werfe ich ihn dazu. So hat jede Schmuddelecke enorme Wachstumschancen. Ich verhalte mich sogar so, wenn ein Papierkorb in greifbarer Nähe ist, mir also – ökonomisch ausgedrückt –

gar keine Kosten dabei entstünden, sauber zu bleiben. Das ist bemerkenswert: Ich bringe mit meinem Verhalten gar nicht das Eigeninteresse gegen die Institutionen ins Spiel, sondern lasse ›die Sau heraus‹ aus einer gewissen Enttäuschung darüber, dass die Verhältnisse so sind, wie sie sind – im konkreten Fall der DDR: dass die Institutionen nicht halten, was sie versprechen. Hinter dem Mitspielen beim Regelverstoß, hinter der Anpassung versteckt sich vielleicht sogar eine stumme Anklage gegen diese Institutionen: nicht, weil sie das individuelle Eigeninteresse unterdrücken, sondern weil sie ihren eigensten Aufgaben nicht nachkommen. Das könnte – so die Annahme – noch 25 Jahre nach dem Mauerfall für eine gewisse Gleichgültigkeit sorgen. Die innere Suggestion, dass man anonymen Instanzen keine Treue schuldet, bleibt und generiert kräftige Ausreden für die Lüge.

Vielleicht hat das unmoralische Verhalten der Versuchspersonen, ihre starke Bereitschaft, die Sozialforscher anzulügen, nicht ausschließlich damit zu tun, dass sie in der DDR sozialisiert worden sind. Vielleicht ist auch die Identifikation der ostdeutschen Versuchspersonen mit den *neuen* Institutionen insgesamt geringer. Schließlich sind die Ostdeutschen diesem Land – der Bundesrepublik – nur beigetreten, sie haben es nicht gegründet – und auch ihre Eltern nicht. Bekanntlich haben sie nach dem Beitritt alle möglichen, berechtigten oder unberechtigten Behauptungen aufgestellt darüber, was nach 1989 schief gelaufen sei. Bei vielen kam nach dem Rausch der Kater. Auch deshalb könnte die moralische Integrität im Verhältnis zu Institutionen geringer ausgeprägt sein als bei den Westdeutschen. Die Autoren der von mir referierten Studie ziehen diese Möglichkeit nicht in Betracht und schließen aus den Ergebnissen direkt, der Sozialismus habe das Moralgefühl der Ostdeutschen beschädigt. Das scheint mir ein bisschen eindimensional zu sein.

Das Berliner Würfel- und Lügen-Experiment ist interessant – und zwar nicht nur für diejenigen, die innerdeutsche Nabelschau betreiben oder den x-ten Nagel in den Sarg des Sozialismus schlagen wollen, sondern auch für diejenigen, denen der deutsche Sonderfall ziemlich egal, aber die aktuellen Herausforderungen in Wirtschaft und Politik wichtig sind. Das Experiment zieht die Lüge von einem moralischen in einen sozialtheoretischen Zusammenhang hinüber. Es geht nicht nur darum, ob und in welchen Fällen das Lügen moralisch verwerflich oder verzeihlich ist, sondern auch darum, unter welchen Umständen es sich ausbreitet und habitualisiert. Letztlich betrifft diese Frage nicht nur das Lügen, sondern unethisches Verhalten allgemein: In welchen organisationalen oder institutionellen Settings wächst und gedeiht es? Der Sozialismus ist tot, aber mit den geschilderten Problemen sind wir auch ohne ZK und Stasi konfrontiert.

Es fällt leicht, vom Würfel- und Lügen-Beispiel auf die Gegenwart zu kommen, weil die Themen, die dabei aufkommen, überaus vertraut sind. Inmitten eines kollektivistischen Systems treten Symptome auf, die darin angeblich überwunden sein sollten: ein ausfällig werdendes Eigeninteresse einerseits, Institutionen, die unfähig sind, Individuen an sich zu binden, andererseits. Diese zwei Symptome sind sattsam bekannt aus aktuellen Diskussionen im Westen. Sie kreisen um individuelle Interessen, die sich nicht um das Gemeinwohl scheren, sowie um den Niedergang der Bindungsmacht von Institutionen, das Absinken des Sozialkapitals, die Politikverdrossenheit, den *disconnect* zwischen Staat und Bürgern, die *tragedy of the commons* etc. » Sobald einer bei den Staatsangelegenheiten sagt: *Was geht's mich an?*, muß man damit rechnen, daß der Staat verloren ist«, schreibt Jean-Jacques Rousseau 1762. (Vgl. Rousseau 1986, S. 103, Buch III.15) Diese Gleichgültigkeit ist nicht nur ein Problem des Sozialismus, sondern ein Problem der Demokratie – und ein Problem in wirtschaftlichen Organisationen gleichermaßen. Ich möchte mich deshalb nun dem spannungsreichen Verhältnis zwischen Eigeninteresse und Kooperation zuwenden.

Thomas Hobbes beschrieb schon Mitte des 17. Jahrhunderts das Aufkommen von Figuren, die meinten, es sei geradezu vernünftig, gelegentlich das Gesetz zu brechen, zu biegen oder heimlich zu unterlaufen – nämlich dann, wenn dies für sie »zu einem Vorteil führt«. Hobbes versuchte zu zeigen, dass es sich dabei um »Narren« oder »Wahnsinnige« handeln müsse, ist bei diesem Versuch aber m. E. gescheitert. (Hobbes 1984, S. 58, 111. Auf die ausgedehnte Forschungskontroverse zu dieser Frage kann ich hier nicht eingehen, sondern nur erwähnen, welchen Schluss ich daraus ziehe.) Zu Hobbes' Zeiten und danach hat es jedenfalls viele sogenannte Narren gegeben, und eine große Zahl von ihnen hat reüssiert. Der *free rider*, der *sucker*, der *social loafer* gehören dazu. Sie meinen, es sei vernünftig und liege im eigenen Interesse, gelegentlich die Gesetze oder die Regeln zu missachten, unsolidarisch zu handeln, Kollegen auszutricksen etc. Nun habe ich gerade betont, dass der Ego-Trip des Individuums nicht isoliert betrachtet und beurteilt werden darf, sondern unter dem Einfluss sozialer Umstände steht. Manche stehen der Tendenz entgegen, dass das Eigeninteresse auf eigene Faust ausgelebt und die politische, soziale und ökonomische Kooperation sabotiert wird. Andere verstärken diese Tendenz. Ich gebe je ein Beispiel für diese verschiedenen Umstände.

Der geläufigste soziale Umstand, der das wildgewordene, deregulierte Eigeninteresse blockiert, ist ein funktionierendes System von Sanktionen, das den Regelverstoß zum hohen Risiko macht. So sagt Immanuel Kant, die »geheime Falschheit« der »freien Willkür« solle durch die Ausrichtung der »Gesinnung« an der »Pflicht« bekämpft werden. (Kant 1983, S. 681, 684, 686) Eine solche disziplinierende Macht sitzt in den modernen Gesellschaften mehr oder minder fest im Sattel. Wie fest ihr Sitz ist, erkennt man daran, wie sie das Ausmaß der Korruption, der Obstruktion, der Übervorteilung und ähnlicher Phänomene limitiert. Man muss sich freilich damit abfinden, dass die Wirkung dieser Macht begrenzt ist. In diesem Szenario steht eine Institution oder Organisation einer Menge von Individuen gegenüber, die einen klitzekleinen strategischen Vorbehalt im Sinne ihres Eigeninteresses beibehalten. In deren Hinterkopf bleibt ein Unruheherd, der bei passender Gelegenheit auflodern kann. Das Individuum ist immer für eine böse Überraschung gut. Die Kooperation bleibt eben: eine Pflichtübung.

Es gibt aber auch soziale Umstände, die das wildgewordene, deregulierte Eigeninteresse zusätzlich antreiben. Jean-Jacques Rousseau hat Mitte des 18. Jahrhunderts beschrieben, wie die »mächtige[n] Maschinen des Glücks und des Vergnügens« (Rousseau 1978, S. 490) hoch- und heißlaufen. Man will dann nicht nur haben, was der andere hat, sondern findet die Vorstellung unerträglich, eben nur so viel zu haben wie er. Man ist getrieben – so Rousseau – vom »Wunsch nach dem ersten Platz« und vom »Furor, sich zu unterscheiden«. (Ders. 1971, S. 239; ders. 2001, S. 257) Wer auf schnellstem Wege Millionär werden will, dem wird die normale soziale und ökonomische Kooperation als unerträgliche Ochsentour erscheinen, er wird nach Strategien am Rande oder jenseits der Legalität fahnden, die seiner »stolze[n] Selbstgenügsamkeit« (Schiller 1993, S. 581) gefallen. Zusätzlich verstärkt wird diese Neigung, wenn man sich in einer organisationalen Monokultur bewegt, die den Furor des Unterscheidens zum Programm erhebt. Das ist eine der Lektionen, die sich aus der Finanzkrise 2007 ziehen lassen: Wenn das wöchentliche *Assessment* im Unternehmen sich darauf beschränkt, die *Performance* der Individuen als *Ranking* publik zu machen, steht man als Lachnummer oder als Verlierer da, wenn man etwa beim Verkauf fauler Papiere Skrupel gehabt hat. Die Anreize sind so gesetzt, dass zum *Pull*-Faktor des Traums vom schnellen Geld der *Push*-Faktor der Statusangst hinzukommt. Neben der Wunschmaschine läuft auch noch die Angstmaschine hoch.

So oder so ergibt sich nur eine Kooperation, die – wie der junge Karl Marx 1844 schreibt – nicht im Zeichen der »Verbindung«, sondern im Zeichen der »Absonderung« steht. (Marx 1981, S. 364: »Das Menschenrecht der Freiheit basiert nicht auf der Verbindung des Menschen mit dem Menschen, sondern vielmehr auf der Absonderung des Menschen von dem Menschen. Es ist das Recht dieser Absonderung, das Recht des beschränkten, auf sich beschränkten Individuums.«) Diese Einsicht hat Marx nicht exklusiv. Sein stockkonservativer Gegenspieler – und Geistesverwandter! – Thomas Carlyle beschreibt die minimalisierte Kooperation 1843 folgendermaßen: »Wir nennen es *Gesellschaft,* und doch richten wir überall die totalste Trennung und Isolierung ein. Unser Leben ist nicht gegenseitige Unterstützung, sondern gegenseitige Feindseligkeit, unter gewissen Kriegsgesetzen ›vernünftige Konkurrenz‹ und so weiter«. (Carlyle nach Engels 1981, S. 532) Verbindlichkeit, Verbundenheit entsteht unter diesen Voraussetzungen nicht, und auch wenn die Institutionen stark genug sind, um individuelle Ego-Trips zu unterbinden, wirkt die Kooperation, die sie sicherstellen, seltsam erzwungen, sie funktioniert im Wissen um den kleinen Störenfried, den jeder in seinem Hinterkopf hat.

Diese Variante einer Kooperation, die die Individuen mit spitzen Fingern eingehen, entspricht einem Bild, das genau so von einer breiten Front theoretischer Ansätze entwickelt worden ist; zu ihnen gehört die klassische Lehre des aufgeklärten Eigeninteresses ebenso wie die moderne *rational choice*-Theorie. Dieses Bild ist aber nicht nur ein Konstrukt, sondern es entspricht auch – siehe Finanzkrise – einer weit verbreiteten Praxis, nämlich der Kooperation, die in vielen Organisationen Gang und Gäbe ist. Aber es gibt alternative theoretische Ansätze, und es gibt alltägliche politische, soziale und ökonomische Praktiken, die anders funktionieren. Abschließend kann ich nur einen Begriff in die Debatte werfen, der bei der Stärkung dieser Alternative eine Schlüsselrolle spielen könnte, dessen Potential aber bislang noch zu wenig ausgeschöpft wird: ich meine den Begriff der Synergie. (Vgl. ausführlicher Thomä 2015)

Ich rede von Synergie dabei nicht nur in dem technischen, technokratischen Sinn, der heute verbreitet ist, also etwa im Sinn einer Zusammenlegung oder Bündelung von Kräften, wie dies besonders bei der Fusion von Unternehmen gängig ist. Mit Synergie meine ich – wie dies der griechische Wortsinn vorsieht – Zusammenhandeln und Zusammenwirken. Einer der größten Theoretiker des Eigeninteresses, Adam Smith, gehört auch zu denen, die diese Synergie stark gemacht haben – und zwar nicht in seiner berühmten Theorie der Kooperation als Tausch, von dem alle Beteiligten für sich profitieren, sondern mit dem Begriff »fellow-feeling« (Smith 1994, S. 3 f., in der deutschen Übersetzung wird das »fellow-feeling« abgeschwächt als »Mitgefühl« wiedergegeben). Dieses »fellow-feeling« sollte aber nicht nur, wie dies bei Smith vorgesehen ist, auf den Bereich des Mitleids, der Sympathie, beschränkt bleiben. Es passt auch und gerade zur Synergie, bei der man mit anderen eine Aufgabe anpackt, sich über die gemeinsame Arbeit identifiziert, also eine Identität, die wesentlich durch die Zugehörigkeit zu anderen bestimmt ist, herausbildet. Im Unterschied zur Sympathie kann man Synergie nicht praktizieren, ohne sich auch über die Ziele und Zwecke zu verständigen, die man sich im gemeinsamen Handeln setzt. In der Politik und in der Wirtschaft stellen sich unterschiedliche Herausforderungen an diese Synergie – in Abhängigkeit von den Zielen, die etwa in einem Gemeinwesen oder in einem Wirtschaftsunternehmen verfolgt werden. So oder so aber ist Synergie projekthaft. Das Zusammenwirken oder An-einem-Strick-Ziehen wird gemeinsam erlebt und genossen. Bei Johann Gottfried Herder heißt es: »*Sich allein* kann kein Mensch leben, wenn er auch wollte.« (Herder 1991, S. 124; Thomä 2011, S. 5–32) Man steht nicht neben sich. Man ist *bei der Sache*. Es gilt, eine Sozial- und Organisationstheorie voranzubringen, die nicht auf Eigeninteresse und vertraglicher Vereinbarung basiert, sondern auf *commitment* und Zusammengehörigkeit (zum commitment als Ge-

genbegriff zum Eigeninteresse vgl. z. B. Sen 2002, S. 206–225/Peter; Schmid 2007). Diese Theorie stellt sich der Aufgabe, den Spalt zwischen Individuen einerseits, Institution und Organisation andererseits zu schließen. Ich denke, dass dieses Vorhaben im Zeichen der Synergie gute Chancen auf Erfolg hat.

Literatur

Ariely, Dan; Garcia-Rada, Ximena; Hornuf, Lars; Mann, Heather (2014). *The (True) Legacy of Two Really Existing Economic System.* Munich Discussion Paper Series, 2014-26.

Engels, Friedrich (1981). *Die Lage Englands. ›Past and Present‹ by Thomas Carlyle, London 1843,* in: Marx/Engels: Werke, Bd. 1, Berlin: Dietz, S. 525–549.

Herder, Johann Gottfried (1991). *Briefe zu Beförderung der Humanität.* Werke in zehn Bänden, Bd. 7, Frankfurt/Main: Deutscher Klassiker Verlag.

Hobbes, Thomas (1984). *Leviathan.* Frankfurt/Main: Suhrkamp.

Kant Immanuel (1983). *Die Religion innerhalb der Grenzen der bloßen Vernunft,* in: ders., Werke in zehn Bänden, Darmstadt: Wiss. Buchges., Bd. 7, S. 645–879.

Marx, Karl, *Zur Judenfrage* (1981), in: ders./Friedrich Engels, Werke, Bd. 1, Berlin: Dietz, S. 347–377.

Peter, Fabienne; Schmid, Hans Bernhard (Hg.), (2007). *Rationality and Commitment.* Oxford: Oxford Univ Press.

Rousseau Jean-Jacques (1971). *Emil oder über die Erziehung.* Paderborn: UTB.

Rousseau, Jean-Jacques, *Rousseau richtet über Jean-Jacques* (1978), in: ders., Schriften, München/Wien: Hanser, Bd. 2, S. 253–636.

Rousseau, Jean-Jacques (1986). *Vom Gesellschaftsvertrag.* Stuttgart: Reclam.

Rousseau Jean-Jacques (2001). *Diskurs über die Ungleichheit.* Paderborn: UTB.

Schiller, Friedrich (1993). *Über die ästhetische Erziehung des Menschen in einer Reihe von Briefen,* in: ders., Sämtliche Werke, München: Carl Hanser Verlag. Bd. V, S. 570–669.

Sen, Amartya (2002). *Goals, Commitment, and Identity,* in: ders., Rationality and Freedom, Cambridge [MA]: Harvard University Press, S. 206–225.

Smith, Adam (1994). *Theorie der ethischen Gefühle.* Hamburg: Meiner.

Thomä, Dieter (2011). *Leben als Teilnehmen. Überlegungen im Anschluss an Johann Gottfried Herder.* in: Deutsche Zeitschrift für Philosophie 59, S. 5–32.

Thomä, Dieter (2015). *Synergie und Sympathie. Eine sozialphilosophische Skizze.* in: Tatjana Petzer/Stephan Steiner (Hg.), Synergie, München: Fink (im Druck).

Das Gute möge nützlich sein – Wirtschaftsethik als Warnung vor der Moral

Klaus-Jürgen Grün

Der Beitrag möchte die Schwächen unserer Volksmoralen und akademischen Ethiken herausstellen und dazu ermuntern, vom Standpunkt der Nützlichkeit aus eine kritische Haltung gegenüber den Lehren des Guten einzunehmen. Die Lehren des Guten verteufeln zwar das Nützliche, aber sie bleiben weit hinter ihrem Anspruch zurück, ohne das Prinzip der Nützlichkeit auszukommen. Fehlende Kritik ethisch-moralischer Selbstverständlichkeiten erachten wir als einen der Gründe für die stets unterschätzte Feindseligkeit in einigen Metaphern des Guten. Der Beitrag fasst Argumente zusammen, die dem Dogma, dass Ökonomie stets das Andere der Ethik und Moral sein müsste, ungeboten erscheinen lassen. Ein Beispiel für eine Ethik, die dementgegen den Nutzen für die unternehmerische Arbeit nicht aus den Augen verliert, ist der Hippokratische Eid. Sie lässt klar erkennen, dass sich normative Aussagen aus der Formulierung der zu vermeidenden Schäden allererst bilden können.

Das Gute oder das Bessere

Leben zeigt, wo immer wir ihm begegnen, eine einheitliche Tendenz: Es will, dass es ihm besser geht. Wo es sich wohl fühlt, will es bleiben, wo es Leid erlebt, will es flüchten. Das Leben sucht die bessere Welt. Wenn es die Möglichkeit sieht, durch Handeln bestehende Zustände zu verbessern, dann sind lebende Systeme in der Lage, *Berge zu versetzen.*

Aber die Möglichkeit zum Handeln – Moralphilosophen sagen, dass nur der Mensch sie besitze und deswegen auf Ethik und Moral als Entscheidungshilfen angewiesen sei – hat auch falschen Propheten den Boden bereitet, den Glauben an die bergeversetzende Kraft für ihre eigenen Interessen auszubeuten. Stets haben Moralisten »das Gute« gewollt. Das Bessere ist aber nicht das Gute. Es teilt nur eine Voraussetzung mit dem Denken des moralischen Guten: Die Welt, wie sie ist, muss nicht zugleich gut sein. Sie kann stets auch anders sein. Das Bessere ist möglich. Angst vor Veränderung bestehender Verhältnisse ist meistens unbegründet. Während wir bis heute nicht wissen, was »das Gute« sei, bewährt sich jedoch die Beobachtung, dass Leben stets das Bessere sucht.

Besser ist es auch, wenn es nicht schlechter wird, sofern diese Gefahr droht. Errungene Freiräume, Bequemlichkeiten, Lebensglück, Selbstbestimmung sowie andere Unabhängigkeiten strukturieren den Ausgangspunkt, von dem aus wir das Bessere erwarten. Die Befürchtung eines Verzichts der Errungenschaften muss offenkundig ausgeglichen werden durch die Erwartung eines künftigen größeren Glücks. Entbehrungen im Diesseits scheinen daher vielen Menschen der gerechte Preis zu sein für ein Glück im Jenseits oder für die kommenden Generationen. In der Erwartung des Aufbaus einer klassenlosen Gesellschaft haben im 20. Jahrhundert zahlreiche Gesellschaften auf diese Weise ihre Mitbürger um ihr Lebensglück betrogen. Bislang haben wir auch deswegen keinen Grund anzunehmen, dass ethisch-moralische Entscheidungen zustande kommen können, ohne einem allgemeinen materialistischen Prinzip zu folgen: Jede Entscheidung kann nur dann in einer Handlung ausgeführt werden, wenn die Erwartung eines Glücks damit verbunden ist. Allerdings, nämlich unter äußerem Zwang, dem sich ein Individuum nicht entziehen kann, tut es auch Dinge, die diesem Prinzip widersprechen. Gleichwohl ist die Rede vom *homo oeconomicus*, den Moralisten erfunden haben, um das Abwägen von Gütern aus ethisch-moralischen Entscheidungen zu verdrängen und für »böse« zu erklären, Unsinn. Mit der Theorie der »eingeschränkten Rationalität« hat Reinhard Selten im Verbund mit Herbert Simon wegweisend nachgewiesen, dass der wirkliche Mensch nicht nach dem Bezichtigsbegriff des *homo oeconomicus* funktioniert, sondern stets aus Erfahrungen lernt, Rücksicht nimmt und Vertrauen aufbaut. Altruismus und Fairness brauchen daher nicht von außen als etwas Fremdes dem vermeintlich egoistischen Individuum in domestizierender Absicht aufgestempelt zu werden, sondern stehen als Strategien erfolgreichen Handelns jederzeit zur Verfügung, um das eigene Glück ebenso wie das von Anderen zu steigern.

Moralisten anerkennen jenes Lustprinzip des Belohnungssystems nicht. Zwar finden wir unter ihnen die anerkennende These, Sigmund Freud sei in Bezug auf Naturkatastrophen und menschliche Grausamkeiten der »interessanten« Auffassung gewesen, »daß es sich um zwei Varianten derselben Bedrohung für das handelt, was wir suchen: für das Glück, das in der Befriedigung der durch das Lustprinzip hervorgerufenen Bedürfnisse liegt. Freud meint nämlich, daß wir alle dieselbe naive Vorstellung vom Zweck des Lebens haben: Glücklich wollen wir werden, und zwar auf Dauer.« Doch wird dieser Gedanke stets verdrängt von der

Vermutung: »Unter dem Gesichtspunkt des Lustprinzips bleiben wir unterscheidungsunfähige Säuglinge.« (Neiman 2004, S. 341 u. 343)

Aber es gilt erstens, dass die Angst davor, ein unterscheidungsunfähiger Säugling zu sein, kein Argument gegen das Lustprinzip bildet. Im Gegenteil. Ohne das Lustprinzip gäbe es auch dieses Desiderat nicht. Zweitens können wir getrost davon ausgehen, dass wir trotz des Lustprinzips nicht unterscheidungs- und entscheidungsunfähig sind. Doch es offenbart die Abwehr des Lustprinzips meistens eine generelle Angst vor ihm, denn sie wird vor allem mit stumpfen Messern geführt.

So etwa auch in Jonathan Haidts Erwägung, dass es neben Glück oder Freude eine weitere positive Emotion geben könnte – er nennt sie »elevation« (vgl. Haidt 2003; vgl. auch ders. 2006) und meint damit das »Gefühl der Erhabenheit«. Sie führt aber nur eine besondere Variante des Glücksgefühls ein. Denn dass es etwas anderes sei, »ob man sich ›nur‹ freut, oder ob man ein gutes, erhabenes Gefühl hat, wenn man Zeuge von einer besonderen guten Tat wird oder echte Dankbarkeit empfindet« (Spitzer 2007, S. 105), bleibt eine rein akademische Unterscheidung. (Spitzer zitiert Haidt allerdings mit dem Begriff »elation«, statt »elevation«.) Wer wollte schließlich bezweifeln, dass selbst Mohammed Ata und seine Kollegen unter den Suizidpiloten des 11. September 2011 vom Gefühl der Erhabenheit getrieben wurden bei ihrer Tat? Einen anderen Lohn im Diesseits war ihnen auch gar nicht in Aussicht gestellt worden.

Hinsichtlich des reinen Gewissens, des erhabenen Gefühls, der Glückserwartung, dem Erlebnis bergeversetzender Kraft, der Ausübung einer Pflicht, dem Verzicht auf körperliche Lust, dem Dünkel des Guten, der Selbstlosigkeit, der Autonomie des Ichs und dem Bewusstsein, keine ökonomischen Interessen zu verfolgen, unterscheidet sich die Geisteshaltung eines Mohammed Ata nicht vom moralischen Bewusstsein eines »guten« Menschen. Der Charakter des Verachtenswerten eines solchen Suizidattentats bildet sich aus in der Moralphilosophie auf breiter Front unterschätzten Quellen. Fehlende Rücksicht auf die Interessen der Opfer und fehlende Anerkennung des Glücks der Anderen, Ungenauigkeit in der Einschätzung der unerwünschten Folgen eigenen Handelns sowie deren destruktiven Potentials machen den Unterschied aus zwischen bloßer Pflichterfüllung gegenüber weltlichen wie auch überweltlichen Autoritäten und der Arbeit an einer stabileren sozialen Gemeinschaft zum Wohl der darin lebenden Individuen. Aber diese Qualitäten müssen nicht als Pflichten gegenüber Vernunft oder einer anderen »höheren« Macht ausgewiesen und vermittelt werden, sondern sie können aufrichtig als nützlich für die Stabilität der sozialen Gemeinschaft herausgestellt werden.

Pflicht und der »strenge Vater«

Es ist keine beiläufige Beobachtung, dass das Musterbeispiel der Pflichtethik, die Moralphilosophie Immanuel Kants ebenso wie jede auf einer theistischen Religion gegründete Moraltheologie die durch die Redeweise von einem strengen Vater strukturierte Metapher transportiert. Allerdings ersetzt Kant dabei den Terminus »Gott« durch den Begriff der »Vernunft«. Wie vor allem George Lakoff plausibel darlegte, ist Immanuel Kants Idee der Vernunft strukturiert durch die Metapher »strenger Vater«: Was gut für den Menschen ist, weiß Vernunft besser als Neigung, Emotion und Gefühl; sie lehrt uns wie einem noch unmündigen Kind den Unterschied zwischen Gut und Böse; sie ist stets zu befragen und weiß immer die richtige Antwort auf die Frage, »Was soll ich tun?«; ihr ist bedingungsloser Gehorsam zu leisten; auch diese oberste Autorität kennt keine Kritik; Vernunft belohnt uns für den guten Willen, indem sie uns glückswürdig macht. (Vgl. Lakoff 1999, S. 418) Ethisch-moralische Vernunft ist wie Gott ein strenger Vater. Und Kants Vernunftreligion kann nicht als Argument gegen die Gültigkeit des Lustprinzips herangezogen werden. Schließlich bedient sich gerade die Metapher des strengen Vaters der Emotion Angst, nämlich Angst vor Strafe oder Angst vor dem Verlust der von den Vätern vererbten moralischen Ordnung und den ihr zugrunde liegenden Werten. Und kaum ein Glück ist größer als das der überwundenen Angst, nämlich dann, wenn der Gehorsame Strafe nicht erwarten muss. Die ideale Ordnung und das größte Glück setzen dann ein, wenn es keinen Grund zum Strafen gibt. Dann nämlich ist alles in Ordnung.

Wohl aber verrät uns die Metapher des strengen Vaters die Fortwirkung religiösen Autoritätsglaubens in der Moralphilosophie der Aufklärung. In dem Maße nun, wie sich Kants Moralphilosophie selbst als ein religiöser Prozess der Unterwerfung unter eine nicht mächtiger denkbare Autorität darstellt, trifft ihn sein eigenes Urteil gegen Religion als einer moralischen Instanz. Einer der wenigen, die Kants Moralphilosophie aufgrund ihrer Schwächen immer schon ablehnten, war Erich Fromm: »Die Autorität«, erinnert er in seinem frühen Werk *Die Furcht vor der Freiheit*, »muß nicht unbedingt eine Person oder eine Institution sein, die sagt: ›Du mußt das tun‹ oder ›Das darfst du nicht tun‹. Man könnte diese Form als andere Autorität bezeichnen, aber sie kann auch als innere Autorität, als Pflicht, Gewissen oder Über-Ich auftreten. Tatsächlich könnte man die Entwicklung des modernen Denkens vom Protestantismus bis zur Philosophie Kants dadurch charakterisieren, daß die äußere Autorität durch eine internalisierte Autorität ersetzt wurde. Durch die politischen Siege des aufsteigenden Bürgers verlor die äußere Autorität an Ansehen, und das eigene Gewissen nahm den Platz ein, den diese innegehabt hatte, worin viele einen Sieg der Freiheit sehen.« (Fromm 1990, S. 124)

Unbewährte Lehren des Guten

Der Abwehr des Lustprinzips ist ein Großteil der Verantwortung dafür zuzuschreiben, dass die Gefahr religiöser Strukturen und Denksystemen seit Jahrhunderten unterschätzt wurde. Die aus dem Zentrum des Glaubens aufgescheuchte Gewaltbereitschaft und Enthemmung geben einen weiteren Anlass, unsere Ideen des Guten einer strengeren Kritik zu unterziehen. Die wohlwollende Legitimation von Religion, sie »diene dem Gemeinwesen, indem sie die Loyalität und Treue der Untertanen gegenüber der Obrigkeit stärke« (Graf 2014, S. 9), hat längst ihre Unschuld verloren. Bis in die konservative Tagespresse ist die Erkenntnis vorgedrungen, dass die »in Europa verbreitete Vorstellung, dass einige Religionen, der Buddhismus etwa, friedlicher als andere seien, [...] eine Illusion [ist]. Falsch ist zudem die Annahme, dass derzeit vor allem politisierte Muslime oder Islamisten gewalttätig agierten.« (Ebd.)

Friedrich Wilhelm Graf sieht den Grund für die immanente Gewaltbereitschaft aller Religionen in den religiösen Symbolsprachen und ihren Metaphern, die eine kosmische Ordnung durch fundamentale Trennung zwischen Schöpfer und Geschöpf, Himmel und Erde, Ewigkeit und Zeit, Jenseits und Diesseits herbeiführen. Die Ordnung entspringt nicht der Wahrnehmung wirkender Kräfte in Natur und Kosmos, sondern einem krankmachenden Narzissmus des Menschen. Werde durch »den sündhaften Menschen [...], der sich in narzisstischer Selbstbezüglichkeit den guten Schöpfungsordnungen widersetzt«, diese Ordnung gestört, werden Religionen unberechenbar. »Gerade diese Fixierung auf Ordnung und Struktur macht sie gewaltanfällig. [...] Religiöse Sprache gewinnt vitale Präsenz in gottesdienstlicher Anbetung und Verehrung, liturgisch bekundeter Gehorsamkeit gegenüber Gottes Gebot und Bitte um Beistand und Vergebung. Gebete sind an den einen Gott oder an einen bestimmten Gott adressiert, dem zumeist unbegrenzte Willenskraft, Allgegenwärtigkeit, Ewigkeit und Allwissen zugeschrieben werden.« (Ebd.)

Indem »Gott für die Gläubigen eine höchst reale, ihr Leben zutiefst bestimmende, Tag für Tag erfahrbare Macht« darstellt, obwohl er in den meisten Fällen nicht mehr als eine Wahnvorstellung ist, verfälscht und verzerrt der Gottesglaube das Realitätsbewusstsein der Menschen. »Die Gott zugeschriebene Allmacht ist allgefährlich, weil sie sich jeder menschlichen Kontrolle entzieht und so vielfältig missbraucht werden kann.« Statt ein der Realität entstammendes Endlichkeitsbewusstsein auszubilden, strukturieren religiöse Omnipotenzphantasien eine an Größenwahn grenzende Selbstherrlichkeit und überspielen die eigene Endlichkeit mit Glaubenssymbolen derart, »dass man sich selbst als Repräsentant des Absoluten zu sehen vermag«. So lange nicht die Frage nach dem »Wie« des Glaubens die Frage nach »Was« des Glaubens abgelöst habe, werden fromme »Religionsverbrecher der Gegenwartsmoderne«, denen ihre »politisierten Glaubenswelten Elemente von Nachdenklichkeit, Selbstreflexion, kritischer Selbstbegrenzung weithin fremd geblieben sind«, ihren Größenwahn stets wieder mit dem vermeintlichen Willen eines alleinigen wahren Gottes zu legitimieren versuchen.

Es bereitet allen Kulturen nach wie vor große Schmerzen einzusehen, dass weder das Wort »Ethik« noch das Wort »Religion« als eindeutiger Träger des Guten gewertet werden kann, zumal heute vor allem ersteres unentwegt den Anschein erweckt, dass mehr davor stets besser sei, weniger aber immer schlecht.

Dass sowohl Ethik als auch Religion sich nach allgemeinem Verständnis als das Andere der ökonomischen Nützlichkeit und des Lustprinzips anpreisen, trägt nicht minder zur Verzerrung des Realitätsbewusstseins bei wie die Steigerung des menschlichen Narzissmus zur explosiven Weltanschauung. Daher möchte auch Joseph Ratzinger keinesfalls Feindseligkeit als einen Aspekt der Religion im Allgemeinen betrachten, sondern als ein Übel, das im Anderen der Religion seinen Anfang nehme. Er sieht in der technischen und philosophischen Rationalität des Nutzens das alleinige Übel der Welt. »Letztlich beruht auch der Terrorismus auf dieser Art von Selbstermächtigung des Menschen«, behauptet er, ohne eine Andeutung zu machen, woher diese Eingebung stammt, »nicht auf den Lehren des Koran.« (Ratzinger 2005, S. 75)

Während die Aussagen Ratzingers Behauptungen sind, die nur das eine Ziel haben, Kritik am Segen seiner Religion im Besonderen und den Religionen im Allgemeinen abzuwehren, können sich zumindest moderne Theorien des Lustprinzips auf plausible Erklärungen stützen. Und wenn stets behauptet wird, dass auch naturwissenschaftliche Theorien nicht unfehlbar sind – und vor allem die Hirnforschung noch sehr wenig über das Gehirn weiß –, so bedeutet dies nicht, dass Ratzingers Behauptungen auf stabilerem Boden stünden, nur weil sie seit Jahrtausenden gebetsmühlenhaft wiederholt werden. Auch ihm ist nicht bewusst, dass ihn kein wesentlicher Unterschied vom Vernunftglauben trennt, den er verteufelt. Denn dass der spätere Papst von der Wahnidee besessen ist, es könnte neben der Vernunft noch eine Vernunft geben, löst das Problem nicht, sondern verdoppelt es bloß: »Aber die Vernunft«, schreibt er in der zitierten Schrift, »die aus dem Unvernünftigen entstanden und daher letztlich selbst unvernünftig ist, ist keine Lösung unserer Probleme. Nur die Vernunft, die schöpferisch ist und sich im gekreuzigten Gott als Liebe gezeigt hat, kann uns wirklich den Weg zeigen.« (Ebd. S. 80) Insbesondere diese Geste der Menschenliebe transportiert subkutan die Feindseligkeit gegenüber allem Nichtchristlichen, gegen das andere Glaubensgemeinschaften sich mit Recht zur Wehr setzen. Fremdenhass und der Größenwahn, im Besitz der einzigen wahren Erkenntnis vom Willen Gottes zu sein, strukturieren in den Metaphern der Menschenliebe ständige Gewaltbereitschaft gegenüber dem Anderen der eigenen Wahrheit. Doppelbödigkeit, Unglaubhaftigkeit und durch die Sprache der Liebe übertönte Feindseligkeit des ethisch-moralischen Anspruchs der Religionen sowie der akademischen Lehren vom Guten rücken die utilitaristischen Lehren des Glücks in ein neues Licht.

Moralische Feindseligkeit

Es ist aus der unvollständigen Ablösung der Ethik von blindem Autoritätsglauben verständlich, dass sich Moral und Ethik eher zu einem Machtinstrument entwickelt haben, statt zu einer Begleiterin des Menschen auf dem Weg zum autonomen Staatsbürger. Unsere Standardethiken haben dieses Ziel auf breiter Front verfehlt. Indem sie das Gute als ein Unbedingtes, Kategorisches verfolgten, haben sie dabei das Bessere missachtet.

Gleichzeitig sind es uns die traditionellen Standardethiken bis heute schuldig geblieben, einen leistungsfähigen Begriff des Guten als Grund für moralisches Handeln zu entwickeln. Für die Glaubwürdigkeit der Grundlagen einer Ethik ist es jedoch nicht unwesentlich, unverschleiert die Gründe für moralisches Urteilen angeben zu können. Insbesondere die Teilnehmer im Wirtschaftsprozess verfügen meist über ein ausgeprägtes Feingefühl, um verschleierte Eigeninteressen hinter moralisierender Sprache aufzudecken. Vertrauen in der Wirtschaft wird nämlich auch beschädigt durch die unüberlegte Zuschreibung moralischer Verfehlung. Solcherlei geschieht beispielsweise auch, wenn Schuldner sich aus der Bindung an bestehende Verträge befreien wollen, indem sie einem Land seiner Gläubiger Verbrechen im Nationalsozialismus vorwerfen und neue Schulden mit alten Reparationszahlungen verrechnen wollen. Dabei nämlich werden in erster Linie Zahlungsschwierigkeiten durch moralisierendes Sprechen verschleiert. Der vermeintlich ethisch-moralische Anspruch auf Gerechtigkeit ist nichts anderes als die Verdunkelung partieller Interessen.

Nicht immer nämlich ist hinter der Maske der Menschenliebe Feindseligkeit so leicht zu erkennen, wie bei dem von einem Fernsehreporter interviewten Besucher des Weltjugendtages in Madrid im August 2011, der auf die Frage, ob ihn denn die Verurteilung Homosexueller durch den Papst nicht zur Kritik herausfordere, unmissverständlich antwortete: »Ich bete für die Homosexuellen! Homosexualität ist wider die Natur und nicht gesund.« Denn spätestens seit Friedrich Nietzsches Umwertung der Werte ist Moral im Verdacht ein leicht zu erringendes Machtinstrument zu sein, das sich unredlicherweise nicht als Machtinstrument zu erkennen geben möchte. Diese Undurchsichtigkeit ist die größte Schwäche der auf Pflicht und vermeintlich reiner Vernunft gegründeten Volksmoralen und akademischen Ethiken. So lange unsere Begründungen von Ethik und Moral in dieser Hinsicht undurchsichtig bleiben, werden sich weiterhin selbst ernannte

Vormünder zu Experten der Moral erklären, darunter auch solche, die ihre nicht-Zuständigkeit längst unter Beweis gestellt haben. Eigentümliche Tabus über moralische Verfehlungen mutmaßlich moralischer Instanzen können auf diese Weise unbehelligt fortwirken. »Solange man nicht die Moral des Christentums als Kapitalverbrechen am Leben empfindet, haben dessen Verteidiger gutes Spiel«, ahnte allerdings schon Friedrich Nietzsche. (Nietzsche 1888, S. 416) Ob Gleiches auch einmal vom Islam geschrieben werden wird, hängt von dem Grad an radikaler Aufklärung ab, der sich unter seinen Anhängern entwickeln kann. Aber die Methoden der Feindseligkeit im Gewande der moralischen Ordnung waren unverkennbar, als im Herbst 2014 eine selbsternannte Scharia-Polizei durch die Innenstadt Wuppertals zog und, als ob sie eine amtliche Patrouille sei, sich ungefragt mit einer radikalen Heilsbotschaft in das Leben junger Leute auf der Straße einmischte. Die Uniformierten predigten ihnen, sie seien auf dem falschen Weg. Richtig sei allein ein Leben nach strengen Verhaltensregeln, ohne Alkohol, Drogen, Glücksspiel, Musik, Konzertbesuche, Pornografie, Prostitution. Natürlich meldeten sich andere Moslems zu Wort, die eine andere Auffassung von den moralischen Qualitäten ihrer Religion hatten, und versicherten uns, die Auffassung der Scharia-Polizisten sei falsch. Die Hundertschaften an Jugendlichen aus Deutschland, die in den heiligen Krieg des IS-Staates ziehen, beeindrucken diese Versicherungen nicht.

Mit welcher Kompetenz melden sich überhaupt Religionsvertreter heute noch zu Wort und beanspruchen Gültigkeit für ihre Meinung, wenn beispielsweise Kondome als Schutz vor HIV-Infektionen für untauglich erklärt werden sollen, oder um Stammzellforschung zu verurteilen? Woher nehmen andere die Kompetenz, Finanztransaktionen für moralisch verwerflich zu erklären, die sie in der Sache gar nicht verstanden haben? Wonach fragen Bürger, wenn sie wissen wollen, ob Aktionen von Akteuren der Wirtschaft »ethisch vertretbar« seien? Einen ihrem Empfinden nach »ethischen« Grund widersprechenden Impuls des Fragens und Handelns stellen sie dabei niemals zur Diskussion: Sie empfinden Genugtuung, wenn sie Verstöße gegen die Norm bei anderen bestrafen dürfen. Was sich als gutes und fürsorgliches Gefühl zu erkennen gibt, ist manchmal nur der wirkungsvollere Ausdruck von Unterwerfung. (Mit dem Terminus »Integration« haben wir inzwischen einen sanften Mechanismus der Unterwerfung gekennzeichnet.)

Der Impuls, strafen zu wollen stammt aus dem Bereich, den wir hier als »Lustprinzip moralischer Urteile« bezeichnen, der wahrscheinlich auch die Quelle moralischer Feindseligkeit ist. Es dient aber dem Wohlergehen in doppelter Hinsicht. Erstens nämlich verschafft es demjenigen, der bestrafen darf, Genugtuung. Worin sonst läge der Nutzen, wenn in den Medien mutmaßliche Verfehlungen eines Christian Wulff oder eines Sebastian Edathy zu einem persönlichen Spießrutenlauf der Betroffenen inszeniert werden, ohne dass auch nur Tatbestände hinreichend festgestellt, geschweige denn richterliche Urteile gefällt worden wären? Ohne Nutzen entstünden solche Aktionen nicht. Wer jedoch überhaupt den Nutzen dieser Aktionen bezweifelte, der stellte sogar das Bestrafen Anderer als eine Funktion der reinen Lust dar. Zweitens dient diese moralische Machtergreifung der Domestizierung derjenigen Individuen, die ausgebrochen sind aus dem sozial anerkannten Verhalten. Auch hierbei ist es schwer, den Nutzen zu leugnen, der damit verfolgt wird.

Moderne Moral bestätigt in ihren hervorstechenden Formen einen Charakter, der das Gegenteil des eigenen Selbstverständnisses transportiert. Moral verfolgt Interessen. Eine ihrer stärksten Verächterinnen hat den Charakter moralischer Feindseligkeit in dicken Strichen gezeichnet – nämlich die amerikanische Philosophin Ayn Rand. Mit dem Charakter der diabolischen Romanfigur Ellsworth Toohey, einem enthusiastischen Soziologen, der für die Herrschaft des Proletariats schwärmt, legt sie die Doppelzüngigkeit des guten Dünkels offen. Tooheys Moral baut sich auf aus einem »Stil der Seele« und offenbart die Feindseligkeit im Gewande der Menschenliebe.

»Enjoyment is not my destiny. I shall find such satisfaction as my capacity permits. I shall rule. [...] It's only a matter of discovering the lever. If you learn how to rule one single man's soul, you can get the rest of mankind. It's the soul, Peter, the soul. Not whips or swords or fire or guns. That's why the Caesars, the Attilas, the Napoleons were fools and did not last. We will. The soul, Peter, is that which can't be ruled. It must be broken. Drive a wedge in, get your fingers on it – and the man is yours. You won't need a whip – he'll bring it to you and ask to be whipped. Set him in reverse – and his own mechanism will do your work for you. Use him against himself. Want to know how it's done? See if I ever lied to you. See if you haven't heard all this for years, but didn't want to hear, and the fault is yours, not mine. There are many ways.

Here's one. Make man feel small. Make him feel guilty. Kill his aspiration and his integrity. That's difficult. The worst among you gropes for an ideal in his own twisted way. Kill integrity by internal corruption. Use it against itself. Direct it toward a goal destructive of all integrity. Preach selflessness. Tell man that he must live for others. Tell men that altruism is the ideal. Not a single one of them has ever achieved it and not a single one ever will. His every living instinct screams against it.« (Rand 1961, S. 56 f)

Moral hat einen perfiden Doppelcharakter. Im hellen Licht moralischer Geradlinigkeit bleiben ihre dunklen Quellen stets unterbelichtet. Das Klima von Moral und Ethik versperrt den Blick auf eine oftmals gar nicht moralische Herkunft. Menschen sind empört darüber, dass Männer wie Heinrich Himmler auch als »Der Anständige« bezeichnet werden, wie die israelische Filmautorin Vanessa Lapas es für richtig hielt. Sie schließen ihre Augen vor dem gar nicht so seltenen

Bündnis zwischen Feindseligkeit und Menschenfreundlichkeit. Ob sie damit dem unheiligen Bündnis nicht sogar einen Dienst erweisen, wird künftige Psychologie noch klären müssen. »Man muss im Leben immer anständig und tapfer sein und gütig«, schreibt Himmler ins Poesiealbum seiner Tochter. (Wiener Zeitung, 2014) Moralisten sind schnell bereit, solche Tatbestände moralischer Urteile als »pervers« in eine Schublade zu sperren, damit sie sich nicht länger dem Anspruch ausgesetzt sehen zu erklären, wie es möglich ist, dass die größten Übeltäter der Weltgeschichte sich für zuständig halten, moralische Wertungen zu verbreiten.

Selbst Gandhi hatte, wie Berichte aus seinem persönlichen Umfeld belegen, ein »gewalttätiges Naturell, und die spätere Gelassenheit des Mahatma war das Ergebnis langjähriger Übungen, sein Temperament zu zügeln.« (Oakley 2008, S. 228) Der übersteigerten Geste der Menschenliebe geht stets eine unheilvolle Absicht oder Tat voraus. (Vgl. Grün 2011 und 2013) »Das Kreuz ist Liebe und Barmherzigkeit«, twitterte Papst Franziskus zu Ostern 2015. Dass das Kreuz zunächst einmal Symbol eines Tötungsdramas darstellt, das alljährlich am Karfreitag mit großer Inbrunst in katholischen Ländern gefeiert wird, hat ungestraft kaum einer vor Goethe aussprechen dürfen, und Franziskus beschönigt zunächst das Symbol des Kreuzes, das eigentlich eine Erinnerung an Folter mit unausweichlicher Todesfolge darstellt. »Das leidige Marterholz«, schrieb dagegen schon der alte Goethe an Zelter, »das Widerwärtigste unter der Sonne, sollte kein vernünftiger Mensch auszugraben und aufzupflanzen bemüht sein.« (Goethe 1976, S. 429). Den 1790 in Venedig in brummigem Ton niedergeschriebenen *Venezianischen Epigrammen* zufolge waren ihm vier Dinge wie »Gift und Schlange zuwider [...] Rauch des Tabaks, Wanzen und Knoblauch und †«. (Goethe 1989, Epigramm 66) Tabak und Knoblauch haben kaum Unheil unter die Menschen gebracht. Aber die Feindseligkeit, die Religionen – allen voran die Religion der »Barmherzigkeit und Liebe« – verbreitet haben, hat bislang vor keiner Grenze Halt gemacht.

Leider erweisen Volksmoralen und akademische Ethiken gleichermaßen der moralischen Feindseligkeit einen großen Dienst, indem sie es nicht erlauben, Namen wie Heinrich Himmler im selben Absatz wie Vokabeln des Guten zu erwähnen. Diese Scheu stärkt die Empfindung, dass üble Gesinnung entsorgt werden könnte, indem die sie beschreibenden Worte in Schubladen unter Verschluss gehalten werden. Aber dieser Schein trügt, woran uns hin und wieder Vorkommnisse erinnern.

Mitgefühl mit »Unmenschen«

Anfang Januar 2015 spricht ein Zeitungsleser eine bedenkenswerte *Meinung* aus: »Überall auf der Welt nennt man Taten wie das Massaker von Paris ›unmensch-lich‹. Schon im Altertum war es üblich, grausame Verbrechen als ›tierisch‹ zu bezeichnen, aber ›unmenschlich‹ sagt auf merkwürdig unlogische Weise doch genauer, was eigentlich gemeint ist.« (*Meinung* 2015, S. 8) Die merkwürdig unlo-gische und genaue Bedeutung des Wortes »Unmensch« stammt aus der Abwehr der Erkenntnis, dass es sich bei den Pariser und Kopenhagener Attentaten um menschliche Taten handelt. »Seit es Menschen gibt, begehen sie unmenschliche Taten«, fährt der Zeitungsleser fort, »überall auf der Welt. Warum nennen Men-schen wider alle Logik so hartnäckig ›unmenschlich‹, was Menschen so hartnä-ckig tun? Aus Mitgefühl. Doch wohl auch aus Grauen.« Es ist uns nicht erträg-lich anzusehen, wie jemand mit Stiefeln ins Gesicht getreten oder aus heiterem Himmel vom Kalaschnikow-Feuer durchlöchert wird. Mit Moralworten wie »un-menschlich« erzeugen wir eine nicht ganz ungefährliche Distanz zu Tätern, deren Taten wir verabscheuen. Aber indem wir sie zu Unmenschen erklären, scheinen wir uns ihrer entledigt zu haben. Dies erleichtert uns die Illusion zu erhalten, dass wir selbst stets menschlich seien, die anderen jedoch nicht.

Richtiger aber wäre es anzuerkennen, dass die vermeintlich unmenschlichen Menschen sind wie Du und Ich. Indem wir uns sprachlich von ihnen abgrenzen wollen, entsorgen wir nicht die Sache. Im Gegenteil. Wir tragen dazu bei, dass sie sich subkutan als das Selbstverständliche erhalten kann.

In der Zuständigkeit für ethisch-moralische Fragestellungen haben sich Re-ligion und philosophische Ethik nicht besser qualifiziert als die Teilnehmer am Wirtschaftsprozess, auf deren Handlungen sie fast immer mit dem Zeigefinger antworten. Der Standpunkt der Ökonomie ist nicht weniger ausgezeichnet als Fundament für eine Ethik als die Lehren der Vernunft. Wir lassen uns im Folgen-den von diesem Standpunkt leiten. Dabei möchten wir Verzerrungen im ethisch-moralischen Bewusstsein sichtbar machen, die eine kritische Moral bislang ver-boten erscheinen lassen.

Materialistische Basis moralischer Entscheidungen

Der Standpunkt der Ökonomie ist auf das Wohlergehen der Mitglieder einer so-zialen Gemeinschaft ausgerichtet. Wie auch dem Utilitarismus liegt der Vorstel-lung vom Wohlergehen eine Theorie des Glücks zugrunde. Allerdings wird dem Utilitarismus vorgeworfen, er könne keine Moraltheorie als Theorie »des schlecht-hin Guten in bezug auf das handelnde Subjekt sein«, und »bestenfalls zum sittlich

Richtigen, nicht zum sittlich Guten« führen. Er begründete allenfalls »Legalität, nicht Moralität.« (Höffe 2007, S. 183 f) Ob der oftmals konstruierte Unterschied zwischen dem sittlich Richtigen und dem sittlich Guten überhaupt existiert, hängt davon ab, ob wir an die Existenz eines metaphysischen Guten glauben. Höffe legt als korrekter Kantianer alle Begründungskraft in das »Faktum der Vernunft«, von dem jeder Materialist und Realist bezweifelt, ob es dieses als ein Faktum gibt. Auch die in diesem Buch vorgetragenen Gedanken zum Naturalismus in der Ethik hegen große Skepsis gegen das »Faktum der Vernunft«.

Legen wir aber das Lustprinzip oder das Glücksprinzip dem moralischen Handeln – wie dem Handeln überhaupt – zugrunde, so ist es nicht nötig, ein Faktum der Vernunft zu postulieren, um zwischen Moralität und Legalität zu unterscheiden. Voraussetzungen, die Vernunft als ein Faktum ausgeben wollen, haben stets metaphysischen Charakter. Ihr Problem ist weniger, dass sich dieses Faktum nicht beweisen lässt – den Nachteil haben schließlich alle wissenschaftlichen Aussagen. Das Problem liegt vielmehr darin, dass jemand, der sie als gültig voraussetzt, niemals ihre Widerlegung akzeptieren wird. Aber die Unterscheidung der Moralität von der Legalität benötigt keine metaphysischen Voraussetzungen.

Damit Legalität herrsche, benötigen wir beispielsweise kein sonderlich starkes Glückserlebnis beim Handeln. Das Gesetz gilt und erzwingt Folgsamkeit, auch wenn es keine große Lust erzeugt. Es wirkt selbst bei denjenigen, die nicht – im Sinne Epikurs – die Kraft haben, selbstständig auf einen kurzfristigen Lustgewinn zu verzichten, um sich nicht einen langfristigen Nachteil einzuhandeln. Moralität bedeutet dementgegen, dass ich selbst es als ein Glück erleben kann, wenn ich auf ökonomische Vorteile zugunsten der ökonomischen Vorteile anderer oder künftig meiner selbst verzichte. Der Verzicht auf ökonomische Vorteile, damit andere ökonomische Vorteile haben, darf nicht als das Aussetzen der hier angenommen mit Ökonomie vereinbaren Moral und Ethik missinterpretiert werden. Ich handle im Sinne der Moralität, weil mich nicht eine externe oder interne Autorität dazu zwingt, sondern ich die geforderte Handlung sogar ungestraft unterlassen könnte. Viele Moralisten begehen an dieser Stelle einen weiteren Denkfehler. Denn sie sind der festen Überzeugung, dass dieses Unterlassen die Existenz von Willensfreiheit voraussetze. Aber dies ist falsch, wie wir später noch darlegen werden.

Es gibt keine Handlung, die nicht die Erwartung von Glück bei sich trägt. Auch das vermeintliche Handeln aus Vernunftgründen ist dem Glücksprinzip unterworfen. Allerdings wehrt es sich gegen diese Einsicht.

Vom Standpunkt der materiellen Beschaffenheit des Menschen – vom Standpunkt seiner Physiologie aus – gilt das Glücksprinzip als plausible Basis zur Erklärung unseres Handelns und unserer Moralität. Dem einen bereitet das erhabene Gefühl der Ehre ein größeres Glück als ein dickes Bankkonto; und wieder ein anderer findet sein Lebensglück in der bedürfnislosen Einsamkeit seiner Eremitage, während gleichzeitig wieder andere sich dem Taumel einer Love Parade ausgelassen hingeben. Alle verbindet sie aber der gleiche Anspruch: Sie möchten sich vom jeweils anderen nicht vorschreiben lassen, was der einzige Weg zum Glück sei, und sie erhoffen sich eine soziale Gemeinschaft, in der ihre Interessen am besten berücksichtigt werden können. Dass wir zwischen Selbstinteresse und Selbstfürsorge sinnvoll unterscheiden können, schwächt diese allgemeine Aussage nicht. (Vgl. Lakoff 2002, S. 120)

Es beinhaltet diese Voraussetzung den Gedanken der »negativen Freiheit«, wie sie auch Isaiah Berlin zu verteidigen gefordert hatte. (Vgl. Berlin 1958) Und vielleicht gibt es heute, wo uns unter dem Deckmantel einer positiven Freiheit zunehmend Freiheitsrechte eingeschränkt werden – mit dem Argument, es sei eine Plicht, unsere Sicherheit zu erhöhen –, keine wichtigere zu verteidigende Form der Freiheit als die Freiheit vor der unerwünschten Einmischung anderer in mein Leben. Verteidiger einer positiven Freiheit hingegen erklären, ohne die Hinzufügung von Indizien, dass es positive Inhalte der Freiheit gebe – also Vernunftgründe oder einen freien Willen, die allesamt nicht durch materielle Voraussetzungen im Gehirn determiniert seien. Sie erklären, dass man anderes wollen könne als man will und setzen einen Willen höherer Ordnung voraus. (Keil 2007, S. 2) Dabei anerkennen sie zwar den von der materiellen Basis erzeugten Willen als das Resultat der Abwägung bestimmter Glückserwartungen, behaupten aber, darüber herrsche noch ein Wille zweiter Ordnung, der nicht nur anderes wollen könne, sondern auch dieses andere gegen den materiellen Willen zum Handeln durchsetzen könne. Diese Annahme eines Philosophieprofessors aus der dritten Generation der »Kritischen Theorie« ist nicht verschieden von der Annahme Ratzingers, der, wie wir oben gezeigt haben, über der Vernunft eine andere – gute, katholische, nicht-materielle – Vernunft dogmatisch gesetzt hatte, damit er Vernunft als böse abwehren und gleichzeitig als katholischen Geist nutzen kann. Der Unterschied besteht nur darin, dass Ratzinger eine katholische »Vernunft« der physischen Natur des Menschen überordnet und Keil sich auf die Annahme einer Art kommunikativen Vernunft beschränkt.

Die abenteuerliche Theorie des freien Willens hat Gelehrte auch lange vor den naturwissenschaftlichen Forschungsergebnissen nicht überzeugen können. Denn warum sollte es dann nicht auch noch einen Willen dritter und vierter Ordnung oder noch viel höherer Ordnung geben können, die jeweils etwas anderes wollten, wie Leibniz vermutete und deswegen die Hypothese vom freien Willen ablehnte. »Was das Wollen selbst anbetrifft«, bemerkt Leibniz in der *Theodizee*, »so ist es unrichtig, wenn man sagt, daß es ein Gegenstand des freien Willens ist. Wir wollen handeln, richtig gesprochen, aber wir wollen nicht wollen, denn sonst könnte man auch sagen, wir wollen den Willen haben, zu wollen, und das würde ins Endlose fortgehen.« (Zit. nach Keil 2007, S. 2) Schon wegen einer solchen unnötigen

Vervielfältigung von Willen ist die Annahme eines freien Willens nicht vereinbar mit dem Ökonomieprinzip.

Glück ist in seiner allgemeinsten Form diejenige Erwartung, die unser Belohnungssystem aktiv werden lässt. Und nur weil des einen Glück des anderen Leid sein kann, schränken wir bestimmte Formen des individuellen Glücksgewinns ein. Moralisch nennen Gesellschaften diejenigen Glückserwartungen, die die Meisten für wünschenswert halten, von denen sie aber vergessen haben, warum sie wünschenswert sind. Beispielsweise begegnen wir diesem Vergessen bei den Geboten, »Du sollst nicht lügen« oder »Du sollst nicht töten«. Viele meinen, die Geltung dieser Gebote stamme daher, dass Gott oder eine andere Autorität wie die Vernunft sie ausgesprochen oder geboten hätten. Dabei haben sie nur vergessen, dass diese Gebote als Verbote vor allem deswegen existieren, weil jeden von uns zuweilen eine mehr oder weniger große, aber stets heimliche bis unheimliche Lust überfällt, das Gegenteil des Gebotenen zu tun. Da es aber nicht wünschenswert ist, dieser Lust immer und sofort nachzugeben, existieren diese Gebote. Nicht wünschenswert ist ihr Zuwiderhandeln, weil es der Stabilität der sozialen Gemeinschaft auf Dauer zu viel Schaden zufügte. Dieses Wissen, was der Gesellschaft nützen oder schaden kann, haben wir auch deswegen vergessen, weil es sich in den unbewussten Hirnregionen festgesetzt hat.

In der Auffassung, dass die Erwartung von Lust und Unlust zum größten Teil ohne Beteiligung bewusstseinsfähiger Hirnfunktionen gebildet wird, wurden Sigmund Freuds Hypothese vom Unbewussten durch neurowissenschaftliche Forschungen inzwischen bestätigt. »Das Unbewusste in einem Sinne, wie er der Auffassung Freuds nahe kommt«, resümiert Gerhard Roth diesen biologischen Sachverhalt, »umfasst aus neurobiologischer und psychologischer Sicht diejenigen psychischen Grundstrukturen, die unseren Charakter und unsere Persönlichkeit festlegen, also die Art und Weise, wie wir uns zu uns selbst und zu unserer natürlichen und insbesondere sozialen Umwelt verhalten, Bindungen eingehen, Impulskontrolle erlernen, Selbstvertrauen und Vertrauen zu anderen ausbilden.«

Verursacher dieser psychologischen Grundstruktur ist das »mesolimbische System, das hauptsächlich aus dem Ventralen Tegmentalen Areal, dem Nucleus accumbens und dem ventralen Striatum besteht. Dieses System erzeugt – vorerst unbewusst – Lustempfindungen, und zwar dadurch, dass dort hirneigene ›Belohnungsstoffe‹ produziert werden, so genannte endogene Opiate, auch Endorphine und Enkephaline genannt. Diese Stoffe sind den Drogen chemisch sehr ähnlich, und mit ihnen belohnt sich das Gehirn, wenn etwas passiert oder das Gehirn etwas geleistet hat, das – seiner Meinung nach – eine Belohnung verdient.« (Roth 2003, S. 145 f)

Moralische Entscheidungen und die Geltung der Annahme eines »freien Willens« finden auch für Joachim Bauer nur innerhalb der Grenzen des biologischen Gehirns eine Bedeutung.»In die Entscheidung, [...] gehen drei Aspekte ein: 1. Das erste Kriterium ist die biologische und emotionale Situation des eigenen Körpers. Hier spielen nicht nur biologische Grundbedürfnisse (zum Beispiel Hunger, Müdigkeit, Bewegungsdrang), sondern auch emotionale Befindlichkeiten eine Rolle. 2. Ein zweiter, mindestens ebenso starker Entscheidungsfaktor ist der Wunsch, Bindungen zu sichern und maßgeblichen Bezugspersonen in Liebe verbunden zu bleiben. Dieser Aspekt ist über die Belohnungssysteme des Gehirns biologisch verankert und spielt bei allen in sozialen Gemeinschaften lebenden Wesen manchmal eine bedeutendere Rolle als die Sicherung eigener vitaler Bedürfnisse. (Beispielsweise, wenn andere unter Lebensgefahr verteidigt werden). 3. Ein dritter in die Entscheidung eingehender Aspekt sind Fragen des sozialen Rangs bzw. der sozialen Anpassung. Handlungsprogramme, die dem gesellschaftlichen Konsens zuwiderlaufen oder zu Konflikten mit ranghöheren bzw. stärkeren Individuen führen, sind meistens wenig vorteilhaft.« (Bauer 2005, S. 161) Schon allein der Umstand, dass das Gehirn äußerst ökonomisch verfährt mit der Organisation seiner Funktionen, schwächt die Erwartung, dass wir Menschen irgendetwas tun könnten, was nicht für den Erhalt und die Ausweitung der Bedürfnisse des Lebens nützlich wäre.»Das Gehirn bemüht sich stets, auf dem einfachsten Weg zu einer Entscheidung zu gelangen – mit den geringsten emotionalen Kosten und der kleinsten mentalen Anstrengung (oder ›kognitiven Kosten‹).« (Zweig 2007, S. 152)

Das maßgebliche Organ der philosophischen Forschung, die *Deutsche Zeitschrift für Philosophie,* bekämpft mit einem Beitrag aus dem Jahr 2004 vorsorglich jede Kritik an der Alleinzuständigkeit aller von ihr traditionsgemäß besetzten Themen mit dem drohenden Hinweis, dass die Hirnforschung zur Bewältigung philosophischer Fragen keinen Beitrag leisten könne. (Vogel 2004, S. 985 ff.) Wirtschaftsjournalisten wie Jason Zweig leuchtet das neuroökonomische Entscheidungssystem weitaus schneller ein als den neuroskeptischen Anhängern traditioneller Ethiken und Moralen, aber auch Anhängern von Religionen. Während diese festhalten an dem Dogma, »Nicht mein Gehirn denkt. Ich denke« (vgl. Scobel 2012, Kapitel 2.1), erscheint Neurowissenschaftlern nichts so fraglich wie die Existenz eines autonomen »Ich«.

Theorien des Geistes, woraus sich die meisten unserer Ethiken bilden, geben unentwegt zu, dass die Hirnforschung eine sehr junge Wissenschaft ist und nur sehr wenig über die Arbeitsweise unseres Gehirns wisse. Gleichwohl herrscht verbreitet Einigkeit darüber, dass materialistische Forschung niemals etwas über das moralische Ich werde herausfinden können. Dabei stehen die wenigen Erkenntnisse über Bewusstsein, Selbst, Ich und Wille, die in den Labors der Biologen und Mediziner gewonnen wurden, auf weitaus festerem Boden als die metaphysischen Moralphilosophien und ihre Lehren vom Guten.

Antonio Damasio erklärt sich diese Anomalie folgendermaßen: »Da der Geist als nichtphysisches Phänomen betrachtet wurde, das von den biologischen Vorgängen, die ihn schaffen und aufrechterhalten, getrennt ist, stellte man ihn auch außerhalb der Gesetze der Physik, eine Unterscheidung, die bei anderen Vorgängen im Gehirn in der Regel nicht getroffen wird. Ihren auffälligsten Ausdruck findet diese Eigentümlichkeit in dem Versuch, den bewussten Geist auf bisher nicht beschriebene Eigenschaften der Materie zurückzuführen und das Bewusstsein beispielsweise mit Quantenphänomenen zu erklären. Hinter diesem Gedanken steckt offenbar folgende Begründung: Der bewusste Geist erscheint rätselhaft, und da die Quantenphysik bisher ebenfalls rätselhaft ist, besteht zwischen den beiden Rätseln vielleicht ein Zusammenhang [...]

Angesichts unserer unvollständigen Kenntnisse über Biologie wie auch der Physik sollte man mit der Ablehnung von Erklärungsalternativen vorsichtig sein. Schließlich ist unser Wissen vom Gehirn des Menschen trotz aller Fortschritte der Neurobiologie nach wie vor sehr lückenhaft.« (Damasio 2011, S. 26)

Auch wenn unsere Metapher von der Leichtigkeit des Geistes, seiner Immaterialität, seiner Omnipräsenz dadurch gestört wird: Der Träger aller reflexiven Prozesse ist zum einen die Hirnrinde, sind aber zum Großteil unterhalb der Hirnrinde in den Basalganglien und dem limbischen System gelegen. »Die Basalganglien (die aufgrund ihres gestreiften Aussehens auch als Striatum oder Streifenhügel bezeichnet werden) sind knotige Gewebebündel im Kern des Gehirns, die eine zentrale Rolle spielen beim Erkennen und Auffinden von fast allem, was wir als Belohnung empfinden: Nahrung, Trank, gesellschaftlicher Status, Sex, Geld. Sie fungieren außerdem als eine Art Relaisstation zwischen der Hirnrinde.« (Zweig 2007, S. 153)

Dass alle Säugetiere ein limbisches System haben, und unseres nicht anders als alle anderen limbischen Systeme funktioniert, macht für Viele die Sache nur noch schlimmer. »Wenn wir überleben wollen«, fasst Jason Zweig die biologischen Wirkungsweise des Belohnungssystems zusammen, »müssen wir möglichst schnelle Belohnungen verfolgen und Risiken ausweichen. Limbische Strukturen wie die Tonsilie und der Thalamus nehmen sensorische Reize wie Bilder und Geräusche und Gerüche wahr und bewerten sie blitzartig anhand einer einfachen Skala von ›schlecht‹ bis ›gut‹. Diese Bewegungen wiederum werden in Gefühle wie Angst oder Freude transformiert, die den Körper veranlassen, aktiv zu werden.

Das reflexive System arbeitet so schnell, dass Ihre Reaktion oft schon abgeschlossen ist, bevor Ihr Bewusstsein überhaupt registriert hat, dass eine Reaktion notwendig ist. (Denken Sie daran, wie Sie einer Gefahrensituation auf der Autobahn ausgewichen sind, bevor Sie sie überhaupt erfassen konnten.) Diese Regionen Ihres Gehirns können innerhalb einer Zehntelsekunde Alarm auslösen.«

(Zweig 2007, S. 16) Eine Theorie des Guten, die davon ausgeht, dass wir das Gute tun, weil es das Gute sei, zu dem sich ein freier Wille entschieden habe, und nicht deswegen, weil es die Erwartung eines Glücks verspricht, wird in dem Maße unglaubhaft, wie ihre Verteidiger die materiellen Voraussetzungen ablehnen, ohne ihre Gültigkeit widerlegen zu können.

Wenn wir hier das ganz und gar nicht moderne Wort »materialistisch« für die Basis moralischer Entscheidungen verwenden, dann wollen wir damit die Auffassung stärken, dass unser Gehirn auch seine moralischen Werte auf Grund von Erfahrungen physisch gelernt hat. Alles Denken ist physisch. Auch unsere Gehirne sind Teil unseres Körpers, und mit diesen Gehirnen begreifen wir die Welt. Eine andere Welt gibt es für uns nicht. Es gilt Arthur Schopenhauers Vermutung, »daß Jenes alles zunächst doch nur ein Gehirnphänomen und mit so großen, vielen und verschiedenen subjektiven Bedingungen behaftet sei, daß die gewähnte absolute Realität desselben verschwindet und für eine ganz andere Weltordnung Raum läßt, die das jenem Phänomen zum Grunde Liegende wäre …« (Schopenhauer 1977, S. 9) Die Hoffnung auf eine andere Weltordnung macht uns offen für Veränderung. Doch der Optimismus, dass diese erhoffte Ordnung etwas Zugrundeliegendes ist, sozusagen als Grund die Ursache für geschichtliche Entwicklung sein könnte, gehört zu den metaphysischen Vermutungen Schopenhauers, die wir heute kaum noch teilen können.

Mit der Unglaubhaftigkeit metaphysischer Voraussetzungen lösen sich auch die Erwartungen der Möglichkeit eines irgendwie gearteten freien Willens auf, der der nicht-materialistische Bestimmungsgrund unseres Willens sein sollte. Keine unsere Entscheidungen ist derart frei, dass sie nicht zu einem großen Teil physisch vorbestimmt wäre. Die Annahme eines freien Willens ist daher weder eine notwendige noch eine hinreichende Bedingung für unser Handeln. Theorien, die jedoch unentwegt das Gegenteil behaupten, erzeugen eine nicht wünschenswerte Erwartung in der Ordnung unserer Gesellschaft.

Am eindrucksvollsten stellt Lakoff die Illusion eines freien Willens als Bestandteil reaktionärer Moralvorstellungen dar. »Die Idee des ›freien Willens‹, spielt in der Strenger-Vater-Moral eine zentrale Rolle, denn es unterliegt unserem ›freien Willen‹, ob wir richtig oder falsch handeln. Und nur, wenn wir über genügend Willenskraft verfügen, werden wir moralisch handeln können: Wir können uns dem Schlechten in der Welt stellen, und wir können unser inneres Schlechtes überwinden. Wenn wir nicht genügend Willenskraft entwickeln, dann sind wir moralisch schwach und geben uns unseren Emotionen hin, anstatt so zu handeln, wie unser Verstand es uns diktiert […]. Um frei zu sein, muss unser Wille stark sein. Wenn ›Wille‹ eine starke Person ist, dann behält er in jeder Situation die Oberhand über das Handeln. Wenn nun aber unser Held ›Wille‹ ein Schwächling ist? Dann sind wir nicht fähig, unsere Emotionen zu kontrollieren und schaffen es nicht, unserem Verstand zu folgen. Uns fehlt die Willenskraft. Es ist also wichtig, einen starken – und damit zugleich freien – Willen zu haben. Und darum geht es hier.« (Lakoff 2014, S. 109 f) Die Verwendung der Metapher des freien Willens macht uns daher auch zu Komplizen einer »Koalition von Willigen« (»Coalition of the Willing«), wie es George W. Bush wegweisend formulierte, »indem er sagte, alle Nationen könnten sich entscheiden, ob sie sich dem Bündnis anschließen wollten oder nicht. Es war eine Frage ihres freien Willens. Und damit wird es – aus konservativer Weltsicht – zu einer Frage von moralischer Stärke.« (Ebd.)

Entgegen der Meinung des Alltagsverstands herrschen in der Gegenwart nicht zu wenig Ethiken und Moralen, sondern zu viele. Was uns daher fehlt, ist eine Moralkritik, die freilich nicht noch eine Metaethik über die Metaethiken zu errichten braucht. Es genügt, wenn Moralkritik dort ansetzt, wo andere Ethiken und Moralen ihr Zuständigkeit verweigern: bei der Nützlichkeit von Ethik und Moral.

Der naturalistische Fehlschluss

Ein verbreitetes – und fast bin ich geneigt zu sagen »ein beliebtes« – Manöver, dem Glücksprinzip abzuschwören, ist der Vorwurf des naturalistischen Fehlschlusses. Der britische Logiker George E. Moore hatte 1903 in seinen *Principia Ethica* erstmals von einem *naturalistic fallacy* gesprochen, um seine eigene Moralphilosophie unangreifbar zu machen. Naturalistische und metaphysische Ethiken begehen demnach den Fehler, das Adjektiv »gut« nicht als einen einfachen, undefinierbaren und nicht auf anderes reduzierbaren Gegenstand zu betrachten, der sich nur durch sich selbst erklären lasse. Weil – wie David Hume klar sehen konnte – aus der bloßen Beschreibung natürlicher Tatsachen keine Schlüsse möglich sind auf das Gesollte, folgern Philosophen reihum, dass dies nur bedeuten könne, Ethik und Moral gehörten in den Zuständigkeitsbereich einer reinen Geisteswissenschaft.

Dass aber zunächst einmal aus der Unmöglichkeit eines Schlusses vom Sein zum Sollen – vom *is to ought* (Hume 1739–40, 3.1.1.27) – zu folgern wäre, dass jede wissenschaftliche Betrachtung des Sollens Unsinn ist, taucht in diesen Überlegungen nicht mehr auf. Diese Konsequenz zog erstmals Ludwig Wittgenstein. In seiner *A Lecture on Ethics* von 1929 führt er aus: »Ethics so far as it springs from the desire to say something about the ultimate meaning of life, the absolute good, the absolute valuable, can be no science. What it says does not add to our knowledge in any sense. But it is a document of a tendency in the human mind which I personally cannot help respecting deeply and I would not for my life ridicule it.« (Vgl. Hierzu auch die Ausführungen von Thomas Forwe in diesem Buch zum Missbrauch der Sprache in der Rede von Ethik.)

Um die Konsequenzen der Sinnlosigkeit des Postulats vom reinen Guten zu umgehen, erklären Philosophen das Reich des Sollens und der moralischen Werte zu einer Welt an sich, die keinerlei Beziehungen zu natürlichen Prinzipien haben dürfe, wenn man sich nicht des naturalistischen Fehlschlusses schuldig machen wolle. Diese Welt spannten Philosophen des Geistes durch grammatikalische Eigenarten der Sprache auf, indem sie behaupteten, es gebe eine Sprache des Geistes und eine Sprache der Natur. Wenn wir gewöhnt seien, Sachverhalte in der Sprache des Geistes auszudrücken, wie etwa unsere Begriffe vom moralischen Handeln und der Freiheit des Willens, dann begehe man einen Kategorienfehler, sobald man versuche, diesen Sachverhalte in der Sprache der Natur zu erklären, wie das neuerdings von Hirnforschern gemacht werde. Sofern wir also gewohnt seien in der ersten Person zu sagen »ich denke«, könnten die damit verbundenen Probleme niemals durch die Rede in der dritten Person – »mein Gehirn denkt« – beschrieben und erklärt werden. Philosophie des Geistes hat sich durch solche Tabus als eine wunderbare Methode erwiesen, mit dem Anschein des wissenschaftlichen Tiefsinns weiterhin über Fragen der Ethik und Moral sprechen zu dürfen und vor allem schreiben zu können, ohne sich dem Verdacht auszusetzen, Unsinn zu produzieren. Tatsächlich lässt sich aus der Tatsache, dass ich beim Aussprechen eines Satzes wie: »Ich will«, weder mein Gehirn wahrnehme, noch die Funktionen, die darin abgelaufen sind, bis sich der sprachliche Laut gebildet hatte, gar nichts aussagen über die vermeintliche Autonomie des »Ichs«. Überdies sind die grammatikalisch nur in der dritten Person formulierbaren Beobachtungen am menschlichen Gehirn in der Lage, sehr viel mehr Verbindliches über Bewusstsein und Unbewusstes zu erklären als es die jahrhundertealten Bibliotheken mit Büchern über das Selbstbewusstsein in der Rede der ersten Person jemals leisten konnten.

Die durch Beobachtungen gut belegte Annahme, dass alle bewussten Gedanken und damit alle sprachlichen Ausdrücke stets einen zeitlich verzögerten Reflex unbewusst abgelaufener Hirnprozesse darstellen, die den Eindruck erzeugen, entweder zeitgleich oder zeitlich vor der Einleitung einer Handlung aufzutreten, kann nicht mit Verweis auf einen Kategorienfehler zurückgewiesen werden. Die Behauptung, dass das Erlebnis »Ich entscheide«, nur in der ersten Person beschrieben werden könne, sagt nichts aus über die Ursache dieser Aussage für die Entscheidung selbst. Menschen behaupten nämlich auch dann, dass ihr Ich eine Entscheidung getroffen habe, wenn diese Entscheidung nachweislich manipuliert worden ist. Schon allein die bewusst gefällte Entscheidung, jetzt einmal nicht an einen Elefanten denken zu wollen, muss an der ungewollten Selbstmanipulation scheitern.

In der Abwehr des Glücksprinzips und der natürlichen Voraussetzungen unseres moralischen Bewusstseins durch das Tabu des Kategorienfehlers unterläuft den Beteiligten ein schwerer wiegender anderer Fehler. Nicht weil unsere Grammatik einen kategorialen Unterschied zwischen der Beschreibung der Ersten Person und der Beschreibung der Dritten Person aufweist, fällt der Ersten Person eine besondere Bedeutung zu, sondern es gilt das Umgekehrte. Hier liegt die berühmte Verwechslung von Ursache und Wirkung vor. Richtig ist vielmehr, weil wir Erlebnisse haben, die in der Beschreibung der Ersten Person stärker repräsentiert werden können als in der Dritten, existiert diese grammatikalische Struktur. Und diese Erlebnisse erkennen wir überhaupt erst in der Beschreibung empirischer Beobachtungen.

Steven Pinker macht darauf aufmerksam, dass es intransitive Verben gibt, weil ihre transitive Verwendung niemals benutzt wurde. Sie wurde deswegen nicht benutzt, weil ihr kein Erlebnis entsprach. Zum Beispiel verwenden wir das Verb »schnarchen« nur in seiner intransitiven Bedeutung. Dies hat aber seine Ursache nicht in der Logik des Geistes oder der Grammatik der Sprache. Es ist Unsinn zu sagen, *weil* das Verb »schnarchen« nur in der intransitiven Form auftreten könne, sei es unmöglich »jemanden anderen zu schnarchen«. Vielmehr ist es aus physischen Gründen nicht möglich, dass ich einen anderen schnarche. Also die in der Dritten Person Singular beschriebene Beobachtung: kein Mensch kann einen anderen schnarchen, ist der Entstehungsgrund des Satzes »ich schnarche« in der Verwendung des intransitiven Verbes. Zumindest war es in den vergangenen Jahrhunderttausenden nicht möglich, einen anderen zu schnarchen. Das heißt nicht, dass es ausgeschlossen ist, in hundert Jahren über einen Hirnschrittmacher von außen Einfluss auf das Schnarchverhalten eines anderen Individuums zu nehmen. Dann werden wir bald auch eine sprachliche Konstruktion für die transitive Verwendung von »schnarchen« für normal halten.

Unsere Sprache ist der Reflex von Lebensgewohnheiten, nicht aber umgekehrt. Jeder Sprache geht das in der Dritten Person beschreibbare Erleben voraus.

Wenn wir in der Sprache Konstruktionen für den freien Willen finden, dann geben diese unsere Erlebnisse wieder. Denn zuerst fühlen wir, dass wir etwas wollen, dann führen wir den Willen aus. Dass unser Erlebnis aber das Resultat einer wichtigen Funktion des Bewusstseins darstellt, nämlich seine Zuständigkeit zurückzudatieren hinter Entscheidungen, die das Belohnungssystem längst gefällt hatte, ist eine so junge Erkenntnis, dass wir bislang keine überzeugende sprachliche Ausdrücke dafür gebildet haben. Die Beschreibung der Aufgaben des Bewusstseins hat sich dabei verändert. Zu behaupten, dass solche Veränderungen nicht möglich seien, weil sie der kategorialen Trennung von Erster Person und Dritter Person widersprächen und nicht dem Dogma folgten, dass es in der Philosophie keine Probleme gäbe, die sie nicht selber lösen könne, ist Unsinn. Solche Dogmen werfen unsere Erkenntnisse weit hinter hart errungenen Positionen der philosophischen Aufklärung im Zeitalter der Aufklärung zurück, wo eine scholastische Philosophie durch den Austausch von Wortfetischen Wissen zu generieren versuchte. Es ist der Aufklärung nicht gelungen, den Rückfall in solche Denkformen zu verhindern.

Doppelmoral der Aufklärung

Das Zeitalter der Aufklärung, das in Europa etwa das Jahrhundert von der Englischen zur Französischen Revolution umfasst, brachte im doppelten Sinn Moral hervor: zum einen die Moral des ökonomischen Prozesses und zum anderen die Moral der reinen praktischen Vernunft. Beide Moralen sind gegen das Prinzip des Gottesgnadentums gerichtet und kämpfen seither um die Alleinbesetzung des Feldes der Ethik.

Aufklärung ist der Prozess, in dem die aus Evangelium und scholastischer Theologie stammenden Schriften, Theorien und Vorschriften sowie die Meinungen von Autoritäten wie Aristoteles und Thomas von Aquin nicht mehr wörtlich verstanden werden konnten. Die Bibel hatte aufgehört ein Tatsachenbericht zu sein. Sowohl das »Hoc est corpus meum« (»Dies ist mein Leib«) als auch das Dogma der Auferstehung haben für die Aufklärungsphilosophen – wenn sie überhaupt noch eine Rolle spielen – ausschließlich metaphorische Bedeutung. Die Entstehung von Religion führen Aufklärer von nun an auf natürliche Ursachen zurück. Maßgeblich hat David Hume für die angelsächsische Philosophie diesen Weg geebnet. »Wir dürfen Gott als dem Schöpfer der Welt«, hält Hume den Autoren entgegen, die die Rede von Gott und seinen übernatürlichen Eigenschaften bislang in wörtlicher Bedeutung verstanden hatten, »keine anderen Eigenschaften beilegen als solche, die sich in der Welt als seinem Werk auch tatsächlich finden lassen. Da es nun in der Welt durchaus nicht gerecht zugeht, sind wir folglich nicht berechtigt, Gott die Eigenschaft der Gerechtigkeit beizulegen, und damit ist diesem Argument das Fundament entzogen.« (Hume 2000, S. XVII) Auf dem Kontinent waren es zunächst Voltaire und Lessing, für die nur Vernunftgründe wörtliche Bedeutung haben sollten. »Zufällige Geschichtswahrheiten«, wirft Lessing seinem Verächter, dem Hamburger Pfarrer Melchior Goeze entgegen, der jedes Wort der Bibel als wahrhaftigen Baustein eines Tatsachenberichts verteidigte, »können der Beweis von notwendigen Vernunftwahrheiten nie werden.« (Zitiert nach Timm 1974, S. 69)

Das neue Problem ist das Problem der Vernunft. Außer beachtlichen Versicherungen, dass es sie gäbe und dass sie der Maßstab für ethisch-moralisches Handeln abgeben könnte, gibt es keine Belege für die Notwendigkeit, mit ihr zu rechnen. Nicht anders als der Terminus »Gott« hat auch das Zauberwort der Aufklärung – »Vernunft« – nur metaphorische Bedeutung. Doch führte die unge-

heure Bedeutung, die der Vernunft durch die Aufklärer zugesprochen wurde, zu
dem starken Erlebnis, dass das Wort »Vernunft« einen objektiven Weltzustand
beschreiben müsse. Hegel steigerte dieses Erlebnis mit seiner Rede von der »Vernunft in der Geschichte« zu demjenigen Höhepunkt, auf dem Marx das Heilsversprechen einer klassenlosen Gesellschaft, zu der sich die Weltgeschichte mit Notwendigkeit entwickeln sollte, ausbildete.

Wenngleich der Utilitarismus seit Jeremy Bentham ebenso wenig wie der
Glaube an die Güte Gottes, die Vernunftethik Kants und die Herrschaft des Proletariats eine stabile Grundlagen für Ethik und Moral schaffen konnte, so hat er
zumindest gar nicht erst versucht, Moral zu erklären durch die Voraussetzung der
Vernunft, die noch weniger erklärbar ist. Vieles ist nachweislich falsch in Ben-
thams Prinzipien der Moral. Aber dass wir durch die Verwendung von Wortfetischen wie »Vernunft« oder »Geist« nicht ausbrechen können aus unserer natürlichen Daseinsweise, dieser Verdacht hat sich gegenüber allen Heilsversprechen
bewährt: »The principle of utility recognizes this subjection, and assumes it for
the foundation of that system, the object of which is to rear the fabric of felicity
by the hands of reason and of law. Systems which attempt to question it, deal in
sounds instead of sense, in caprice instead of reason, in darkness instead of light.«
Wie der englische Empirismus auf dieser Linie konsequent vermutete, folgen auch
unsere ethisch-moralischen Urteile einer natürlichen Ökonomie der Abwägung
von Nützlichkeiten. Wenn von Vernunftethikern behauptet wird, dass Ethik das
Andere der Nützlichkeit sei, so verfolgen sie doch nur eine andere Nützlichkeit,
wobei sie allerdings ihr Prinzip der Nützlichkeit nicht offenlegen.

Utilitarismus gleichermaßen wie Vernunftethiken verfolgen eine säkulare Begründung von Moral und Ethik. Während aber Vernunftethiken dieses Ziel durch
Metaphern eines allwissenden und allgütigen Vaters – »die Vernunft« – zu beschreiben versuchen, beschränken sich utilitaristische Entwürfe auf Metaphern
der Ökonomie, die sie auch als solche ausweisen.

Mit dem besseren Verständnis dieser unterschiedlichen Vorgehensweise gewinnen wir neue und andere Einsichten in den Gegensatz zwischen Ökonomie
und Ethik, als er durch Volksmoralen und akademische Ethiken nahegelegt wird.
So können wir beobachten, dass die Metaphern der Ökonomie in der Ethik die
Metaphern der Vernunft verdrängen und umgekehrt. Es scheinen sich die Beschreibungen des Ökonomischen mit denen des Ethisch-Moralischen nicht zu
vertragen.

Aus diesem Grund entstehen aber auch Meldungen in Wirtschaftsnachrich-
ten, die den Anschein erwecken, als könnten ökonomisch nützliche Aktionen niemals ethisch-moralischen Wert haben. »Tue Gutes und verdiene daran«, lautet
eine Schlagzeile im Handelsblatt, die wie zahlreiche andere das Prinzip der Nützlichkeit zum Prinzip der Amoralität erklären möchte. »Nachhaltigkeit ist für die

Konsumgüterhersteller alles andere als Altruismus. Sie senken damit Kosten und sichern Lieferketten.« (Kapalschinski 2011) Zwar möchte uns der Verfasser sagen, dass wirtschaftliche Interessen niemals das ethisch-moralische Gute sein könnten, aber er sagt uns nicht, warum seine Vorstellung vom ethisch-moralischen Guten nicht auf andere Weise nützlich für die Gesellschaft sein soll. Diese und ähnliche Gewohnheiten des ethisch-moralischen Diskurses lassen nur den Schluss zu, dass die Sprache des Ökonomischen von der Sprache des Moralischen als amoralisch empfunden wird.

Wie die Beiträge von Kummert und Forwe in diesem Buch durch ihre Bezüge auf die Forschungen Dan Arielys weiter ausführen, können wir feststellen, dass Menschen großen Wert darauf legen, eine soziale von einer ökonomischen Sphäre getrennt zu halten. Im sozialen Feld sehen wir es nicht gerne, wenn Tätigkeiten und Gefälligkeiten nach geschäftlichem Kalkül bemessen werden. Sind wir aber im Geschäftsmodus, dann wollen wir keine »persönlichen« oder gar freundschaftlich-familiären Verhaltensweisen. Zwischen den beiden Modi – dem geschäftlichen und dem sozialen – herrscht aber keine eindeutige Grenze. Zudem neigen wir alle der einen oder anderen Seite mehr zu. Wirtschaftsethik bezieht sich sinnvoller Weise auf dasjenige Maß sozialer Rede- und Umgangsweisen, die mit den Anforderungen wirtschaftlichen Handelns vereinbar sind. Ihr Ziel ist es, allen Teilnehmern am Wirtschaftsprozess das Gefühl zu vermitteln, dass sie nicht nur Kunde sind, sondern immer zugleich auch Mensch. Während aber Vernunftethiken ihre Verwicklung in kalkulatorische Rationalität (Habermas nennt sie »Zweckrationalität«) verleugnet, gehört sie zum Selbstverständnis der Lehren vom Nutzen.

Ethik der Glücks

Die von akademischen Vernunftethiken abgewehrte Forderung, dass Ethik nicht ohne die Orientierung am Glück und am Wohlsein formuliert werden sollte, kann sich allerdings auf stabile Erfahrungen der Menschen stützen. In unserer Sprache haben sich die Werte dieser Erfahrungen niedergeschlagen. Wohlsein als ein allgemeines Gut artikuliert sich in folgenden Metaphern:

Es ist besser gesund zu sein als krank; es ist besser reich als arm zu sein (und dies gilt zumeist selbst dann, wenn einzelne das Gegenteil von sich behaupten); stark sein ist besser als schwach; frei-sein ist besser als inhaftiert; umsorgt zu sein ist besser als vernachlässigt; glücklich-sein ist besser als traurig-sein; ohne Mangel ist besser als Mangel erleiden; sauber ist besser als verschmutzt; schön ist besser als hässlich; aufrecht stehen zu können ist besser als wackelig zu stehen; es ist besser, in einer fürsorglichen sozialen Gemeinschaft zu leben als in einer offen feindseligen Umgebung – um nur die wichtigsten und verallgemeinerbaren empirischen Grundlagen des Wohlseins zu nennen. (Vgl. Lakoff 2002, S. 41f)

Das Gegenteil des Wohlseins artikuliert sich nach Lakoff in den Adjektiven: »poverty, illness, sadness, weakness, imprisonment, and so on. Immoral action is action that causes harm or lack of well-being, that is, action that deprives someone of one or more of these — of health, wealth, happiness, strength, freedom, safety, beauty, and so on. [...] On the whole, young children are better off if they are obedient rather than disobedient to their parents, who, in the normal case, have their best interests at heart, know how to keep them from being harmed, and exercise legitimate authority.« (Ebd., S. 41)

Seit George Lakoff die politisch-moralische Bedeutung des Verständnisses von Metaphern erforscht hat, haben es akademische Ethiken bis auf wenige Ausnahmen (vgl. Anderson 2005, S. 263) vermieden, auf seine Erkenntnisse einzugehen. Das ist verständlich, denn sie entlarven ein unredliches Element in den Hauptströmungen der Ethik und Moralphilosophie.

Von Anfang an hat das abendländische Verständnis von Ethik und Moral das Bild einer buchhalterischen Vernunft zur Schau gestellt. Schon die Vertreibung aus dem Paradies, angeblich wegen des Mundraubs einer verbotenen Frucht, zeigt, dass Strafe als eine Art buchhalterisches Äquivalent zum moralischen Ungehorsam verstanden werden soll. Ziel der Strafe sei die Besserung des Menschen. Im Fall der erwähnten Ursünde kommt noch ein ungerechter Preis auf das Konto der falschen Ethik: Für das Verspeisen einer verbotenen Frucht die Vertreibung aus dem Paradies anzuordnen, steht in keinem »gerechten« Verhältnis zur Forderung nach der Adäquatheit zwischen Schuld und Sühne. Zweifellos straft in dieser Geschichte die göttliche Ordnung ein Vergehen, das sie noch nicht einmal als Verbot klar erkenntlich ausgewiesen hatte. Denn offenbar steht die Forderung nach Gehorsam gegenüber der Autorität an oberster Stelle und nicht das ausdrücklich gemachte Verbot, von einer bestimmten Frucht zu essen. Solcherlei Überbewertung des Gehorsams im Verhältnis von Strafe und Vergehen kennen wir heute nur aus amerikanischen Boot-Camps und aus der Ausbildung mafiöser Gesellschaften wie dem IS und anderen Terror-Milizen. Die drakonische Strafe der Vertreibung aus dem Paradies für den Biss in einen verbotenen Apfel entbehrt jedes »vernünftigen« Augenmaßes und setzt unkontrollierbare Willkür und Machtsprüche als oberstes Prinzip ein. Der hierbei zugrunde gelegte Ausgleich zwischen Vergehen und Vergeltung erscheint aus ökonomischer Sicht im höchsten Maße als ungerecht. Gleichwohl findet auch die alttestamentliche Moral innerhalb der buchhalterischen Rationalität statt – wenngleich auch in vollkommen inadäquatem Verhältnis von Vergehen und Vergeltung.

Volksmoralen und akademische Ethiken pflanzen diese Unredlichkeit zu nicht unwesentlichen Teilen fort. Sie geben vor, das Andere ökonomischer Interessen zu sein, während sie einer kleinbürgerlichen Buchhaltermoral folgen. Moralisten führen eine Schuldenkonto geradezu wie ein Buchhalter ein Bankkonto, in dem sie nach dem Muster ausgleichender Gerechtigkeit die Vergehen der Gegenpartei durch moralisierende Vergeltung ausgleichen wollen. Wer sich »unethisch« verhalten hat, hat eine moralische Schuld auf sich geladen. Lakoff ist zuzustimmen, wenn er befürchtet: »Rewards and punishments are moral acts; giving someone an appropriate reward or punishment balances the moral books.« (Lakoff 2002, S. 52) Wer moralische Forderungen stellt, erwartet Gehorsam; und das Verweigern des Gehorsams wird als eine moralische Schuld in der Buchhaltung vermerkt. Der Ausgleich dieser Schuld, der manchmal sogar korrekter mit »Rache« charakterisiert wäre, wird in der Metapher »Gerechtigkeit« als eine genuin ethische Forderung verschleiert.

Das Denken moralisierender Menschen gehorcht noch immer einem primitiven Äquivalenzprinzip: Moralisches Handeln erzeugt im Handelnden einen positiven Wert; unmoralisches Handeln einen negativen. Nur wer auf der Positivseite ein Guthaben hat, wird als moralisch wertvoll eingestuft. Es beruht auf einer natürlichen Basis, dass soziale Systeme diese Art von Kalkulation pflegen. »[...] moral bookkeeping is vital to social functioning«, führt Lakoff weiter aus. »And just as it is important that the financial books be balanced, so it is important that the moral books be balanced.« (Ebd., S. 46)

Das »Gute« dieses Verfahrens ist seine Nützlichkeit. Aber das Unredliche tragen Volksmoralen und professionelle Ethiker durch Abwehr in die Ethik hinein. So führt der St. Gallener Wortführer Peter Ulrich aus: »Die »normative Logik der ›Zwischenmenschlichkeit‹ [...] lässt sich nicht auf die normative Logik des Vorteilstausches reduzieren und damit lebenspraktisch vernünftiges Wirtschaften nicht auf reine ökonomische Rationalität, Ethik nicht auf Ökonomik, Gerechtigkeit nicht auf (Pareto-)Effizienz.« (Ulrich 2006, S. 178) Damit spricht er die Dogmen akademischer Ethiken in aller Knappheit aus. Diese moralischen Selbstverständlichkeiten dienen dazu, die zugrundeliegende ökonomische Zweckrationalität zu verschleiern und stattdessen eine von Zweckrationalität freie Handlungsmaxime zu postulieren.

Wie tiefliegend das Rechnen mit einem Schulden- und einem Guthabenkonto in unseren ethisch-moralischen Systemen offenbar doch verankert ist, haben professionelle Ethiker nicht zur Kenntnis genommen. Lakoff sieht die gesamte Interpretation der jüdisch-christlichen Tradition durch die Metapher eines moralischen Bankkontos strukturiert. Sie beruhe »on the ideas of reward and punishment, and on the two principles of positive action and debt-payment.« (Lakoff 2002, S. 53) Deutlich kommt diese Rationalität des Ausgleichs zur Geltung in der Wechselbeziehung zwischen Rechten und Pflichten. Wo in der politischen Ethik auf der einen Seite ein Recht formuliert ist, herrscht auf der anderen Seite die

Pflicht, die Bedingungen für seine Erfüllung bereitzustellen. Wenn wir auf der einen Seite ein Recht auf Bildung ausweisen, erzeugen wir bei anderen die Pflicht, diese zu erfüllen. Lakoff definiert: »A duty is a metaphorical debt, something that is due to someone else, something that you have to pay. […] You cannot have a right to breathe clean air unless others have a duty to refrain from polluting it or to guarantee that there is clean air to breathe.« (Ebd., S. 58)

Die Rationalität moralischer Schuld und Sühne zeigt eine eindeutige Herkunft aus der Ökonomie, wo es ruinöse Folgen hätte, wenn leichtfertig erklärt werden könnte, dass Schulden nicht zurück gezahlt werden müssten. Selbst die mit dem Terminus »Schuldenschnitt« modern gewordene Ausnahmeregelung dient dem ökonomischen Prinzip. Denn zuweilen sieht es so aus, als könnten Schuldner nur dann künftig an einem weiterhin funktionierenden Wirtschaftssystem teilnehmen, wenn ihnen Schulden teilweise oder ganz erlassen werden. Freilich galt dies nur in den Jubeljahren, und die Israeliten, ergänzt Tomáš Sedláček, »die aufgrund ihrer Verschuldung in Sklaverei geraten waren, sollten freigelassen werden.« (Sedláček 2012, S. 69)

Es bedarf nicht der Annahme eines lohnenden und strafenden personalen Gottes in der Metaphorik der moralischen Buchhaltung, bei der die aus Transaktionen mit ökonomischer Rationalität stammende »Moralität« maßgeblich ist für das gesamte Moralempfinden. Wir erkennen diese Dominanz kalkulatorischer Moral an den zahlreichen Vorstellungen davon, dass Übeltaten ihre »verdienten« Strafen nach sich ziehen. Je mehr Übles man tut, umso mehr Übles muss man erleiden. Als sich 2008 in China ein schweres Erdbeben ereignete, wurde ein Kommentar der Schauspielerin Sharon Stone bekannt, nach der ein mieses Karma am Erdbeben Schuld gewesen sei. »Ich habe mir Gedanken darüber gemacht,« sagte Stone damals beim Filmfestival von Cannes vor Journalisten, »wie wir mit den Olympischen Spielen umgehen sollen, denn die sind nicht nett zum Dalai Lama, der ein guter Freund von mir ist. Und dann war dieses Erdbeben und alles andere, und da dachte ich: Ist das Karma? Wenn man nicht nett ist, passiert einem schlimme Dinge.« (stb/dpa 2008) Es wäre falsch, es dem einfachen Gemüt einer blonden Schauspielerin zuschreiben zu wollen, dass derlei buchhalterische Kalkulationen von Schuld und Sühne vorgenommen werden. Es gehört nämlich zu den Hauptströmungen unter den Volksmoralen, aus Lehren von einem »Karma« auf eine Art universales moralisches Bankkonto zu schließen. Buddhistische Theorien beruhen auf der Annahme, dass die Bilanz von Gut und Böse durch eigenes Handeln beeinflusst werde. Manche glauben, dass ihre guten Taten auf einem Konto verbucht werden, das dann bei der Wiedergeburt in einem anderen Leben (einem Tier oder einer Pflanze) als moralisches Guthaben angerechnet werde. »The more good things you do for people, the more good things will happen to you.« (Lakoff 2002, S. 51) Es ist nicht leicht, Menschen von dieser Kalkulation abzubringen. Der

Wirtschaftswissenschaftler Karl-Heinz Brodbeck, der sich eingehend mit den Zusammenhängen zwischen Buddhismus und Wirtschaftsethik befasst hat, sieht in der populären These aus Tsong Khapas Buch *Ocean of Reasoning:* »Karma ist unzerstörbar, wie ein unauflöslicher Schuldschein«, eine ungerechtfertigte Metapher, wenngleich er selbst eine Art negativer Buchhaltung verwendet, wenn er schreibt: »Da der Geist völlig rein ist, kann er auch nicht zum Träger von Verunreinigungen werden. Man spricht von der spiegelgleichen Natur des Geistes. Wenn ein Spiegel vor einem Müllberg steht, so wird der Spiegel nicht befleckt; er spiegelt nur den Müll. Kein Müll, keine Spiegelung. Ist eine Verkörperung beendet, so spiegelt der reine Geist auch nicht mehr das, was gestorben ist. Wie soll also Karma als Potenzial ›transportiert‹ werden?« (Brodbeck 2012, S. 53) Hier wird die »unreine« Welt durch ein reines Spiegelbild verdoppelt, und jedem Ding ein Simulacrum im Spiegel, eine identische Spiegelung gegenüber gestellt. Nur dem Anschein nach fällt aber auch diese Metapher aus dem Bild der kalkulatorischen Buchhaltung heraus, denn es wäre auch für Brodbeck ein Unding, wenn im »reinen« Spiegel etwas fehlte, was aus der empirischen Welt bekannt ist. Die Bilanz muss auch hier stimmen. In der Sache unterscheidet sich die Spiegelmetapher daher nicht von der Geldmetapher. Geld wiederholt auf dieselbe Weise die Dinge der Welt noch einmal, bildet sie ab als Preis und verspricht den Besitz aller Dinge, wenn man nur ihr Simulacrum – das Geld – besitze. »Geld macht die Welt lesbar. Denn Geld regiert und strukturiert die Welt es orientiert sich auf das Knappe, Gute und Teure hin. Und Geld macht die Welt überdies aufrichtig, kalt und indifferent lesbar. Geld macht nämlich keinen Hehl daraus, daß es die Lesbarkeit der Welt unter einem und nur einem Focus organisiert, herstellt, einrichtet und so insgesamt simuliert.« (Hörisch 1996, S. 67) Das Wort »Geld« ließe sich in diesem Zitat problemlos durch das Wort »Karma« ersetzen. Noch deutlicher spricht Hörisch den Charakter der Verdoppelung der unreinen Dinge der Welt durch die Metapher der absoluten Reinheit in einer späteren Arbeit aus: »Geld [wird] als das Medium der Zweitcodierung von Welt selbst primär [...]. Geld macht einen glänzenden, wenn auch inflationär abgenutzten Reim auf ›Welt‹; Geld ist die Gestalt der vollendet zweitcodierten Welt; schlechthin nichts hienieden ließe sich nicht auch in Geld ausdrückend kurzum: Geld ist das genuine Medium einer universalen Simulation.« (Hörisch 2004, S. 117) Es ist kaum Hoffnung, dass wir die Metapher der Buchhaltung aus unseren religiösen, ethischen und moralischen Wertungen verbannen können. Zu stark sind offenbar die Metaphern der Gerechtigkeit an die Erfahrungen mit dem Austausch von Gütern gebunden.

Unsere durch die Metaphorik buchhalterischer Kalkulation strukturierte Rationalität zieht eine perfide Konsequenz nach sich. Rechte – als das »Reine«, das Wünschenswerte – ziehen stets Plichten – Plackerei, Verzicht und Bringschuld – nach sich. Da sich für die Pflicht zur Bereitstellung der durch unsere Rechte erforderlichen Leistungen fast immer der Staat verantwortlich macht, entsteht eine stets wachsende Handlungserfordernis des Staates, die selbstverständlich mit wachsenden Kosten verbunden ist. Die Verwalter des Staates nehmen sie gerne auf sich. So ist es ihnen leicht gemacht, der Bevölkerung die wachsende Steuerlast aufzubürden. Denn die zunehmende Bereitstellung von Rechten zieht stets die mit steigender Steuerlast verbundene größere Fürsorgepflicht des Staates nach sich.

Musterhaft für dieses Denken ist die Empörung Sahra Wagenknechts über »wahnwitzige Kürzungsprogramme«, die etwa Griechenland aufgezwungen werden. »Es gibt einen einfachen Weg, öffentliche Defizite zu finanzieren, ohne die Demokratie erneut den Diktaten der Banker auszuliefern«, meint sie. »Man muss der Europäischen Zentralbank nur gestatten, das zu tun, wofür Zentralbanken einst gegründet wurden – den Staaten Kredit zu geben. […] Wenn Europa als Einheit überleben soll, darf es nicht dem Markt überlassen, sondern muss politisch gestaltet werden. […] Das Haushaltsrecht gehört zu den elementaren Rechten eines nationalen Parlaments.« (Ebd.) Staatliche Banken, die nur dazu da sind, Staaten Kredite zu verschaffen, sind keineswegs redlicher einzustufen als Banken, die seit eh und je ihre Aufgabe darin sehen, Unternehmen Kredite zu verschaffen, die damit Innovation und Investition betreiben. Aber Wagenknechts Logik, die sie als eine ethisch-moralische Pflicht deklariert, fügt sich in Lakoffs These nahtlos ein. Weil sie zudem bei der Finanzierung unbegrenzter Handlungsmacht des Staates der immer stärker werdenden Unterschicht verspricht, dass nur die Mittel- und Oberschicht mit Steuern in die Pflicht genommen werden sollen, findet die Politik der extremen Linken in Deutschland beachtliche Zustimmung. Sie bedient sich ethisch-moralischer Metaphern, die ihre ökonomischen Interessen verschleiern. »Lower taxes may mean fewer rights«, folgert Lakoff korrekt und erinnert an ein sehr einfaches ökonomisches Prinzip: »If you want rights, somebody's got to pay for them or provide them. Rights and duties don't come into existence out of nothing. They require social, cultural, and political institutions and require at least metaphorical economics and often literal economics.« (Lakoff 2002, S. 58)

Wenngleich hier nichts ausgesagt werden soll über die Qualität linker oder rechter Politik in Deutschland, so ist die unredliche Argumentation im Klima moralisierenden Denkens insofern offensichtlich, als dort ökonomische Kategorien als unethisch zurückgewiesen werden, um sich in verdunkelnder Weise ihrer selbst zu bedienen. Wagenknechts erklärter Ausbruch aus ökonomischer Rationalität ist nicht anders als derjenige Ulrichs mit großer Skepsis zu betrachten.

Wirtschaftsethik als Warnung vor der Moral

In einer späten Überlegung findet sich bei Niklas Luhmann eine außergewöhnliche Kritik an akademischen Reden über Ethik und Moral: Akademische Ethik habe »nie richtig begriffen, daß es zu ihrer Aufgabe gehören könnte, vor Moral zu warnen. Eher hat sie sich als eine Art Waschanlage der Moral verstanden, seit Kant auch als ›reine‹ Theorie, die nur die guten Gründe des moralischen Verhaltens sucht und zur Geltung bringt. Sie ist als Prinzipienmoral akademische Tradition geworden, und ihre Selbstkritik hat sich auf die Diskussion ihrer Prinzipien beschränkt.« (Luhmann 2008, S. 372) Luhmann geht »ohne weitere Erläuterung davon aus, daß die akademische Ethik gescheitert ist.« Denn indem Ethik die Moral zu beurteilen vorgebe, vollziehe sie zugleich eine moralische Selbstbewertung und eröffne damit eine Art »Gödelproblem der Moral«. (Ebd., S. 176 f und 190) Vor allem die Kommunikation über Ethik, die sich gegenüber der Ethik selbst geradezu epidemisch ausgebreitet habe, habe die Entstehung einer moralfreien Ethik verhindert. »Die Vernunft wird ihrerseits wie ein Gerichtshof behandelt oder wie eine Einsichtsquelle, die unter der Bedingung von zwangloser Kommunikation genau das ermöglicht, was sie voraussetzt, nämlich Verständigung ohne Zwang.« (Ebd. S. 246)

Der achtungsgebietende Begriff Ethik habe dann die Funktion, »Distanz zu legitimieren und zugleich den Anschein zu pflegen, als ob es nicht um Interessen ginge. So verstanden gehört Ethik mit zur höheren Amoralität einer demokratischen politischen Kultur.« (Ebd., S. 195)

Die hier geforderte Rolle einer Ethik als Warnung vor der Moral bedeutet die Auslagerung der Zuständigkeit für Kritik der Ethik aus der akademischen Ethik selbst. Wenn Luhmann feststellt, dass akademische Ethik gescheitert ist, dann deshalb, weil sie Kritik nicht zugelassen hat. Ein System, dass sich gegen Kritik abschottet, hat dadurch seine Vertrauenswürdigkeit verspielt. Luhmanns Wahrnehmung wirft diesem verspielten Vertrauen noch eine weitere schwerwiegende Unredlichkeit vor. Sie liegt in dem Aufbau des Anscheins von Kritisierbarkeit, der dadurch geschieht, dass es dieselben Personen sind, die aus dem System der akademischen Ethik heraus das System kritisieren, an dessen Aufbau sie selbst beteiligt sind. Systeme, in denen die Kritiker tragender Bestandteil des Systems sind, führen zu unkontrollierter Machtausübung. Im gegenwärtig herrschenden akademischen Betrieb gehören professionelle Ethiker kaum anders als Philosophieprofessoren zu den Institutionen, die die am meisten unkontrollierte Macht ausüben – dies allein dadurch, dass dieselben Personen, die das System tragen, die einzigen sind, die die Qualität des Systems bewerten. Jede andere Kritik ist auf subtile Weise ausgeschaltet.

Eine Spur dieses Vorgehens war vor ein paar Jahren nur für kurze Zeit im

Feuilleton der Frankfurter Allgemeinen Zeitung sichtbar, als Christian Geyer Volker Gerhards Darstellung des philosophischen Zitierkartells abwehrte und die »Strategien des Beschweigens oder Besprechens« einmal lakonisch zur Sprache brachte. »Zitierst du mich, zitiere ich dich – so lässt sich knapp beschreiben, was man unter dem Zitierkartell des wissenschaftlichen Publizierens versteht. Souverän ist, wer über die Fußnote entscheidet.« (Geyer 2011) Eine Kritik dieses Systems konnte sich auch Geyer nicht leisten.

Während Frans de Waal im Konzert mit anderen Biologen mit einigem Recht die Forderung äußert, die Ethik vorübergehend dem Zugriff der Philosophen zu entziehen (de Waal 2008, S. 34), scheint diese Option stärkeres Gewicht zu erhalten, wenn wir bedenken, dass der ärgste Feind der Ethik zugleich ihr bester Kritiker sein könnte: nämlich die Ökonomie. Unter dem Schutz des Terminus Wirtschaftsethik hat sich bereits der Ort des Anderen der akademischen Ethik herausgebildet. Die Emanzipation von der alten Alma Mater steht allerdings noch aus. Mit dem Anspruch einer Wirtschaftsethik als Warnung vor der Moral gewönne sie allerdings eine fundamentale Rolle der Kritik ethisch-moralischer Selbstermächtigung. Was hierzu nötig wäre, ist kaum mehr als selbstbewusste Artikulation ethisch-moralischer Implikationen des ökonomischen Prozesses selbst und des Mutes, der Selbstverständlichkeit moralischer Tabus vom Standpunkt der Nützlichkeit aus teilweise zu widersprechen.

Kritische Wirtschaftsethik

Ökonomische Rationalität als Basis für Kritik unserer Moralen müsste sich nicht einmal neu erfinden. Was uns heute unter dem Namen »Hippokrates« an Schriften bekannt ist – das *corpum hippocraticum* –, ist ein Konvolut von verschiedenen Autoren der ausklingenden Antike Griechenlands. Hippokrates als ein Zeitgenosse Platons, scheint jedoch eine dem platonischen Ideal des reinen Guten widersprechende Ethik aus der Praxis des Heilkünstlers entwickelt zu haben. Zumindest offenbaren die als *Hippokratischer Eid* überlieferten Klugheitsregeln, dass es nicht darauf ankommt, im reinen Raum denkbarer Zwischenwelten eine absolute Idee des Guten annehmen zu müssen, die – wie Platon meinte – von höchster göttlicher Unbeflecktheit sein müsse. Vielmehr zeigen diese Regeln, dass Ethik zweierlei Anforderungen ausgesetzt ist. Zum einen geht jeder Regel eine Lust oder Neigung voraus, der nachzugeben stets einen Schaden für den Handlungserfolg, die allgemeine Volksmoral und das Image des Arztes bedeutete. Zum anderen müssen diese spezifisch für den Berufszweig geltenden Gefahren als Verbote oder Gebote ausgewiesen werden, und zwar mit der Kraft, Geltung besitzen zu können. Hier sind einige Beispiele aus dem berühmten Eid:

»Ich schwöre bei Apollon dem Arzte und Asklepios und Hygieia und Panakeia und allen Göttern und Göttinnen, indem ich sie zu Zeugen rufe, dass ich nach meinem Vermögen und Urteil diesen Eid und diese Vereinbarungen erfüllen werde: Den, der mich diese Kunst gelehrt hat, gleichzuachten meinen Eltern und ihm an dem Lebensunterhalt Gemeinschaft zu geben und ihn Anteil nehmen zu lassen an dem Lebensnotwendigen, wenn er dessen bedarf, und das Geschlecht, das von ihm stammt, meinen männlichen Geschwistern gleichzustellen und sie diese Kunst zu lehren, wenn es ihr Wunsch ist, sie zu erlernen, ohne Entgelt und Vereinbarung und an Rat und Vortrag und jeder sonstigen Belehrung teilnehmen zu lassen meine und meines Lehrers Söhne sowie diejenigen Schüler, die durch Vereinbarung gebunden und vereidigt sind nach ärztlichem Brauch, jedoch keinen anderen.

Die Verordnungen werde ich treffen zum Nutzen der Kranken nach meinem Vermögen und Urteil, mich davon fernhalten, Verordnungen zu treffen zu verderblichem Schaden und Unrecht. Ich werde niemandem, auch auf eine Bitte nicht, ein tödlich wirkendes Gift geben und auch keinen Rat dazu erteilen; gleicherweise werde ich keiner Frau ein fruchtabtreibendes Zäpfchen geben: Heilig und fromm werde ich mein Leben bewahren und meine Kunst.

Ich werde niemals Kranke schneiden, die an Blasenstein leiden, sondern dies den Männern überlassen, die dies Gewerbe versehen.

In welches Haus immer ich eintrete, eintreten werde ich zum Nutzen des Kranken, frei von jedem willkürlichen Unrecht und jeder Schädigung und den Werken der Lust an den Leibern von Frauen und Männern, Freien und Sklaven.

Was immer ich sehe und höre, bei der Behandlung oder ausserhalb der Behandlung, im Leben der Menschen, so werde ich von dem, was niemals nach draussen ausgeplaudert werden soll, schweigen, indem ich alles Derartige als solches betrachte, das nicht ausgesprochen werden darf.

Wenn ich nun diesen Eid erfülle und nicht breche, so möge mir im Leben und in der Kunst Erfolg beschieden sein, dazu Ruhm unter allen Menschen für alle Zeit; wenn ich ihn übertrete und meineidig werde, dessen Gegenteil.« (Deichgräber 1983, S. 13 ff)

Diese Auszüge aus dem *corpus hippocraticum* könnten uns eine Leitlinie sein bei der Formulierung wirtschaftsethischer Grundlagen. Sie bilden eine Gegenposition zu den platonisierenden Ethiken, die vor jeder Praxis und Erfahrung einen abstrakten Begriff des Guten formulieren wollen, dem sich empirische Erfahrung unterzuordnen habe.

Dagegen polemisierte auch ein anderer Autor einer wohl um 350 vor unserer Zeit verfassten Schrift *Über die alte Heilkunst,* die ebenfalls aus dem *Corpus Hippocraricum* stammt: »Es behaupten aber einige, und zwar sowohl Ärzte als auch Wissenschaftler, daß der, der nicht weiß, was der Mensch ist, unmöglich die ärztliche Kunst verstehen könne, sondern eben dieses müsse der, der die Menschen richtig behandeln will, genau studieren. Mit dem, was sie da sagen, wollen sie auf Philosophie hinaus, in dem Sinne, wie *Empedokles* und andere über Natur geschrieben haben, nämlich was der Mensch von Ursprung her ist und wie er zuerst entstand und aus welchen Elementen er sich zusammenfügte. Ich aber glaube, das, was so ein Wissenschaftler oder Arzt über Natur gesagt oder geschrieben hat, gehört weniger zur ärztlichen Kunst als zur Schreibkunst, und ich meine, daß man von der Natur aus keiner anderen Quelle etwas Genaueres wissen kann als aus der ärztlichen Kunst.« (zit. nach Rothschuh 1978, S. 162)

Literatur

Anderson, Svend (2005). *Einführung in die Ethik*. Berlin: de Gruyter.

Bauer, Joachim (2005). *Warum ich fühle, was du fühlst. Intuitive Kommunikation und das Geheimnis der Spiegelneuronen*, Hamburg: Hoffmann und Campe.

Berlin, Isaiah (1958). *Two Concepts of Liberty*. In: Isaiah Berlin (1969) Four Essays on Liberty. Oxford: Oxford University Press.

Brodbeck, Karl-Heinz (2012). *Was ist Karma?* In: Ursache & Wirkung 80, S. 50–53.

Damasio, Antonio (2011). *Selbst ist der Mensch. Körper, Geist und die Entstehung des menschlichen Bewusstseins*. Aus dem amerikanischen Englisch von Sebastian Vogel. München: Siedler.

de Waal, Frans (2008). *Primaten und Philosophen. Wie die Evolution die Moral hervorbrachte*, Hamburg: Hanser.

Deichgräber, Karl (1983). *Der hippokratische Eid. Text griechisch und deutsch. Interpretation. Nachleben*, Stuttgart: Hippokrates Verlag.

Fromm, Erich (1990). *Die Furcht vor der Freiheit*, aus dem Englischen von Lieselotte und Ernst Mickel, München: Deutscher Taschenbuch Verlag.

Geyer, Christian (2011). *Zitierstrategie – Die 67 Besten. Volker Gerhardt ist der fein ausbalancierten Zitierstrategien überdrüssig*, in: Frankfurter Allgemeine Zeitung 05.08.2011, S. 31.

Goethe, Wolfgang von (1976). Briefe, Brief an Zelter vom 9.6,1831, Hamburger Ausgabe Bd. 4, München: C.H. Beck.

Goethes Werke (1989). Hamburger Ausgabe, Band 1, München: C.H. Beck.

Graf, Friedrich Wilhelm (2014). *Mord als Gottesdienst*, Frankfurter Allgemeine Zeitung. 07.08.2014, S. 9.

Grün, Klaus-Jürgen (2011). *Angst, die sich verschweigt. Über die falsche Konditionierung unseres moralischen Bewusstseins*. In: Philipp Aerni und Klaus-Jürgen Grün, *Moral und Angst – Erkenntnisse aus Moralpsychologie und politischer Theologie*, Göttingen: Vandenhoeck & Ruprecht, S. 57–78.

Grün, Klaus-Jürgen (2013). *From Ethical Hostility Toward Cooperative Ethics, in:* *Handbook of Moral Motivation. Theories, Models, Applications,* hrsg. von Karin Heinrichs, Fritz Oser, Terence Lovat, Rotterdam: Sense Publishers, S. 425–444.

Haidt, Jonathan (2003). *Elevation and the positive psychology of morality.* in: C. L. M. Keycs.

Haidt, Jonathan (2006). *The Happiness Hypothesis: Finding Modern Truth in Ancient Wisdom.* New York: Basic Books.

Harms, Ingeborg (2010). *Philosophin des Individualismus: Ayn Rand.* Frankfurter Allgemeine Zeitung 05. 08. 2010 (http://www.faz.net/aktuell/wirtschaft/wirtschaftswissen/philosophin-des-individualismus-ayn-rand-sie-sah-den-uebermenschen-als-unternehmer-11026261.html. Zugegriffen: 2. 4. 2015).

Höffe, Otfried (2007). *Immanuel Kant,* München: C. H. Beck.

Hörisch, Jochen (1996). *Kopf oder Zahl. Die Poesie des Geldes,* Frankfurt am Main: Suhrkamp.

Hörisch, Jochen (2004). *Gott, Geld und Medien. Studien zu den Medien, die die Welt im Innersten zusammenhalten.* Frankfurt am Main: Suhrkamp.

Hume, David, *A Treatise of Human Nature (1739–40).* (http://www.davidhume.org/texts/thn.html. Zugegriffen: 2. 4. 2015).

Hume, David, *Die Naturgeschichte der Religion,* Hamburg 2000: Meiner.

J. Haidt (Hrsg), *Flourishing: Positive Psychology und the Life Well-Lived,* Washington DC.

Kapalschinski, Christoph (2011). *Tue Gutes und verdiene daran.* Handelsblatt, 2. 4. 2011, S. 28.

Keil, Geert (2007). *Willensfreiheit,* Berlin – New York: Walter de Gruyter.

Lakoff, George (2002). *Moral Politics. How Liberals and Conservatives Think.* Chicago and London: University of Chicago Press.

Lakoff, George, Mark Johnson (2014). *Leben in Metaphern. Konstruktion und Gebrauch von Sprachbildern,* aus dem Amerikanischen übersetzt von Astrid Hildenbrand, Heidelberg: Carl-Auer Verlag.

Lakoff, George, Mark Johnson (1999). *Philosophy in the flesh. The embodied mind and its challenge to western thought,* New York: Basic Biooks.

Luhmann, Niklas (2008). *Die Moral der Gesellschaft.* Frankfurt am Main: Suhrkamp.

Meinung, Frankfurter Allgemeine Sonntagszeitung, 11. Januar 2015, S. 8.

Neiman, Susan (2004). *Das Böse denken. Eine andere Geschichte der Philosophie,* übersetzt von Christiana Goldmann. Frankfurt am Main: Suhrkamp.

Nietzsche, Friedrich, (1999), *Nachlass 1887–1889,* in: Kritische Studienausgabe hrsg. von Giorgio Colli und Mazzino Montinari, Band 13, Berlin: de Gruyter.

Papst Franziskus (2015). (https://mobile.twitter.com/pontifex_de. Zugegriffen: 19. 1. 2015)

Rand, Ayn (1961). *For the New Intellectual: The Philosophy of Ayn Rand*, New York: Penguin Random House.

Ratzinger, Joseph (2005). *Europa in der Krise der Kulturen*, in: Joseph Ratzinger, Marcello Pera, *Ohne Wurzeln. Der Relativismus und die Krise der europäischen Kultur*, Augsburg: Sankt Ulrich.

Roth, Gerhard (2003). *Aus Sicht des Gehirns*. Frankfurt am Main: Suhrkamp.

Rothschuh, Karl Ed. (1978). *Konzepte der Medizin in Vergangenheit und Gegenwart*. Stuttgart: Hippokrates Verlag.

Schopenhauer, Arthur (1977). *Die Welt als Wille und Vorstellung II*, Zürich: Diogenes.

Scobel, Gert (2012). *Warum wir philosophieren müssen: Die Erfahrung des Denkens*, Verlag, Frankfurt am Main: S. Fischer.

Sedláček, Tomáš (2012). *Die Ökonomie von Gut und Böse*. Aus dem Amerikanischen von Ingrid Proß-Gill Hanser Verlag München.

Spitzer, Manfred (2007). *Vom Sinn des Lebens – Wege statt Werke*. Stuttgart: Schattauer.

stb/dpa (2008). *China-Schelte – Sharon Stone entschuldigt sich*, in: Tagesspiegel 29.05.2008. (www.tagesspiegel.de/weltspiegel/china-schelte-sharon-stone-entschuldigt-sich/1245160.html. Zugegriffen: 1.4.2015)

Timm, Hermann, *Gott und die Freiheit: Studien zur Religionsphilosophie der Goethezeit*, Band 1, Frankfurt am Main 1974: Vittorio Klostermann.

Ulrich, Peter (2006). *Politische Ökonomie, wirtschaftsethisch rekonfiguriert: funktionale Systemökonomie im Kontext praktischer Sozialökonomie*, in: Zeitschrift für Wirtschafts- und Unternehmensethik, 2/7, S. 164–182.

Vogel, Matthias (2004). *Gehirne im Kontext. Anmerkungen zur philosophierenden Hirnforschung* in: Deutsche Zeitschrift für Philosophie 6, S. 985–1005.

Wagenknecht, Sahra (2012). *Vom Tod europäischer Werte*, in: Frankfurter Allgemeine Zeitung 30.04.2012. (http://www.faz.net/aktuell/feuilleton/gastbeitrag-vom-tod-europaeischer-werte-11732949-p1.html?printPagedArticle=true#pageIndex_2. Zugegriffen: 21.3.2015).

Wiener Zeitung, 22.10.2014 (www.wienerzeitung.at/nachrichten/kultur/film/678763_So-lacht-der-Teufel.html. Zugegriffen: 2.4.2015).

Wittgenstein, Ludwig (1929). *A Lecture on Ethics*. (http://sackett.net/WittgensteinEthics.pdf. Zugegriffen: 1.4.2015).

Zweig, Jason (2007). *Gier – Neuroökonomie: Wie wir ticken, wenn es ums Geld geht*. Aus dem Amerikanischen von Karsten Petersen, München: Hanser.

Metaethische Grundannahmen eines philosophischen Naturalismus

Johannes Schwarze

Die Begriffe »Naturalisierte Ethik« und »Metaethik« haben weitestgehend dieselbe Bedeutungsextension. Von einem szientistischen Naturalismusverständnis, welches an den Erklärungsmethoden der Naturwissenschaften orientiert ist, unterscheidet sich der philosophische Naturalismus grundlegend dadurch, dass er von einem kausalen Erklärungsmodell absieht, das Ereignisketten einzig auf die Vorkommnisse mikrophysikalischer Eigenschaften an Punkten der Raum-Zeit zurückführt, und stattdessen die voraussetzungsvolle These aufstellt, dass es mit Hinblick auf die menschliche Sozialität bestimmte Entitäten gibt, welche dem Kausalnexus physikalischer Eigenschaften entrückt sind, sie sich vielmehr nach dem Erklärungsmodell der Emergenz verstehen lassen. Der Wissenschaftstheoretiker Jaegwon Kim hat darauf hingewiesen, dass es der Aspekt der Normativität ist, welcher sich nicht in physikalischen Begriffen fassen lässt (Kim 1988). Die deskriptiven Aussagen der Naturwissenschaft könnten demnach immer nur beschreiben, was der Fall »ist«, nicht aber was sein »sollte«.

Wie weitreichend diese Unterscheidung ist, lässt sich jedoch erst erkennen, wenn man bedenkt, dass die gesamte Sphäre des gesellschaftlichen Zusammenlebens durch eben jenes Phänomen der Normativität bestimmt zu sein scheint. In allen Aspekten des gesellschaftlichen Lebens treffen wir auf solche »soll«-Erwartungen, deren Erfüllung oder Enttäuschung eine ethische Implikation hat.

Ich möchte im Folgenden die sozialontologische These vertreten, dass das »soziale Wesen Mensch« in eine vorgefundene Welt von Struktureigenschaften gelegt ist, welche sich als das Produkt seiner Interaktionsleistungen objektiviert hat und für das menschliche Denken und Handeln unhintergehbar bestimmend ist. Damit soll nicht behauptet werden, dass diese Sphäre sozialer Entitäten auf etwas anderes als physikalische Eigenschaften zu reduzieren ist, sondern lediglich, dass die im Begriff »Normativität« implizierte reflexive Verschränkung von »Soll«-Erwartungshaltungen eine eigendynamische Sphäre generiert, deren Wirkungsge-

setzlichkeit sich nicht mit den Erklärungsmethoden der Naturwissenschaften beschreiben lässt. Das heißt, dass solche Entitäten zwar auf den Bestandteilen der
physikalischen Natur supervenieren, jedoch im Unterschied zur natürlichen Evolution auf einer evolutionär anderen Ebene operieren (vgl. Preyer 2012).
Der Philosoph G. W. F. Hegel hat diesen Befund – der auf dem menschlichen
Reflexionspotential begründeten Eigengesetzlichkeit sozialer Entitäten – als die
»zweite Natur« des Menschen bezeichnet. Ich werde weiter unten im Text einige
zentrale Elemente dieses Gedankens behandeln, um seine Brauchbarkeit für die
metaethische Diskussion hervorzuheben.

Es gibt in der modernen Philosophie zwei Varianten metaethischer Forschung,
die sich je unterschiedlicher Begründungsverfahren bedienen. Die eine vertritt
eine eher analytische, am Paradigma der Sprachphilosophie orientierte, die andere eine auf die reflexionslogische Philosophie Hegels zurückgreifende Heran-
gehensweise. Ich möchte in diesem Text die zweite dieser Varianten wählen, weil
die logische Terminologie Hegels meines Erachtens die probatere Methode darstellt, das Phänomen der Normativität in seiner vollen Bedeutungsdimension erfassen zu können. Darüber hinaus lässt sich anhand der praktischen Philosophie
Hegels ein psychologisch-motivationslogisches Argument entwickeln, welches
dem Sprachparadigma nicht zugänglich ist (siehe unten).

Ich werde zunächst in aller Einfachheit den Begriff der sozialen Norm skizzieren, um auch dem außenstehenden Leser eine Einleitung in das Verständnis dieses höchst komplexen Sachverhalts zu ermöglichen. Darauf aufbauend möchte
ich mittels eines Rekurses auf die Philosophie G. W. F. Hegels die reflexionslogi-
schen Vermittlungsfiguren darstellen, die für die metaethische Forschung als relevant zu erachten sind.

Einleitung in den Begriff sozialer Normativität

Unter einer *Norm* versteht man im Alltagsverständnis eine Vielzahl von Regle-
mentierungen. Verkehrsnormen, wie beispielsweise das Stoppen und Fahren bei
roter und grüner Ampel, sind ein Paradebeispiel. Man denke nicht zuletzt auch
an das DIN, das Deutsche Institut für Normung, welches einen riesigen Kata-
log von Regeln und Vorschriften führt, der Hersteller, Handel, Industrie, Wissenschaft und Behörden an eine bestimmte normierte Umgangsform bindet. Bestün-
den diese einheitlichen Standards nicht, wäre die gesamte Gesellschaft in ihrer
Funktionalität beeinträchtigt, der Brief würde nicht mehr in das Couvert passen
und der Stecker nicht mehr in die Steckdose, et cetera. Hieran lässt sich erkennen,
dass diese Normen offenbar ganz wesentlich der Komplexitätsreduzierung dienen.
Der alltägliche reibungslose Ablauf von Situationen wird damit im Voraus gere-

gelt, er wird automatisiert. Dies erst stellt die Funktionalität einer Gesellschaft her. Müssten wir uns jedes Mal mit anderen Verkehrsteilnehmern verbal oder gestisch Absprechen, wie abzubiegen ist, wäre dies eine ganz erhebliche Störung des funktionalen Verkehrsablaufs.

Die *metaethische Betrachtung von Normen* geht aber wohlgemerkt über das eben Gesagte hinaus. Jedes Denken und Handeln sozial integrierter Subjekte ist demnach durch Normen bestimmt, und zwar durch solche Normen, die nicht *explizit* sind, wie im vorigen Beispiel der Verkehrsnormen, sondern vielmehr das Verhalten bereits auf der kognitiven Ebene an bestimmte Erwartungshaltungen binden, welche auf eine nicht-ausdrückliche, geradezu latente Weise alle Formen der menschlichen Interaktion bestimmen. Solche Normen sind *praxisimplizit*.

Als anschauliches Beispiel möchte ich eine alltägliche Situation im öffentlichen Nahverkehr anführen, um die Ubiquität dieser latenten Normgebundenheit zu verdeutlichen. Jeder kennt die Höflichkeitsregel »Ladys first«, also die Situation, wenn zwei Passagiere unterschiedlichen Geschlechts gleichzeitig die räumlich begrenzten Möglichkeiten der Transportsysteme nutzen müssen. In der simultanen Koordination der Handlungsabläufe der beiden Passagiere kommt nun automatisch die Norm zum Tragen, der weiblichen Person einen weitgehenden Vortritt zu gewähren. Die Geltung einer solchen Norm ist unabhängig von der eventuellen Verinnerlichung von Höflichkeits-Instruktionen während der Erziehung, noch müssen sich Adressat und Benefiziar einer solchen Norm jedes Mal von neuem vergegenwärtigen, dass diese Regel gilt, wenn sie sich in einer solchen Situation befinden.

Man erkennt, dass die Normgebundenheit sozialen Verhalten auch in diesem Fall ganz wesentlich der *Komplexitätsreduzierung* dient. Müssten sich die beiden Passagiere jedes Mal verbal oder gestisch verständigen, wie diese alltägliche Verkehrssituation zu koordinieren ist, wäre dies mit einem ganz erheblichen Störungspotential verbunden.

Dieses Beispiel ist bewusst gewählt, um die Analogie zur zuvor erwähnten »Verkehrsnorm« herzustellen. Oftmals ist es nämlich gerade diese Ambiguität im Wortgebrauch, welche die Erkenntnis der mehrstufigen Bedeutungsdimension des Begriffs »Norm« verstellt. Die soziale Norm in der metaethischen Perspektive stellt also auch eine Art Verhaltensregel dar, jedoch nicht in Form einer ausdrücklichen, expliziten Deklaration von ge- bzw. verbotener Handlung, sondern sie ist von vorne herein in den Handlungsablauf integriert, sie ist praxisimplizit.

An dieser Stelle hätte man jedwede weitere soziale Interaktion zur Erklärung heranziehen können. Überall treffen wir auf Situationen, in welchen das Handeln nicht willkürlich geschieht, sondern bereits durch einen vorgegebenen Bedeutungshorizont dessen bestimmt ist, was als angemessenes Verhalten gilt.

Der Alltäglichkeit und Allgegenwärtigkeit dieser sozial-relevanten Situationen ist es zugleich auch geschuldet, dass sich die Bewusstseinssysteme der Menschen im Laufe der Zeit darauf eingestellt haben, den wesentlichsten Teil ihrer Interaktionen über den Automatismus solcher Handlungsregelmäßigkeiten ablaufen zu lassen.

Geht man auf die Grundbedingungen menschlichen Daseins in der Welt zurück, so findet man als Ausgangsdatum ein sehr eng begrenztes Potential für aktuell-bewusste Wahrnehmung und Informationsverarbeitung. In diesem jedem gegebenen *Aufmerksamkeitsfeld* lässt sich menschliches Erleben und Handeln nicht ausreichend koordinieren. Höhere und verlässlichere Wahrscheinlichkeiten des Übereinkommens sind nur zu erreichen, wenn man den Erwartungshorizont des je aktuellen Erlebens einbezieht und das Verhalten über Erwartungen koordiniert (vgl. Luhmann 2008: 28).

Heinrich Popitz, einer der bedeutendsten deutschen Soziologen der Nachkriegszeit, spricht im Zusammenhang der Normgebundenheit sozialen Verhaltens von »der Bedingung der Möglichkeit menschlichen Zusammenlebens« (Popitz 2006: 72). Überall wo Menschen sich dauerhaft vergesellschaften, beginnen sie einen Prozess der kontinuierlichen Formung dieses Zueinander, ihrer grundlegenden Interaktions- und Kommunikationsformen. Die hierdurch bewirkte Reduzierung von Komplexität, Kontingenz, Irrationalität und Willkür ist für die funktionale Effektivität einer Gesellschaft essentiell. Ähnlich, wie wir anhand der Sprache in Form eines geteilten Wortschatzes über ein objektives Kriterium der Verständigung verfügen, besitzen wir für alle weiteren Formen der Interaktion und Kommunikation ein intersubjektiv geteiltes Normensystem, dem wir uns unterbewusster Weise unentwegt bedienen.

Für ein dynamisches Ineinandergreifen sozialer Situationsabläufe ist also offensichtlich ein »*Sich-gegenseitig-Feststellen*« der Menschen untereinander erforderlich. Für eine spezifische Klasse von Situationen, welche im alltäglichen Interagieren der Menschen immer wieder eintreten, beginnen sich Verhaltensregelmäßigkeiten herauszubilden, denen der Einzelne sich nicht mehr ohne weiteres entziehen kann. Das »auf-Dauer-stellen« gewisser standardisierter Situationsabläufe gewährleistet dem sozial interagierenden Menschen mit Bezug auf die Menge möglicher Handlungsalternativen eine weitaus höhere Einschätzungsmöglichkeit im Sinne von Planbarkeit. Dies ermöglicht es, solche Situationen automatisiert, beziehungsweise habitualisiert ablaufen zu lassen, wodurch ein enormes kognitives Potential freigesetzt wird, das dann in andere besondere Tätigkeiten einfließen kann.

Luhmann zufolge ist der normdurchsetzte Erwartungsstil des Alltagsverhaltens unerlässlich, da die menschliche Persönlichkeit in ihren Umweltbeziehungen in hohem Maße auf normative Stabilisierung ihrer Selektionsleitung angewiesen ist (Luhmann 2008 : 42). Beim Begriff einer funktional differenzierten Gesellschaft ist die arbeitsteilige Spezialisierung ihrer Mitglieder mit gesetzt. Die fundamentale Normgebundenheit des Verhaltens gewährleistet dabei erstens, dass die kognitiv entlasteten Gesellschaftsmitglieder sich ihren speziellen Aufgabenbereichen intensiver widmen können, zweitens, dass trotz der enorm diversifizierten Individuationsformen ein einheitliches und jedem kognitiv zugängliches System sozialer Kommunikation etabliert ist.

Hegels Praktische Philosophie als Grundlage einer Naturalisierten Ethik

Das Hegelsche Werk hat sich als eines, wenn nicht das einflussreichste Denkgebäude der modernen Philosophie erwiesen. Vor allem diejenigen Theorien, welche sich als Gesellschaftstheorien lesen lassen, stehen zum größten Teil in einem direkten Rekurs auf das Hegelsche Werk, so dass ein Auslassen dieses Bezugs in der modernen Sozialphilosophie kaum noch Bestand haben kann. Dies ist damit zu begründen, dass darin das umfassendste und konsequenteste Verständnis des Vermittlungszusammenhangs zwischen Individuum und Gesellschaft expliziert worden ist. Die durch Hegel formulierte logisch-philosophische Terminologie erhebt dabei den Anspruch, eine umfassende Erklärung der Wirklichkeit zu geben, wie sie sich ihren begrifflichen Letztbestandteilen nach darstellt. Weil ihr in dieser Absicht die Form einer logischen Metatheorie des Denkens zukommt, ist Hegels Theorie bis heute unhintergehbar geblieben.

Ich möchte im Folgenden einige Elemente der Praktischen Philosophie Hegels darstellen, um aufzuzeigen, an welchen logisch-philosophischen Hintergrundannahmen sich eine naturalisierte Ethik ausrichten muss. Zuerst werde ich eine Exposition des Begriffs »Anerkennung« vornehmen, um die im ersten Kapitel ausgeführten Überlegungen zur sozialen Normativität weiter zu vertiefen. Zweitens werde ich Hegels Formalismusvorwurf an die Kantische Ethik ansprechen, um den Unterschied von expliziten zu praxisimpliziten Normen nachvollziehbar zu machen. Drittens werde ich Hegels Sittlichkeitstheorie darstellen und sie als logisch-philosophischen Begründungsrahmen dieser metaethischen Konzeption ausweisen. Letztlich werde ich Hegels Motivationstheorie darstellen als sich im Selbstbewusstsein entfaltender freier Wille, und die darin enthaltene Trieblehre als sublimationslogischen Ansatz deuten.

Die Bewegung des Anerkennens

Der Aspekt des »Sich-gegenseitig-Feststellens«, welcher oben behandelt wurde, besitzt aus philosophischer Perspektive eine noch tiefergehende Bedeutungsdimension. In philosophischen Kreisen bezieht man sich auf dieses die Natur des menschlichen Zusammenlebens betreffende Phänomen unter dem Begriff der »Anerkennung«. Hierzu hat sich besonders in der jüngeren Zeit eine umfangreiche Forschungsaufmerksamkeit entwickelt, welche mit jeweils unterschiedlicher Akzentuierung versucht, die breite Bedeutungsextension dieses Motivs systematisch auszuformulieren und für den praktischen Bezugsrahmen brauchbar zu machen. (Siep 1979; Wildt 1982; Honneth 1989)

Theoriegeschichtlich geht dieser Forschungsgegenstand auf die Ausführungen von G. W. F. Hegel in seinen *Jenaer Schriften*, sowie der *Phänomenologie des Geistes* zurück (Hegel MM2; MM3). Erstere Ausführung befasst sich mit der Bedeutungsdimension der Anerkennung als Grammatik sozialer Konflikte, die zweite mit der phänomenologischen Betrachtung der Grundstruktur des menschlichen Selbstbewusstseins.

Ich werde nun vorerst in Kürze die mit der Anerkennungsrelation verbundene Theorie des philosophischen Selbstbewusstseins als Form höherer Natürlichkeit skizzieren (a), um dann vor diesem Hintergrund die Parallelen zur Normativitätstheorie aufzuzeigen, wie sie oben dargestellt wurde (b).

(a) Es wird davon ausgegangen, dass die in der menschlichen Interaktion zutrage kommende Anerkennungsrelation zwischen Ego und Alter Ego das entscheidendste Moment für die Konstitution eines »Selbstbewusstseins« ausmacht. Dieses Selbstbewusstsein ist als dasjenige Kriterium zu erachten, das den Menschen als solchen auszeichnet, als die gegenüber den Tieren eigentümliche Kategorie. Man könnte es auch so formulieren, dass die Fähigkeit zur Selbstreflexion und Intelligibilität demnach notwendigerweise zugleich eine soziale Implikation mit sich führt.

In der Soziologie wird dieses Phänomen auch gerne als die Fähigkeit zur »gegenseitigen Perspektivübernahme«, oder in ähnlicher Konnotation als »gegenseitige Rollenübernahme« abgehandelt. Der Hegelschen Theorie zufolge greift die damit angesprochene Sensibilität der menschlichen Kognition auf die intersubjektive Begegnung jedoch weitaus tiefer in die Konstitution des Subjektes über.

Michael Quante legt als eine fundamentale inhaltliche Prämisse zu seinen Überlegungen fest: »Der reine Begriff des Anerkennens«, den Hegel zu Beginn des Abschnitts »Selbstständigkeit und Unselbstständigkeit des Selbstbewusstseins; Herrschaft und Knechtschaft« (Hegel MM3: 110) entfaltet, enthält eine zentrale sozialontologische Einsicht: die soziale Konstituiertheit des individuellen Selbstbewusstseins (Quante 2011: 233).

Die vielseitige und vieldeutige Verschränkung der Interaktion der beiden empirischen Selbstbewusstseine muss Hegel zufolge als »Bewegung des Anerkennens« (Hegel MM3: 109) verstanden werden. Zusammengefasst spricht Hegel von
vier Schritten dieses Instantiierungsprozesses eines Selbstbewusstseins: Dieses hat
erstens einen Gegenstand als Objekt zu benötigen, der zweitens in seiner Selbstständigkeit negiert werden muss, und diese Negation muss es dabei drittens autonom an sich selbst vollziehen. Viertens schließlich muss diese in den drei ersten
Schritten dargestellte Negationsbewegung ebenso reziprok durch das Gegenüber
durchgeführt werden, es muss »ebensowohl sein Thun als Thun des Anderen«
sein (Quante 2011: 244).

Ego und Alter Ego begegnen sich hier mit der Einstellung, sich selbst und
den Interaktionspartner als autonomes Selbstbewusstsein zu begreifen. Die Interaktion impliziert damit die Anerkennung der freien Selbstbestimmung des Anderen und somit eine Selbstbeschränkung beider Seiten. Das heißt, dass die an
der entsprechenden Praxis Beteiligten sich wechselseitig die Autorität einräumen,
die eigenen Handlungen an der Übereinstimmung mit den zugrundeliegenden
Standards zu messen. Die damit zugestandene Urteilsfähigkeit, welche zur gleich-
berechtigten Teilnahme an der Handlungsgemeinschaft berechtigt, bedeutet im
Gegenzug, eine Art von Verantwortlichkeit zu übernehmen, seine Einstellungen
gegenüber eigenem und fremden Verhalten im Lichte der gemeinsam geteilten
Normen beurteilen zu lassen. Hierbei findet eine Verschränkung von erstpersön-
lichen Ich-Intentionen statt; bei Hegel heißt es: »Sie anerkennen sich, als gegenseitig sich anerkennend« (Hegel MM3: 147).

Die Herausbildung des Rationalen als operativer Fertigkeit ist demnach prin-
zipiell durch die Bedingung ihrer Anwendbarkeit determiniert. Allein durch die
intersubjektive Begegnung, das heißt durch die Kommunikationsrelation mindestens zweier Selbstbewusstseine, kann überhaupt das menschliche Sensorium ak-
tiviert werden, rational zu denken, weil diese Fertigkeit erst entsteht, wenn der
Mensch sein theoretisches und praktisches Verhalten an Normen ausrichten muss.
Die gesamte Sphäre der Normativität eröffnet sich jedoch erst bedingt durch soziale Interaktion. Das System von Normen stellt überhaupt die verobjektivierte
Form menschlicher Interaktion dar. Weil Denken und Handeln (Theorie und
Praxis) beide eine Bezugnahme auf die Welt darstellen, auf die alle anderen Sub-
jekte auch diesen normativen Anspruch erheben, müssen Denken und Handeln
beide gleichfalls als aktive Praxis verstanden sein, welche mit den vorausgesetzten
Zwecken aller anderen Subjekte koordiniert werden muss.

(b) Für die zuvor explizierte Normativitätstheorie ist ein Rekurs auf Hegels An-
erkennungsfigur insofern interessant, weil daran die Natur des »sich-gegensei-
tig-feststellenden« Wesens Mensch bis in die letzten Züge seines Kognitionsver-

mögens nachvollzogen werden kann. Dadurch wird auch ersichtlich, auf welche Weise sich der wechselseitige Prozess der Selbstbeschränkung in den Subjekten vollzieht, der durch das befolgen eines intersubjektiv geteilten Normensystems vorausgesetzt wird.

Mit Hilfe der bis hier zusammengestellten Theorieelemente, der soziologischen Normentheorie sowie der philosophischen Anerkennungstheorie, lässt sich ein ausgesprochen feingliedriges Bild davon geben, auf welche Art und Weise das einzelne Subjekt mit der gesellschaftlichen Allgemeinheit vermittelt ist, wie das Verhältnis von existenzieller Individualität einerseits und sozialer Präformiertheit anderseits zu verstehen ist. (Die oft beschworene wissenschaftstheoretische Debatte über Autonomie und Determinismus hat dieselbe Intention)

Das was man als die »gesellschaftliche Bewegungsgesetzlichkeit« bezeichnen kann, der Bewegungszusammenhang des Systems aus Normen und Werten, lässt sich anhand der beschriebenen Theorieelemente nun probat analysieren. Das kollektive System gesellschaftlicher Normen erhält demnach seine Geltung in den Subjekten nur dadurch, dass diese in den intersubjektiv »festgestellten« Verhaltensgeboten stets auch ihre eigenen Wert-Vorstellungen verwirklicht sehen. Verliert eine Verhaltensnorm ihre Dienlichkeit für die Befolgung und Verwirklichung der individuellen Zwecke, so erlischt damit auch die normative Geltung. Man könnte es so formulieren, dass das kollektive System intersubjektiver Verhaltensstandards einer *ethischen Aufladung* durch die Wertvorstellungen der einzelnen Subjekte bedarf. Um die praktische Verbindlichkeit dieser Kommunikations- und Koordinationsformen aufrecht erhalten zu können, muss die Norm eine materiale Füllung in der motivationalen Beschaffenheit der einzelnen Subjekte haben, sie muss in den unterschiedlichen Wertvorstellungen der Subjekte gewissermaßen »geerdet« sein. Erst jene latente, unterbewusst getätigte intersubjektive Beglaubigung der Normen – eben die Anerkennung – führt dazu, dass die volitionale Kraft der einzelnen Subjekte, welche ohne eine derartige Regulierung in eine Vielzahl von mitunter konträren, sich gegenseitig ausschließenden Wertevorstellungen zerfallen würde, sich durch das Schaffen der gemeinsamen Standards zusammenkoppeln und sich aneinander ausrichten. Erst die Aussicht darauf, dass über die Vermittlungsinstanz der sozialen Norm der jeweilige individuelle Wille, die Präferenzen, Triebe und Neigungen eine praktische Umsetzung erfahren können, setzt den für die Etablierung derartiger Standards notwendigen Prozess der Selbstbeschränkung in Kraft.

Ohne eine derartige normative gesellschaftliche Syntax würden sich die einzelnen Partikularwillen in einem *logisch-negativen Verhältnis* gegenüber stehen, was bedeuteten würde, dass sie sich für alle über-persönlichen Belange jedes Mal erneut abstimmen müssten, dass einzig der durch die Form der positiven Gesetzte gegebene Raum ihnen einen negativ abgesteckten Rahmen bieten würde, sich frei fühlen und autonom handeln zu können. Tatsächlich bewirkt die soziale Norm dagegen aber, dass die vielfältigen Individualpräferenzen hierdurch aufeinander bezogen werden, sie in ein *logisch-positives Verhältnis* zueinander gebracht werden. Man kann es so formulieren, dass durch die relationale Inbezugsetzung der heterogenen Wertvorstellungen und Wertesysteme sich allmählich eine homogene Rationalität abstrahiert, welche allen beteiligten Subjekten gleichermaßen zugänglich ist und an deren Beschaffenheit sie kontinuierlich durch ihre existenziellen Lebensvollzüge mitgestaltend werden.

Exkurs: Das Wesen als Grund der Existenz (Hegel MM8 : §§ 115–131)

Realiter hat sich diese homogene Kommunikationsstruktur natürlich immer bereits historisch abstrahiert, sie ist den Einzelsubjekten vorgängig, sie werden schon von der Geburt an in ihr »soziales Gehäuse« kontinuierlich integriert.

Die Struktur gesellschaftlicher Allgemeinheit reproduziert sich in ihrem fortwährendem Werdensprozess durch die Einzelmomente hindurch. Eine solche Figur »konkreter Allgemeinheit« unterscheidet sich von einer bloß abstrakten Allgemeinheit, welche Hegel auch als »Allheit« oder »Gemeinschaftlichkeit« bezeichnet, dadurch, dass sie nicht nur als ein äußerliches Band gemeinsamer Merkmale zu verstehen ist, sondern vielmehr als das alles Besondere durchdringende und in sich beschließende.

Dieser Umstand wird in Hegels Logik auch als das Motiv der »Selbst-Referentialität« behandelt. Der gesellschaftliche Wesenszusammenhang besteht in Form der sich auf sich selbst beziehenden Allgemeinheit. Dass das Allgemeine sich in den absoluten Unterschied seiner Einzelmomente entäußert, und in diesem absoluten Unterschied dabei dennoch in ungetrübter Einheit mit sich selbst bleibt, nennt Hegel »Diremtion in sich selbst«.

Subjektsein bedeutet im Lichte dieses logischen Vermittlungsverhältnisses von Allgemeinheit und Einzelheit immer zweierlei: Zum einen ist ein *konformistisches Moment* erkennbar, welches darin besteht, dass die Subjektkonstitutionen durch die gesellschaftliche Allgemeinheit vorstrukturiert sind. Zum anderen lässt sich ein *emanzipatorisches Moment* erkennen, welches darin besteht, dass jeder Handlungsvollzug neben der Vorgegebenheit durch das Normensystem zugleich immer auch ein Ausdruck der individuellen Besonderheit, eine existenzielle Interpretation ihrer Subjekthaftigkeit, ist.

Der Vorrang in diesem logischen Verhältnis bleibt Hegel zufolge aber dem Moment der Allgemeinheit. Das Wesen verhält sich als die Substanz der einzelnen Existenzen, welche deren Akzidenzen ausmachen.

Der Formalismusvorwurf an die Kantische Ethik

In seiner Jenaer Habilitationsschrift mit dem Namen *Über die wissenschaftliche Betrachtung des Naturrechts, seine Stelle in der Praktischen Philosophie und sein Verhältnis zu den Positiven Wissenschaften* setzt sich Hegel mit den beiden von ihm kritisierten sogenannten »unächten« Arten des Naturrechts auseinander. Neben der für Hegel bekannten Ablehnung aller in der Mathematik gründenden Erklärungsansätze dient der Naturrechtsaufsatz vor allem der Rehabilitierung der klassischen praktischen Philosophie, im Gegenzug gegen das neuzeitliche Naturrecht, insbesondere in seiner Kantisch-Fichteschen Form als »Vernunftrecht« (vgl. Jaeschke : 2010).

Erste der genannten »unächten« Behandlungsarten des Naturrechts ist für Hegel grundsätzlich mit dem »Ekelnahmen des Empirischen« behaftet. Sie suche sich durch Vorstellung und interne Strukturierung einer Totalität die Form der Wissenschaft zu geben. Doch über der aus diesem Verfahren resultierenden Mannigfaltigkeit von Grundsätzen, Gesetzen, Zwecken, Pflichten und Rechten schwebe »zugleich das Bild und das Bedürfnis der absoluten Einheit aller dieser zusammenhangslosen Bestimmungen«, als »Reflex des Absoluten«. Als Resultat sehe sie die widerstreitenden Bestimmungen sich in ein »bellum omnium contra omnes« verwickeln (vgl. Jaeschke 2010: 145).

Hegels Kritik an der »rein-formellen« Behandlungsart des Naturrechts kulminiert im »Vorwurf des Formalismus« gegen die Kantische Ethik, der den ihrer Unsittlichkeit einschließt. Die Tatsache, dass der Kategorische Imperativ formal ist, d. h. dass er keine Inhalte, sondern nur die Tauglichkeit der subjektiven Handlungsmaximen zum allgemeinen Gesetz vorschreibt, versteht Hegel als Konsequenz aus der Kantischen Prämisse, der zufolge »die reine Einheit das Wesen der praktischen Vernunft« ausmache. Aus reiner Einheit aber lasse sich »kein System der Sittlichkeit«, ja nicht einmal eine »Mehrheit von Gesetzten« ableiten (Schnädelbach 2000: 34). Die Abstraktion von aller Materie des Willens, die Beschränkung der Vernunft auf Selbstgesetzgebung, welche die Prüfung der Tauglichkeit der Maximen des Willens zum Prinzip einer allgemeinen Gesetzgebung zum einzigen Inhalt hat, sieht Hegel notwendig in Tautologien enden.

Friedrich Schiller, den man als Kantianer bezeichnen kann, hat dem kritischen Gehalt des Formalismusvorwurfs seinerseits eine andere Wendung gegeben. Seine Vorbehalte, die als der sogenannte *»Rigorismusvorwurf«* bekannt geworden sind, sind zu einem Standardmotiv vieler nachkommender Kant-Kritiker erstarrt: »In der Kantischen Moralphilosophie ist die Idee der Pflicht mit einer Härte vorgetragen, die alle Grazien davon zurückschreckt und einen schwachen Verstand leicht versuchen könnte, auf dem Wege einer finsteren und mönchischen Asketik die moralische Vollkommenheit zu suchen« (Schiller SW5 : 545).

Exkurs: Wittgensteins Wende hin zu »praxisimpliziten Normen«

Wittgenstein beschreibt in seinen *Philosophischen Untersuchungen* ein im Kontext der Ausrichtung von Performanzen an ausformulierten Regeln grundlegendes Problem: Es entsteht eine prinzipielle Unüberwindbarkeit des Kantischen Dualismus von universellen Vernunftbegriffen zu den jeweiligen konkreten, empirischen Einzelfällen, in denen diese Regeln gelten sollen. Um zu bestimmen, wie die Vernunftgesetze dann an den konkreten Tatbestand herangezogen werden müssen, bedarf es einer Deutung dieses Zusammenhangs. Die Richtigkeit dieser Deutung unterliegt jedoch wiederum einer Regel, die bestimmt, wie diese Anwendung vorzunehmen ist. Es entsteht folglich das Problem, wie »letzte Korrektkeit« zu verstehen sein soll. Das dabei entstehende Dilemma ist das Folgende: Wenn eine Regel einen objektiven, vor jeder Anwendung bereits festgelegten Gehalt hat, dann müssen wir in irgendeiner Weise einen »Zugriff« auf diesen objektiven Gehalt haben, um uns an der Regel orientieren zu können. Wenn wir uns an der Regel orientieren, dann können wir uns nur (so scheint es) an unserer Interpretation einer Regel orientieren. Diese Interpretation gibt uns jedoch gerade keinen Zugriff auf ihren objektiven Gehalt. Jede Form der Interpretation nämlich ist selbst ein Fall der Anwendung von Regeln (vgl. Stahl 2013: 283). Denn durch fortlaufende Regelanwendungsdeutung einer Regelanwendungsdeutung (MetaMeta-Deutung einer Meta-Deutung) begibt man sich notgedrungen in einen regressus ad infinitum. Dies ist die Kernaussage Wittgensteins »*Regressarguments*«.

Er erkennt deshalb, dass das Normative eher so zu verstehen sein muss, dass es von einer tiefer liegenden praktischen Richtigkeit abhängt. Richtigkeiten von Performanzen, die expliziten Regeln unterworfen sind, bilden keine selbstständige Schicht normativer Status. Sie beruhen demnach vielmehr auf solchen Richtigkeiten, die durch die Praxis beherrscht werden. Normen, die explizit in Form von Regeln sind, setzen Normen, die implizit in Praktiken enthalten sind voraus (Vgl. Brandom 1994: 58).

Brandom deutet Wittgensteins Theorie, welche explizierten Normen, Regeln und Grundsätzen eine weitere Sphäre von nicht hintergehbaren, in der Praxis enthaltenen Normen voraussetzt, als eine pragmatische Strategie in der Beschreibung menschlicher Intentionalität: Es gibt demnach eine einzige Richtigkeit, die nicht von expliziten Rechtfertigungen abhängt, nämlich eine Richtigkeit der Praxis. Ähnlich skizziere auch Sellars die Problematik: »wir haben gesehen, dass eine Regel nur dann im eigentlichen Sinne eine Regel ist, wenn sie im Verhalten lebt, einem regelgeleiteten und selbst einem regelverletzenden Verhalten. Sprachlich bewegen wir uns stets in einem Rahmen lebendiger Regeln. Die Schlage, die eine Haut abwirft, lebt in einer anderen weiter« (Sellars 1947).

Hegels Sittlichkeitstheorie als »zweite Natur«

Hegels zentraler Einwand gegen die deontologischen Ethiktypen besteht darin, dass in diesen Konzeptionen die allgemeine Freiheit nur als ein System sich gegenseitig potentiell zwingender freier Individuen gedacht wird. Für Hegel ist es widersinnig, ein solches System des allgemeinen Gleichgewichts wechselseitigen Zwangs, kurz: das System einer solchen »Äußerlichkeit«, als Freiheitssystem verstehen zu wollen.

Den Gegensatz zur deontologischen Ethik Kants kann man besonders gut anhand der unterschiedlichen Definitionen von »Moralität« verdeutlichen. Während Kant unter Moral die Einsicht in ein Erforderliches, Nötiges, Gesolltes, eine Pflicht versteht, versteht Hegel darunter zunächst einen wertfreien Bereichsbegriff, indem er sie als ein »geistiges«, d.h. kulturelles und soziales Phänomen auffasst. »Das Moralische muß in dem weiteren Sinn genommen werden, in welchem es nicht bloß das moralisch Gute bedeutet. ›Le Moral‹ in der französischen Sprache ist dem ›Physique‹ entgegengesetzt und bedeutet das Geistige, Intellektuelle überhaupt« (Hegel MM10 : § 503).

Hegels Begriff der Sittlichkeit weitet dieses Verständnis von Moral als Bereichsbegriff auf die gesamte Sphäre des menschlichen Zusammenlebens, also auch die staatlichen Institutionen und Gesetze, aus. Die staatliche Konstitution ist demnach ein historisches Resultat, bzw. die Objektivation der in der Sphäre der Moralität gebildeten Einstellungen vom Guten und Rechten.

Hierbei wird ein Verhältnis von Innerlichkeit und Äußerlichkeit, also von explizit formulierter Regel zu intrinsischer motivationaler Beschaffenheit formuliert, welches sich nicht statisch gegenüber steht, sondern homogen in dem Sinne zu sein beansprucht, dass die staatlichen Gesetze und Institutionen den Subjekten gegenüber nicht mehr als Momente äußerlichen Zwangs, sondern als die Bedingungen ihrer eigenen Selbstverwirklichung gegenübertreten, weil sie in gewisser Hinsicht die Produkte ihres eigenen freien Willens sind.

In seinen *Grundlinien der Philosophie des Rechts* heißt es:

> »Die Sittlichkeit ist die *Idee der Freiheit,* als das lebendige Gute, das in dem Selbstbewusstsein sein Wissen, Wollen, und durch dessen Handeln seine Wirklichkeit, so wie dieses an dem sittlichen Sein seine an und für sich seiende Grundlage und bewegenden Zweck hat, – der *zur vorhandenen Welt und zur Natur des Selbstbewusstseins gewordene Begriff der Freiheit*« (Hegel MM7: § 142).

Die Idee der Freiheit ist Hegel zufolge eng mit dem Begriff des Willens verwoben. Seine in der Rechtsphilosophie explizierte »*Willenstheorie*« geht von einem fundamentalen Begriffszusammenhang Freiheit/Wille aus. Letztlich bedeuten sie dasselbe: der richtig verstandene Wille ist die Freiheit, und die Freiheit existiert nur als Wille.

Hiermit steht Hegel im krassen Gegensatz zum Kantischen Freiheitsverständnis, welches darunter die Fähigkeit zur Selbstgesetzgebung nach universell einsichtigen Regeln begreift. Eine solche Form von Freiheit nennt Hegel »negative Freiheit« oder die »Freiheit des Verstandes«, weil jede positive Willensbestimmung die Unendlichkeit der Möglichkeiten einschränkte und dem sich so als frei verstehenden Willen als Beschränkung seiner Freiheit erscheinen müsse.

Ein solches verkürztes Freiheitsverständnis macht Hegel mitverantwortlich für den Jakobinischen Terreur, wie er sich im Anschluss an die Französische Revolution ereignet hatte. Die negative Freiheit könne sich immer nur in der Aufhebung von Positivem selbst erfahren, weswegen er sie als die »Furie des Zerstörens« bezeichnet, wie es im berühmten Kapitel »Die absolute Freiheit und der Schrecken« der *Phänomenologie des Geistes* heißt (Hegel MM3: 431 ff.).

Eine konsequent zu Ende gedachte Willenstheorie muss Hegel zufolge alle Bedeutungsdimensionen des Begriffs erfassen, worunter auch das volitionale Potential der natürlichen Triebe und Neigungen fällt. Die Kantische Ethik verfährt in seinem statischen Universalisierungsschema als reines Formprinzip. Dadurch mangelt es dieser Theorie aber an aller inhaltlichen bzw. materialen Füllung. Der Kantische Formalismus hat keinen Anker in der individuellen Motivation, er vermag es nicht, Anreize für die Befolgung der aufgestellten Regeln in der Handlungsstruktur des Individuums zu setzen.

Hegels Sittlichkeitstheorie geht dementgegen davon aus, dass die Vorstellung »des Guten« sich bereits historisch im Zivilisationsprozess, aber besonders im Vergesellschaftungsprozess der modernen Demokratien verwirklicht hat, sowohl in den sozialen Interaktionsformen als auch in der realen Struktur der staatlichen Institutionen. Beide sind Ausgestaltungsformen des »*objektiven Geistes*«, der demzufolge als der Inbegriff der Selbstobjektivierung des freien subjektiven Geistes gilt. Jene »Selbstobjektivierung« ist die Wirklichkeit des Begriffs des freien Willens, die sich dieser Begriff selbst gibt.

Grundsätzlich wird damit ein Konstitutionszusammenhang zwischen Staat und freiem Willen vorausgesetzt. Dass das Recht die »Objektivität« des freien Willens ist bedeutet also, dass die im historischen Prozess der Staats- und Rechtswerdung gebildeten Institutionen und Gesetze Ausdruck einer kollektiven gesellschaftlichen Koordination sind. Zudem geht Hegel davon aus, dass eben jener begriffliche Konstitutionszusammenhang zwischen Staat und freiem Willen die modernen liberalen Gesellschaften dahintreibt, das Allgemeinwohl mit der individuellen Freiheit zu vermitteln.

»Der Boden des Rechts ist überhaupt das *Geistige* und seine nähere Stelle und Ausgangspunkt der *Wille,* welcher *frei* ist, so daß die Freiheit seine Substanz und Bestimmung ausmacht und das Rechtssystem das Reich der verwirklichten Freiheit, die Welt
des Geistes aus ihm selbst hervorgebracht, als eine zweite Natur, ist« (Hegel MM7: § 4).

Hegels Motivationstheorie – Freier Wille und Triebsublimation

In Hegels Konzept einer gelebten, sittlichen Freiheit kommt aus psychologischer
Perspektive ein »*sublimationslogischer*« *Gedanke* zum Tragen. Dabei versucht er,
die sittlich gebotenen Handlungen als durch die innere menschliche Natur bestimmt zu betrachten. Diese innere Natur besteht aber nicht nur – wie bei Kant –
in der Fähigkeit zur Einsicht in universelle Gutheitsregeln, sondern auch in seinen
ganz natürlichen Trieben, Begierden und Neigungen. Eine Ethik, die versucht, solche Tendenzen aus der individuellen Zwecksetzung völlig auszuschließen, müsse
demnach zwangsläufig den Charakter des Repressiven tragen.

Die allgemeine Willenstheorie baut deshalb auf der Ebene des individuellen
Subjekts auf einer »*Trieb- oder Affektenlehre*« auf (Hegel MM7: §§ 9–23). Hegel erkennt, dass diese Triebe und Neigungen eine an sich vernünftige Form der Willensbestimmung sind, weil sie den natürlichen-biologischen Bedingtheiten der
menschlichen Existenz Rechnung tragen. Diese unmittelbare oder natürliche Be-
stimmtheit ist erst der »an sich« freie Wille, er ist aber noch nicht in die Form
der Vernünftigkeit gebracht, welche dem genuinen Freiheitsverständnis Hegels
zugrunde liegt.

Im Gegensatz zum Tier, welches keinen eigenen Willen besitzt, sondern nur
in Form dieser reinen Instinkt- und Naturwüchsigkeit besteht, ist der menschliche Wille auch in dem Vermögen bestimmt, sich von der Außenwelt zu distanzieren und sich subjektive Zwecke zu setzen, die dann dort realisiert werden sollen.
Diese dem Menschen eigentümliche Kognitionsleistung, sich von der unmittelbaren Triebbestimmtheit distanzieren zu können, stellt in Hegels reflexionslogischer
Terminologie das Moment der »*ersten Negation*« dar.

Die aus der ersten Negation hervorgegangene Freiheit, nicht mehr durch das
äußerliche Naturverhältnis sondern aus eigenem Antrieb bestimmt zu sein, wird
als »*Wahlfreiheit oder Freiheit der Willkür*« bezeichnet. Auf dieser Stufe sind dann
auch die Triebe und Neigungen der Inhalt des Willens, und nur die Reflexion steht
über ihnen, was bewirkt, dass das Subjekt sich vermeintlich frei und nach eigenem
Ermessen entscheiden kann, welcher Neigungen nachgegangen wird.

Hegel zufolge entsteht hierdurch jedoch das Problem, dass diese Triebe selbst
treibend werden, einander drängen, sich stören und alle befriedigt werden wol-

len. »Wenn ich nun mit Hintansetzung aller anderen mich bloß in einen denselben hineinlege, so befinde ich mich in einer zerstörenden Beschränktheit, denn ich habe meine Allgemeinheit eben dadurch aufgegeben, welche ein System aller Triebe ist. Ebensowenig ist aber mit einem bloßen Unterordnen der Triebe geholfen, worauf der Verstand gewöhnlich kommt, weil hier kein Maß dieser Anordnung gegeben ist und die Forderung daher gewöhnlich in die Langweiligkeit allgemeiner Redensarten ausläuft« (Hegel MM7: § 17 Zusatz).

Dieser in der Figur der Willkürfreiheit zu Trage kommende Mangel wird erst dadurch überwunden, dass das Subjekt diesen Freiheitsbezug und das darin realisierte reflexionslogische Verhältnis erneut negiert. Aus dieser »*Negation der Negation*« resultiert dann das sittliche Selbstbewusstsein Hegels, dessen Freiheitsbezug der »wahrhaft unendliche« ist.

> »Die auf die Triebe sich beziehende Reflexion bringt, als sie vorstellend, berechnend, sie untereinander und dann mit ihren Mitteln, Folgen usf. und mit einem Ganzen der Befriedigung – der Glückseligkeit – vergleichend, die formelle Allgemeinheit an diesen Stoff und reinigt denselben auf diese äußerliche Weise von seiner Rohheit und Barbarei. Dies Hervortreiben der Allgemeinheit des Denkens ist der absolute Wert der Bildung« (Hegel MM7: § 20).

Die zweite Negation in diesem Verhältnis der logischen Selbstreflexion sorgt dafür, dass die motivationale Bindung wiederhergestellt wird. Auf der Stufe der Willkürfreiheit hatte das Subjekt die Stufe triebhafter Natürlichkeit negiert und sich damit diskret von seinen natürlichen-biologischen Bedürfnissen abgeschnitten. Die erneute Negation dieser Stufe bedeutet nun, dass die Triebe und Neigungen wieder in das Bewusstsein rücken, aber diesmal als über die Reflexion vermittelt. Das bedeutet erstens, dass sie deren potentielle Befriedigung in Relation zu derjenigen der anderen Gesellschaftsmitglieder rückt. (hierbei bilden sich dann die sozialen Normen heraus, wie sie oben dargestellt wurden. Die intersubjektive Beglaubigung der normativen Handlungsstandards führt dazu, dass alle Gesellschaftsmitglieder in dieser normativen Grundstruktur eine Bedingung ihrer eigenen Zweckerfüllung und Selbstverwirklichung erkennen) Zweitens kommt es dabei zur sogenannten »Reinigung der Triebe«. Obwohl dieselben natürlichen Triebe wieder treibend werden, sind sie jetzt über eine zwei-stufige Reflexion gefiltert, wodurch sie in eine neue Ordnung zueinander und zum Subjekt selbst gebracht werden.

Die Freiheit der Willkür war eine des Überflusses. Ihr lag ein Bild »schlechter Unendlichkeit« zugrunde. Die willkürliche Freiheit des Übersteigerns einer beliebigen Genussform zerstört sich schließlich in ihrem Vollzug selbst. Man kann dies anhand der Metapher der ins Unendliche hinausgehenden geraden Linie verdeutlichen. Das sittliche Verhältnis setzt hingegen in seinem Freiheitsvollzug eine »wahre Unendlichkeit« voraus. Ihr entspricht das Bild eines Kreises, und bedeutet ewige Rückkehr in sich selbst.

> »Der an und für sich seiende Wille ist *wahrhaft unendlich*, weil sein Gegenstand er selbst, hiermit derselbe für ihn nicht ein *Anderes* noch *Schranke*, sondern er darin vielmehr nur in sich zurückgekehrt ist. Er ist ferner nicht bloße Möglichkeit, Anlage, *Vermögen* (potentia), sondern das *Wirklich-Unendliche* (infinitum actu), weil das Dasein des Begriffs, oder seine gegenständliche Äußerlichkeit, das Innerliche selbst ist« (Hegel MM7: § 22).

Eine derartige »Sublimierung« bewirkt, dass das sittliche Subjekt in seinen Lebensvollzügen eine genuine Form von Freiheit umsetzen kann, weil es somit die Intelligenz ist, die sich im Willen verendlicht hat, bzw. die »denkende Vernunft«, die sich zur Endlichkeit einschließt. Die einstigen Bedingungen der »ersten Natur« wurden durch die in der menschlichen Selbstreflexion bzw. seinem »Geist« angelegte Eigendynamik mit den Ansprüchen der Sozialität und Bildung in Einklang gebracht, sie wurden zur Bestandteilen der »zweiten Natur« des Menschen transformiert.

Hegel denkt diesen sublimationslogischen Gedanken noch einen Schritt weiter. Er erkennt ein substanzielles »*Komplementaritätsverhältnis zwischen Rechten und Pflichten*«. Er definiert, was dabei mit den Trieben und Neigungen geschieht, wie folgt: Sie werden in Pflichten transformiert, denn nach Hegels Lehre vom subjektiven Geist ist die Wahrheit der »Triebe, Neigungen und Leidenschaften« nichts anderes als der Inbegriff der rechtlichen, moralischen und sittlichen Pflichten, und die wiederum sind das Pendant der Rechte, von denen seine Rechtsphilosophie handelt (vgl. Schnädelbach 2000 : 183).

Literatur

Brandom, Robert B. (2000). Expressive Vernunft. Begründung, Repräsentation und diskursive Festlegung. Frankfurt a. M.: Suhrkamp.

Jaeschke, Walter (2010). Hegel Handbuch: Leben – Werk – Schule. Stuttgart: J. B. Metzler.

Kim, Jaegwon (1988). What is »Naturalized Epistemology«?. Philosophical Perspectives.

Hegel, G. W. F. (1986). Grundlinien der Philosophie des Rechts. Frankfurt a. M.: Suhrkamp.

Hegel, G. W. F. (1986). Enzyklopädie der Philosophischen Wissenschaften I. Frankfurt a. M.: Suhrkamp.

Hegel, G. W. F. (1986). Enzyklopädie der Philosophischen Wissenschaften III. Frankfurt a. M.: Suhrkamp.

Hegel, G. W. F. (1986). Phänomenologie des Geistes. Frankfurt a. M.: Suhrkamp.

Hegel, G. W. F. (1986). Wissenschaft der Logik II. Frankfurt a. M.: Suhrkamp.

Luhmann, Niklas (2008). Die Moral der Gesellschaft. Frankfurt a. M.: Suhrkamp.

Preyer, Gerhard (2012). Rolle, Status, Erwartungen und soziale Gruppe. Wiesbaden: Springer VS.

Popitz, Heinrich (2006). Soziale Normen. Frankfurt a. M.: Suhrkamp.

Quante, Michael (2011). Die Wirklichkeit des Geistes: Studien zu Hegel. Frankfurt a. M.: Suhrkamp.

Ritsert, Jürgen (2011). Moderne Dialektik und die Dialektik der Moderne. Monsenstein und Vannerdat.

Schnädelbach, Herbert (2000). Hegels Praktische Philosophie: Ein Kommentar der Texte in der Reihenfolge ihrer Entstehung. Frankfurt a. M.: Suhrkamp.

Siep, Ludwig (2004). Konkrete Ethik: Grundlagen der Natur- und Kulturethik. Frankfurt a. M.: Suhrkamp.

Stahl, Titus (2013). Immanente Kritik: Elemente einer Theorie sozialer Praktiken. Frankfurt a. M.: Campus.

Wittgenstein, Ludwig (2011). Philosophische Untersuchungen. Berlin: Suhrkamp.

Siglenverzeichnis

(MM) Werke. Herausgegeben von Eva Moldenhauer und Karl. M. Michel als Werkausgabe in 20 Bänden, Frankfurt a. M. 1986 ff.

III Zur Psychologie des Marktes

Die Ethik des Präferenz-Managements: Risiko, Werte und Entscheidungen*

Paul Slovic

In diesem Kapitel werde ich in wenigen Worten die Psychologie des Risikos und einige ihrer Implikationen beschreiben. Dabei werde ich mit einer Untersuchung der Subjektivität beginnen, sowie den Werten, welche in der Definition und Beurteilung von Risiko inbegriffen sind. Ich werde argumentieren, dass es legitime, werte-geladene Sachverhalte gibt, welche den multiplen Dimensionen der öffentlichen Risikowahrnehmung zu Grunde liegen, und diese Werte sind als Risiko-Richtlinien-Entscheidungen (risk-policy decisions) zu erachten. Im zweiten Teil des Kapitels werde ich Forschungsarbeiten anführen, welche mit zwei sich widersprechenden Bewertung des menschlichen Lebens befasst sind, wie sie aus schnellen, intuitiven Gedankenprozessen einerseits, sowie aus sorgsamer Deliberation anderseits resultieren. Dabei werden wir erkennen, dass grundlegende Werte schwankend sind, und zwar mit Hinblick auf die Art, wie sie geäußert werden. Systematische Inkonsistenzen zwischen festgelegten Werten und denen in Handlungen sich offenbarenden, werden im Kontext lebensrettender- und anderer bedeutender Entscheidungen erörtert. Mit diesen Inkonsistenzen konfrontiert, werde ich auf die Möglichkeit hinweisen, dass strukturierte Werte-Erhebungs-Verfahren (value elicitation procedures) zu Handlungen führen können, die mit den grundlegenden Werten konsistent sind.

Risiko, Subjektivität und Werte

Ironischer Weise entsteht zur selben Zeit, in der unsere Gesellschaften und andere industrialisierte Länder die größten Anstrengungen unternehmen, das Leben sicherer und gesünder zu machen, eine Stimmung in der Öffentlichkeit, die zu-

---

* Aus dem Amerikanischen von Johannes Schwarze.

nehmend um das Risiko bekümmert ist. Diese Individuen sehen sich heute selbst einem schwerwiegenderem Risiko ausgesetzt, als dies in der Vergangenheit der Fall gewesen wäre, und sie sind der Überzeugung, dass diese Umstände sich fortwährend eher verschlimmern. Nukleare- und chemische- Technologien (mit Ausnahme der Medizinherstellung) wurden stigmatisiert, indem man sie als unnatürlich risikoträchtig ausmachte (Gregory, Flynn, & Slovic). Daraus resultierte, dass es schwer bis unmöglich wurde, Unterbringungslagen für die Entsorgung hochgradig- oder schwach- radioaktiver Abfälle, Verbrennungsöfen, Deponien oder andere chemische Anlagen zu finden.

Bei der Bestimmung der Prioritäten und legislativen Agenda der Regulationskörperschaften, wie der Umweltschutzbehörde (Engl.: Environmental Protection Agency (EPA); Umweltschutzbehörde der Vereinigten Staaten von Amerika), wurde die öffentliche Risikowahrnehmung aufgesucht, ganz zum Missfallen der amtlichen technischen Experten, welche einwendeten, dass andere Gefahren eine höhere Priorität erforderten. Der Großteil des Budgets des EPA wurde während der letzten Jahre abenteuerlich verschwendet, hauptsächlich weil die Öffentlichkeit die Säuberung von belasteten Lagerstätten als eine der gewichtigsten umweltpolitischen Prioritäten des Landes ansieht. Andere Gefahren, wie zum Beispiel die Innenraum-Luftverschmutzung, werden von Experten als ernstere Gesundheitsrisiken eingestuft, jedoch von der Öffentlichkeit nicht in gleicher Weise wahrgenommen (U.S Environmental Protection Agency, 1987).

Große Missverhältnisse bei den Geldausgaben, die der Verlängerung von Leben dienen, sind, wie Tengs et al. (1995) zeigen, ebenso auf die öffentliche Risikowahrnehmung zurückzuführen. Solche Diskrepanzen werden von vielen scharfen Kritikern der öffentlichen Wahrnehmung als irrational angesehen. Diese Kritiker zeichnen ein streng dichotomes Bild von Experten und Öffentlichkeit. Experten lieferten demnach eine Risikoeinschätzung, welche als objektiv, analytisch, weise und rational charakterisiert wird – als an den *realen Risiken* ausgerichtet. Im Gegensatz dazu wird die Öffentlichkeit als durch *Risikowahrnehmungen* bestimmt betrachtet, welche subjektiv, oftmals hypothetisch, emotional, unklug und irrational sind (vgl. Covello, Flamm, Rodricks, & Tardiff, 1983; DuPont, 1980). Weiner (1993) verteidigt diese Dichotomisierung, indem er argumentiert, dass »diese Separierung der Realität und Wahrnehmung in technisch hochentwickelten Gesellschaften systeminhärent ist, und dazu dient, eine notwendige emotionale Distanz zustande zu bringen [...]« (S. 495).

Kurz gesagt: polarisierte Ansichten, Kontroversen und öffentlicher Konflikt sind bei der Risikoeinschätzung (risk assessment) und Risikobewältigung (risk management) vorherrschend geworden. Ein aussichtsloser Lösungsversuch durch Risiko-Kommunikations-Bemühungen (risk communication efforts) begann Mitte der achtziger Jahre. Jedoch mit Ausnahme einiger lokaler Erfolge, haben diese

Anstrengungen die wesentlichen Konflikte weder eindämmen, noch die Unzufriedenheit gegenüber dem Risikomanagement mindern können. Diese Unzufriedenheit kann zum Teil auf das Versäumnis, die komplexe und sozial determinierte Natur des Konzepts »Risiko« anzuerkennen, zurückgeführt werden. Im nächsten Abschnitt werde ich einige Forschungsbeiträge beschreiben, welche diese Komplexität demonstrieren und das Erfordernis einer Neudefinition von »Risiko« und neuen Ansätzen im Risiko-Management aufzeigen.

Die subjektive und werte-geladene Natur der Risikoeinschätzung

Ansätze eines Risiko-Managements müssen sich mit der Frage auseinandersetzen: »Was ist Risiko?« Die vorherrschende Konzeption betrachtet Risiko als »die Möglichkeit von Verletzung, Schaden oder Verlust« (Webster, 1983). Die Wahrscheinlichkeiten und Konsequenzen von negativen Ereignissen werden als von natürlichen und physischen Prozessen verursacht verstanden, welche in dieser Form durch die Risiko-Einschätzung (Risk Assessment) objektiv quantifiziert werden können. Eine Vielzahl der Analysen aus den Sozialwissenschaften lehnt ein solches Verständnis ab, und vertritt stattdessen die Auffassung, dass Risiko an sich subjektiver Natur ist (Funtowicz & Ravetz, 1992; Krimsky & Golding, 1992; Otway, 1992; Pidgeon, Hood, Jones, Turner, & Gibson, 1992; Slovic, 1992; Wynne, 1992). Dieser Ansicht zufolge existiert Risiko nicht als ein »dort Draußen«, unabhängig von Bewusstsein und Kultur, als lediglich auf seine Vermessung wartend. Das Konzept *Risiko* ist stattdessen vielmehr eine Erfindung der Menschen selbst, die ihnen beim Verstehen und Bewältigen der Gefahren und Unsicherheiten des Lebens hilft. Auch wenn diese Gefahren real sind, gibt es dennoch so etwas wie »reales Risiko«, oder »objektives Risiko«, nicht. Die Risiko-Wahrscheinlichkeits-Schätzung eines Nuklear-Ingenieurs hinsichtlich eines nuklearen Unfalls, oder die quantitative Schätzung eines Toxikologen hinsichtlich des Risikos einer krebserregenden Chemikalie, basieren beide auf theoretischen Modellen, deren Struktur subjektiv und mutmaßungs-belastet ist, und deren Informationsbezug urteilsabhängig ist. Wie wir sehen werden, haben Laien ihre eigenen Modelle, Annahmen und subjektive Einschätzungs-Techniken (intuitive Risikoeinschätzung), die sich mitunter sehr von den wissenschaftlichen Modellen unterscheiden können.

Eine Weise, wie Subjektivität die Risiko-Einschätzung durchdringt, besteht in der Abhängigkeit solcher Einschätzungen von Urteilen, zu jeder Phase dieses Prozesses, von der anfänglichen Strukturierung des Risiko-Problems, bis hin zu der Entscheidung über die in die Analyse einzubeziehenden Endpunkte und Konsequenzen, der Identifikation und Abschätzung von Belastungen, der Wahl von Do-

Tabelle 1   Einige Ausdrucksformen des Fatalitäts-Risikos

- Tode pro Millionen Bürger
- Tode pro Millionen Bürger in einem Radius von x Meilen von der Explosionsquelle entfernt
- Tode pro Anreicherungseinheit
- Tode pro Anlage
- Tode pro Tonne freigesetzter giftiger Luft
- Tode pro Tonne von Menschen aufgenommener giftiger Luft
- Tode pro Tonne produzierter Chemikalie
- Tode pro Millionen Dollar des produzierten Produkts
- mit der Aussetzung der Gefahr verbundene Verringerung der Lebenserwartung

sis-Response-Beziehungen, etc.. So ist zum Beispiel schon die vermeintlich einfache Aufgabe der Wahl eines Risiko-Maßes für einen wohldefinierten Endpunkt, wie etwa menschliche Todesopfer, erstaunlich komplex und voreingenommen. Tabelle 1 zeigt ein paar der vielen möglichen Varianten, wie das Risiko von Todesopfern bemessen werden kann. Wie entscheiden wir, welche Maßeinheit zu verwenden ist, wenn wir eine Risiko-Einschätzung planen, in Anbetracht der Tatsache, dass die Wahl voraussichtlich einen großen Unterschied darin ausmacht, wie das Risiko wahrgenommen und bewertet wird?

Ein von Wilson und Crouch (Crouch & Wilson, 1982) stammendes Beispiel veranschaulicht, wie die Wahl einer spezifischen Maßeinheit eine bestimmte Technologie mal mehr und mal weniger riskant erscheinen lassen kann. So wurden Kohle-Mienen beispielsweise während 1950 und 1970 weit weniger riskant in Bezug auf tödliche Unfälle pro Tonne Kohle, jedoch wurden sie marginal riskanter in Bezug auf tödliche Unfälle pro Arbeiter. Welches Maß man als angemessener für die Entscheidungsfindung erachtet, hängt also von der Betrachtungsweise ab. Von einem staatlichen Standpunkt aus sind die Todesfälle pro Millionen-Tonnen Kohle das angemessene Risikomaß, zumal eine bestimmte Menge an Kohle für die Brennstofferzeugung benötigt wird, wohingegen aus Sicht eines Arbeiterführers die Menge der Todesfälle pro tausend beschäftigter Personen bedeutender ist.

Jeder Weg der Verrechnung von Todesfällen beinhält seinen eigenen Satz an Werten (National Research Council, 1989). Beispielsweise behandelt die »Reduktion der Lebenserwartung« den Tod junger Menschen gewichtiger als den Tod älterer Menschen, welche weniger Lebenserwartung einbüßen. Ein einfaches Aufaddieren von Todesfällen behandelt dementgegen den Tod von älteren und jüngeren Menschen als äquivalent; ebenso werden hier Tode, die unmittelbar durch Unfälle eintreten, und Tode, die nach einer schmerzhaften und belastenden Krankheit eintreten, als äquivalent behandelt. Die »Anzahl der Todesfälle« als geltenden Indikator von Risiko zu verwenden impliziert, dass es von gleicher Wichtigkeit ist, den Tod von Menschen zu verhindern, welche eine Aktivität willentlich aufgenommen haben und von dieser profitiert haben, wie von solchen Menschen, die unwillentlich einer bestimmten Gefahr ausgesetzt wurden und keinen Profit daraus bezogen. Man kann problemlos eine Reihe von Argumenten aufbringen, welche eine ungleiche Gewichtung der verschiedenen Todesursachen vornimmt, aber eine Auswahl zu treffen erfordert ein Werturteil darüber, welche Tode am unerwünschtesten sind. Selbst die Tode als gleich zu behandeln, beinhaltet ein Werturteil.

Die Multidimensionalität von Risiko

Untersuchungen haben ergeben, dass die Öffentlichkeit eine breite Vorstellung von Risiko hat, die qualitativ und komplex ist, und solche Erwägungen wie Unsicherheit, Furcht, Katastrophen-Potential, Kontrollierbarkeit, Gleichheit, das Risiko zukünftiger Generationen, etc. in die Risiko-Gleichung einbezieht (Slovic, 1987). Im Kontrast dazu stehen die Risiko-Wahrnehmungen der Experten in keiner engen Beziehung zu diesen Dimensionen oder den Charakteristika, die ihnen zugrunde liegen. Studien zeigen vielmehr, dass Experten dazu neigen, Risiko als synonym mit Schadens-Wahrscheinlichkeit oder erwarteter Mortalität zu betrachten, ganz im Einklang mit der Weise, in der das Risiko-Management dazu tendiert, Risiko zu charakterisieren (vgl. u. a. Cohen, 1985). Als Resultat dieser verschiedenen Wahrnehmungen entstehen viele Meinungskonflikte zwischen Experten und Laien, weil ihnen jeweils andere Begriffsdefinitionen vorschweben. Vor diesem Hintergrund ist es daher nicht überraschend, dass die Experten-Vorträge über Risiko-Statistik wenig dabei erreichen, die Einstellungen und Wahrnemungen der Leute zu verändern.

Es existieren legitime, werte-geladene Belange, die den multiplen Dimensionen der öffentlichen Risiko-Wahrnehmung zugrundeliegen, und diese Werte müssen als Risiko-Grundsatz-Entscheidungen (risk-policy decisions) betrachtet werden. Zum Beispiel: Ist das Risiko einer Krebs-Erkrankung (eine gefürchtete Krankheit) schlimmer als das Risiko eines Auto-Unfalls (nicht gefürchtet)? Ist ein Risiko, welchem ein Kind ausgesetzt wird ernster als ein bewusstes Risikos, dem ein Erwachsener sich freiwillig aussetzt? Sind die Tode von 50 Passagieren in separaten Autounfällen gleichwertig gegenüber den Toden von 50 Passagieren eines Flugzeug-Unglücks? Ist das Risiko einer belasteten Lagerstätte größer, wenn sie in einer Nachbarschaft errichtet wurde, in der sich eine Zahl weiterer gefährlicher Einrichtungen befindet? Die schwierigen Fragen multiplizieren sich, wenn ein erfolgreiches Resultat, und nicht menschliche Gesundheit und Sicherheit erwogen wird.

Werte, Präferenzen und Entscheidungen

Der folgende Abschnitt skizziert ein Bild der Entscheidungsfindung im Angesicht eines Wertekonflikts auf höchster Ebene, welches sich auf Jahrzehnte alte Untersuchungen von Präferenzen stützt, die der Erklärung dienen, welche systematischen Tendenzen (systematic bias) zu bestehen scheinen, die zum Verfall einiger moralischer Zielvorgaben in den bedeutenden politischen Entscheidungen geführt haben. Auch wenn ich den Fokus hierbei auf einen bestimmten Typ von Entscheidungen lege, und zwar, ob man angesichts Völkermorden und Massen-Gräueltaten intervenieren sollte oder nicht, der wesentliche Sachverhalt ist generalisierbar auf einen weit größeren Rahmen von Entscheidungsfindungs-Problemen.

Das Problem und eine Hypothese

Entscheidungen zur Intervention in fremde Länder, um das Leben von Zivilisten zu schützen, gehören zu den schwierigsten und kontroversesten Fragestellungen, denen sich staatliche Entscheidungsträger gegenüber sehen. Auch wenn jede Situation einzigartig ist, sind Entscheidungen, welche durch Güter-Abwägung (Tradeoffs) die Werte des menschlichen Lebens gegen andere bedeutende Sachverhalte aufwiegen, recht geläufig. Im Jahr 2011 beispielsweise unterstützten die Vereinigten Staaten die Militäroperation zum Schutz der Leben von Zivilisten in Libyen, und führten unlängst eine aggressive Intervention im Irak durch, um die bedrohte Bevölkerungsgruppe der Yeziden zu schützen. Dementgegen haben die Vereinigten Staaten wenig Anstrengungen unternommen, zwecks eines Einhalts des Völkermordes in Darfur zu intervenieren, oder der Massen-Gräueltaten in Syrien, welche zu hunderttausenden Toten und Millionen Vertriebener Menschen geführt haben.

Eine mögliche Erklärung ist, dass die lebensbedrohliche Lage in Darfur oder Syrien als nicht hoch genug bewertet wurde, um sich gegen die politischen, ökonomischen, kulturellen oder militärischen Sachverhalte durchzusetzen. Allerdings besteht, zumal diese Entscheidungen üblicherweise auf den höchsten Ebenen der Regierung ohne Transparenz getroffen werden, recht wenig Wissen über die stattfindenden Diskussionen und Debatten, als auch darüber, wie die relative

Bedeutung sich auf die verschiedenen Ziele und Interessen verteilt. Was wir hingegen wissen, ist, dass oft eine augenfällige Trennung zwischen der hohen Wertschätzung der Rettung menschlichen Lebens, wie sie von den führenden Regierungsoffiziellen bekundet wird, und der vermeintlich geringen Wertschätzung, wie sie durch die tatsächliche Untätigkeit der Regierung offenbart wird, wenn Millionen von Leben bedroht sind, erkennbar wird.

Auf der Basis theoretischer Modelle über Urteilen und Entscheidung, Forschung auf dem Gebiet der sozialen Kognition, und dem achtsamen Lesen offizieller Erklärungen, haben meine Kollegen und Ich eine Hypothese entwickelt, um diese Trennung zu erklären. Wir sind der Auffassung, dass eine Vielzahl von Zielvorstellungen im Spiel ist, und dass hoch geschätzte humanitäre Werte im Wettstreit mit staatlichen und ökonomischen Sicherheitsanliegen sich substantiell verflüchtigen.

Demgemäß bestanden dann, wenn die Vereinigten Staaten mit der bekundeten Zielsetzung der Rettung von Menschenleben intervenierten, stets auch vermutete Sicherheitsgewinne. Der Libysche Machthaber Moammar Gadhafi war lange Zeit dafür bekannt, ein unberechenbarer Schurke zu sein; der Gewalt verfallen, zuhause sowie sonstwo. Sein bedrohliches Antlitz verzierte seit 1986 vier Mal die Titelseite des *Time* Magazine, und Ronald Reagan bezog sich auf ihn als »this mad dog of the Middle East«. Ähnlicher Weise waren im Irak Sicherheitsanliegen von Bedeutung. Über die Rettung der Yeziden hinaus, schützten wir amerikanisches Militär- und Diplomatenpersonal, das in der Nähe von Erbil stationiert war.

Im Kontrast dazu war eine humanitäre Intervention in Darfur und Syrien mit einem Sicherheitsrisiko verbunden. Omar al-Bashir, niemand geringeres als ein reueloser Mörder, versorgte die amerikanische Regierung mit Informationen über terroristische Aktivität. Darüber hinaus gaben die Chinesen einen starken Schutzherrn des sudanesischen Regimes ab. Eine die Beziehungen zu China belastende Militäraktion gegen al-Bashir, hätte folglich die ökonomischen und militärischen Interessen der Vereinigten Staaten gefährdet.

Vergleichbar hätte auch eine amerikanische Militärintervention in Syrien als aggressiver politischer Akt angesehen werden können, der eine große Gefahr für die amerikanische Sicherheit bedeutet hätte. Doch das Aufkommen von ISIS, selbst eine Sicherheitsgefahr, und die humanitäre Krise, führten dann zur Intervention in Syrien. Zusammengefasst deuten diese Beispiele auf die Hypothese hin, dass die Vereinigten Staaten eine humanitäre Intervention effektiv nur dann durchführen, wenn Sicherheitsinteressen durch solche Aktionen gleichfalls bedient werden.

Weil Güter-Abwägungen (Tradeoffs) zwischen sicherheitspolitischen- und humanitären Sachverhalten fast ausschließlich implizit als Teil des Entscheidungsfindungsprozesses erfolgen, könnte es der Fall sein, dass jene Trennung zwischen unseren vornehm bekundeten humanitären Werten und ihrer durch Untätigkeit offenbarten Missachtung, von den Entscheidungsträgern nicht bewusst wahrgenommen wird, wenn sie, wie üblich hinter verschlossenen Türen, widerstreitende und oftmals komplexe Entscheidungs-Optionen ausdiskutieren.

Theoretische Fundierung der Hypothese

Wirtschaftswissenschaftler, Philosophen und Denker anderer Couleur interessieren sich seit langem für den Einfluss von Entscheidungen auf festgelegte, bzw. vorgegebene Werte, im Vergleich zu den Werten, wie sie sich durch Wahlmöglichkeiten (Auswahl) zeigen. Rational-Choice-Theorien nehmen gewöhnlich an, dass die hier getroffene Wahl mit den festgelegten Werten übereinstimmend ist. Eine Menge empirischer Untersuchungen haben hingegen gezeigt, dass diese zwei Bewertungsmodelle verschiedene Werte indizieren. Eine Erklärung für diese fehlende Übereinstimmung setzt an der Gewichtung der verschiedenen Attribute oder Gegenstände der Entscheidungs-Optionen, sowie der Evidenz systematischer Diskrepanzen in der Gewichtung, wie sie mit festgelegten und offenbarten Präferenzen verbunden sind, an.

Beispielsweise fand eine im Jahr 1975 veröffentlichte Studie heraus, dass im Angesicht schwieriger Entscheidungen systematisch zu Gunsten der Alternative entschieden wurde, die hinsichtlich des bedeutendsten Attributs angemessener war (Slovic, 1975). Tversky, Sattath, und Slovic (1988) haben diesen Befund später zum Ausgangspunkt einer allgemeinen Entscheidungstheorie, dem »contingent weighting model«, gemacht. Im Kern dieses Modells stand der »prominence effect«, welcher erkannte, dass Entscheidungen im Vergleich zu den festgelegten Werturteilen vielmehr lexikographischen Charakter haben. Das bedeutet, dass die »prominenteren« Attribute beim Entscheiden mehr Gewichtung fanden als in Urteilen, die vorgegebene Präferenzen und Werte reflektierten. Unsere Erklärungs-Hypothese hinsichtlich dieses Effekts ist, dass die gewählten Entscheidungen (Aktionen) im Unterschied zu festgelegten Werten gerechtfertigt werden müssen.

Wir sind der Auffassung, dass der »prominence effect« jener beobachteten Trennung von festgelegten und in Entscheidungen offenbar werdenden Werten zu Grunde liegt, wie sie hinsichtlich der Interventionsentscheidung in fremde Länder im Angesicht einer Vielzahl bedrohter Zivilisten auftrat. Insbesondere vertreten wir die Hypothese, dass die nationale Sicherheit jene »prominente« Dimension in dem Kontext ist, den wir hier untersuchen. Gewählte Aktionen müssen gerechtfertigt werden, und ein Entscheiden zu Gunsten der Sicherheit wird voraussichtlich relevanter eingestuft, als ein Entscheiden zu Gunsten der Rettung fremder Leben, ganz gleich wie viele tausend oder Millionen Leben auf dem Spiel stehen.

Wir beginnen gerade damit, Laborexperimente durchzuführen, um den Einfluss der Sicherheits-Prominenz in Szenarios zu untersuchen, basierend auf der humanitären Krise in Syrien, wo das Ziel des Schutzes von 100 000 Zivilisten wegen der politischen und militärischen Risiken einer amerikanischen Intervention verwässert werden. Die vorläufigen Resultate deuten darauf hin, dass wenn die Entscheidung der separaten Wert-Bekundung (statement) vorausgeht, jenen stark bekundeten Werten eines Individuums bezüglich einer dem Schutz von Leben dienenden Intervention oftmals durch die Entscheidung derselben Person zu Gunsten einer Nicht-Intervention zuwider gehandelt wird. Wenn die Leute hingegen zuvor gebeten werden, ihre Werte betreffend Sicherheit und Lebensrettung separat anzugeben und explizit zu quantifizieren, stimmen ihre darauffolgenden Entscheidungen ziemlich genau mit ihren bekundeten Werten überein. Möglicherweise kann eine solche vorgängige Fokussierung auf individuelle Werte einen Weg aufzeigen, die systematischen Verzerrungseffekte zu überwinden, die durch den »prominence effect« entstehen.

Extensionen des Prominence Effect

Die vorliegende Anwendung des »prominence effect« zum Zweck einer Kritik außenpolitischer Entscheidungen war 1988 von Tverski et al. sicherlich nicht vorgesehen. Aber die Herleitung dieses Prinzips, basierend auf den Daten eines weiten Spektrums von sozialen- und Konsumentenentscheidungen, deutet auf seine weitreichenden Implikationen hin. Man betrachte beispielsweise den Klimawandel: Umfragen zeigen, dass heute immer mehr Amerikaner großen Wert darauf legen, die schädlichen Effekte des Gebrauchs fossiler Brennstoffe aufzuhalten und der moralischen Verpflichtung nachzukommen, den Planeten für zukünftige Generationen zu erhalten. Ein dementsprechend konsistentes und effektives Handeln der Bürger oder ihrer Regierungen ist jedoch selten. Wir bekunden starkes Engagement, sowohl für den Umweltschutz als auch hinsichtlich unseren Verpflichtungen gegenüber zukünftigen Generationen, aber diese Werte werden in Entscheidungen für ungültig erklärt, in denen unmittelbarer Komfort, Annehmlichkeiten und andere direkte Vorteile, die wir aus der Klimazerstörung ziehen, vorrangig (prominent) sind.

Allgemeiner gefasst, scheint »prominence« (Vorrangigkeit) häufig an einem unmittelbaren und sicheren Vorteil von Individuen ausgerichtet zu sein, über die wir uns sorgen. Ein weiteres Beispiel ist der Gefangenenaustausch, wo die Zielsetzung der Sicherung einer identifizierten individuellen Geisel gegen die Zielsetzung einer Abschreckung vor zukünftiger Geiselnahme durch Beibehaltung einer Nichtverhandlungs-Maxime ausgespielt wird. Auch wenn letzte Zielsetzung in einer vorher festgelegten Einschätzung wahrscheinlich aufgenommen würde, wird voraussichtlich dennoch die Rückkehr der lebenden Geisel die vorrangige (prominente) Dimension sein.

Ein letztes Beispiel betrifft die Unternehmenswelt, wo führende Entscheidungsträger oftmals anordnen, die Aktien des Unternehmens zurückzukaufen. Unter solchen Umständen wird der festgelegte Wert einer Zielsetzung der Förderung zukünftigen Wachstums und der Prosperität des Unternehmens wahrscheinlich die festgelegten Werte des finanziellen Wohlbefindens der Exekutiven und der Mehrung des Profits der Aktienbesitzer übertreffen, jedoch könnten die Letzteren vorrangig (prominent) für das Kontrollverhalten sein.

Schlussbemerkungen

Die Implikationen des »prominence effect« für die Entscheidungstheorien sind anspruchsvoll. Wie Tverski et al. beobachten: »Wenn verschiedene Erhebungsverfahren verschiedene Anordnungen von Optionen hervorbringen, wie können dann Werte und Präferenzen definiert werden? Und in welchem Sinn existieren Sie? [...] In Ermangelung wohl definierter Präferenzen ist die Fundierung der Entscheidungstheorie und Entscheidungs-Analyse in Frage gestellt.«

Über die theoretische Signifikanz hinaus, wenn es stimmt, dass »Vorrangigkeit« (prominence) die Anstrengungen der Intervention in massive humanitäre Krisen und andere moralische Dilemmata entwertet, könnten die ethischen und strategischen Implikationen solcher Verzerrungseffekte (biases) tiefgreifend sein. Ob strukturierte Werte-Erhebungsverfahren, welche einem adäquaten Verständnis des »prominence effect« Rechnung tragen, vermögen, die festgelegten Werte und die in Entscheidungen offenbarten Werte in Einklang zu bringen, bleibt zu untersuchen.

Literatur

Cohen, B. L. (1985). Criteria for technology acceptability. Risk Analysis, 5, 1–2.

Crouch, E. A. C., & Wilson, R. (1982). Risk/Benefit analysis. Cambridge, MA: Ballinger.

Covello, V. T., Flamm, W. G., Rodricks, J. V., & Tardiff, R. G. (1983). The analysis of actual versus perceived risks. New York: Plenum.

DuPont, R. L. (1980). Nuclear phobia: Phobic thinking about nuclear power. Washington, DC: The Media Institute.

Funtowicz, S. O., & Ravetz, J. R. (1992). Three types of risk assessment and the emergence of post-normal science. In S. Krimsky & D. Golding (Eds.), Social theories of risk (pp. 251–273). Westport, CT: Praeger.

Gregory, R., Flynn, J., & Slovic, P. (1995). Technological stigma. American Scientist, 83, 220–223.

Krimsky, S., & Golding, D. (1992). Social theories of risk. Westport, CT: Praeger-Greenwood.

National Research Council. Committee on Risk Perception and Communication. (1989). Improving risk communication. Washington, DC: National Academy Press.

Otway, H. (1992). Public wisdom, expert fallibility: Toward a contextual theory of risk. In S. Krimsky & D. Golding (Eds.), Social theories of risk (pp. 215–228). Westport, CT: Praeger.

Pidgeon, N., Hood, C., Jones, D., Turner, B., & Gibson, R. (1992). Risk perception. In The Royal Society Study Group (Ed.), Risk: Analysis, perception and management (pp. 89–134). London: The Royal Society.

Slovic, P. (1975). Choice between equally valued alternatives. Journal of Experimental Psychology: Human Perception and Performance, 1, 280–287.

Slovic, P. (1987). Perception of risk. Science, 236, 280–285.

Slovic, P. (1992). Perception of risk: Reflections on the psychometric paradigm. In S. Krimsky & D. Golding (Eds.), Social theories of risk (pp. 117–152). New York: Praeger.

Tengs, T. O., Adams, M. E., Pliskin, J. S., Safran, D. G., Siegel, J. E., & Weinstein. (1995). Five-hundred life-saving interventions and their cost effectiveness. Risk Analysis, 15, 369–390.

Tversky, A., Sattath, S., & Slovic, P. (1988). Contingent weighting in judgment and choice. Psychological Review, 95, 371–384.

U. S. Environmental Protection Agency. Office of Policy Analysis. (1987). Unfinished business: A comparative assessment of environmental problems. Washington, DC: Author.

Webster, N. (1983). Webster's new twentieth century dictionary. New York: Simon & Schuster.

Weiner, R. F. (1993). Comment on Sheila Jasanoff's guest editorial. Risk Analysis, 13, 495–496.

Wynne, B. (1992). Risk and social learning: Reification to engagement. In S. Krimsky & D. Golding (Eds.), Social theories of risk (pp. 275–300). Westport, CT: Praeger.

Textverweise

This paper is based in part on P. Slovic, »Trust, emotion, sex, politics, and science: Surveying the risk-assessment battlefield,« in M. H. Bazerman, D. M. Messick, A. E. Tenbrunsel, & K. A. Wade-Benzoni (Eds.), *Environment, ethics, and behavior* (pp. 277–313). San Francisco: New Lexington, 1997.

Ethik und Heuristiken: Eine komplexe Beziehung*

Ralph Hertwig

Lassen Sie mich zu Beginn die Karten auf den Tisch legen. Mein Ziel ist folgendes: Ich möchte Sie von einem einfachen Umstand überzeugen, nämlich dem, dass es entsetzlich schwer sein kann, allein mit Blick auf das Handeln einer Person oder seinen Resultaten Schlussfolgerungen über die Qualität des Charakters oder die ethischen Dispositionen der Person zu ziehen. Die Konsequenz dieses Umstandes ist, dass wir moralische Bewertungen erst dann treffen können, wenn wir auch die Entscheidungsstrategie eines Handelnden kennen und verstehen. Dies ist die These meines Vortrages und wir könnten jetzt unmittelbar zur Diskussion schreiten. Doch natürlich möchte ich nicht den Versuch versäumen, Sie zunächst von dieser These zu überzeugen.

Lassen Sie mich mit dem Porträt einer Person der Zeitgeschichte beginnen, die Ihnen allen bekannt ist. In den Worten des französischen Diplomaten und Schriftstellers Chateaubriand sehen wir das Bild eines beispiellosen (»unprecedented«) Helden. Sie werden erkannt haben, dass er damit George Washington meinte, den ersten und vermutlich bedeutendsten Präsidenten der Vereinigten Staaten. Chateaubriands Zuschreibung bezog sich allerdings nicht auf dessen Triumphe als »Commander-in-chief« im amerikanischen Unabhängigkeitskrieg, sondern auf seinen tugendhaften Charakter. Viele seiner Biographen beschrieben ihn in einer Vielzahl höchst unterschiedlicher Situationen als sehr gewissenhaft, aufrecht, ehrlich und anständig. Wie wurde Washington zu diesem »moralischen« Helden?

Gordon Wood (1992), vielleicht der bekannteste Biograph Washingtons, offerierte folgende spekulative, aber interessante Antwort. Er vermutete, dass die Anfänge seiner ethischen Gesinnung und seines Verhaltens früh gelegt wurden. Man

---

*   Unter Mitwirkung von Johannes Schwarze angefertigte Übersetzung des auf der Ethik-Konferenz an der Universität Zürich am 05.09.2014 gehaltenen englischen Vortrags: »How simple strategies explain ›good‹ and ›bad‹ behavior.«

könne sie in einem kleinen Büchlein ausmachen, das im 16. Jahrhundert von französischen Jesuiten verfasst wurde; es trug den Namen »*110 Rules of Civility and Decent Behavior in Company and Conversation*«. Als Kind, so ist überliefert, schrieb Washington jede einzelne dieser Regeln ab – vermutlich um eine schöne Handschrift zu üben. Wood glaubt jedoch, dass man einen Einfluss dieser Regeln auf seine gesamte Lebensführung erkennen kann. Es wird Sie vielleicht interessieren, welche Regeln Washington denn in dem Büchlein vorfand. Ich habe Ihnen daher ein paar dieser Regeln mitgebracht. Verfasst von Jesuiten in der Renaissance sind einige noch heute hilfreich – und können selbst für eine Konferenz wie die unsrige noch interessante Hilfestellung leisten.

Die Regel Nr. 6 ermahnt beispielsweise:

> »Sleep not when others speak, sit not when others stand, speak not when you should hold your peace, walk not on when others stop. [Schlafe nicht, wenn andere reden; sitze nicht, wenn andere stehen; sprich nicht, wenn du schweigen solltest; laufe nicht weiter, wenn andere stehen bleiben.]«

Die Regel 100 könnte in Kürze bei unserem Mittagessen zur Anwendung kommen:

> »Cleanse not your teeth with the table cloth napkin, fork, or knife; but if others do it, let it be done without a peep to them. [Säubere nicht deine Zähne mit einer Stoffserviette, Gabel oder Messer, doch wenn andere dies tun, lasse es ohne abfällige Kommentare geschehen.]«

Man könnte diese Sätze gewiss für Auszüge aus einem altmodischen *Knigge*-Ratgeber halten, doch es gibt auch Regeln, die man als *Heuristiken* verstehen kann. Genauer könnte man sie als einfache Strategien verstehen, die uns helfen, ungewisse oder gar gefährliche soziale Situationen zu bewältigen. Von diesen gab es sicherlich genügend in Washingtons unbeständigen und revolutionären Zeiten. Einige dieser Heuristiken sind auch heute noch aktuell. Regel Nr. 69 formuliert zum Beispiel einen Ratschlag, der einem auch auf einer streitlustigen Konferenz oder bei einer anschließenden, vielleicht schon mit einigen Hochprozentigen begleiteten Diskussion in der Hotelbar helfen könnte:

> »If two contend together, take not the part of either unconstrained, and be not obstinate in your own opinion. *In things indifferent be of the major side.* [Wenn zwei sich streiten, schlage dich nicht gänzlich auf eine Seite und sei auch nicht halsstarrig in deiner eigenen Meinung. *In Angelegenheiten, in denen Du unentschieden bist, sei bei der Mehrheit.*]«

Diese Regel verweist auf etwas, das wir heute als das Mehrheitsprinzip (»majority rule«) kennen – eine vielverwendete Entscheidungsregel, die in diversen Gruppen Anwendung findet, um eine Entscheidung zu treffen.

Der Homo Heuristicus

Warum erzähle ich Ihnen so ausführlich von Washington? Washington und sein Verhalten, das auf einfachen Heuristiken (Entscheidungsregeln) basieren könnte, verkörpert den »homo heuristicus.« Dieser ist der Gegenentwurf zum klassischen »homo oeconomicus«. Die Grundidee des homo heuristicus besteht darin, dass ein großer Anteil menschlichen Entscheidens und Handelns im Sinne einfacher Heuristik verstanden werden kann. Dies ist eine bedeutsame Idee, die von vielen in der psychologischen Forschung zum menschlichen Entscheiden geteilt wird. Man kann diese Idee in den Arbeiten von Paul Slovic (mein Vorredner) und seinen Kollegen Daniel Kahneman oder Amos Tversky finden. Man findet sie ebenso in den Arbeiten von Gerd Gigerenzer und in meinen eigenen Arbeiten. Uneinigkeit herrscht unter diesen Entscheidungsforschern allerdings darüber – und ich möchte dies kurz anmerken, ohne das Thema allzu weit zu vertiefen – wie gut die Leistungsfähigkeit dieser Heuristiken ist oder, in anderen Worten, wie rational diese Heuristiken sind. Nicht wenige glauben, dass Heuristiken, obgleich oftmals zuverlässig, zu schwerwiegenden Fehlern führen können. Paul Slovics Vortrag konnte man entnehmen, dass nach einer einflussreichen Sichtweise der kognitiven Architektur des Menschen zwei Denksysteme unterschieden werden. Heuristiken werden in dieser Systematik im System 1 verortet (siehe Kahneman 2011). Dieses operiert schnell, unbewusst und führt häufig emotionsgesteuerte Entscheidungen herbei. Und es macht eben Fehler. Es gibt allerdings auch eine völlig andere Sichtweise von Heuristiken. Diese postuliert, dass Heuristiken unter spezifischen realen Umständen erstaunlich leistungsfähig sind (Gigerenzer et al. 2011). In meinen Augen ist die Frage daher nicht, ob Heuristiken »gut« oder »schlecht«, rational oder irrational sind, sondern unter welchen Umständen Heuristiken uns erlauben, vorteilhafte oder unvorteilhafte Entscheidungen zu treffen. Lassen Sie mich auch betonen, dass ich davon überzeugt bin, dass wir Heuristiken nicht in erster Linie deshalb verwenden, weil unsere kognitiven Ressourcen begrenzt sind, sondern weil die Welt uns oftmals keine andere Wahl lässt, als diese einfachen Strategien zu gebrauchen – ein Punkt auf den ich gleich nochmal zu sprechen kommen werde.

Unterstellen wir für den Moment, dass Menschen – aus welchen Gründen auch immer – einfache Heuristiken verwenden, um Entscheidungen zu treffen. Dann, so behaupte ich, können wir völlig neue Ideen dazu entwickeln, wie man komplexes Verhalten – auch Verhalten, das bedeutsame ethische Implikationen hat – erklären kann. Komplexes Verhalten kann durch die Wechselwirkung einer einfachen Heuristik mit objektiven Eigenschaften der Welt entstehen. Genau diese Wechselwirkung – und jetzt kommen wir zurück auf das Thema der Konferenz – kann zur Folge haben, dass Verhalten, gemessen an moralischen Normen, erstaunlich inkonsistent und widersprüchlich sein kann. Daraus – erinnern Sie sich an meine Kernthese zu Beginn – folgt: Wenn wir den moralischen Charakter einer Person diagnostizieren wollen, müssen wir außerordentlich vorsichtig sein. Wenn nur das Verhalten und seine Konsequenzen beobachtbar sind und man nicht entschlüsselt hat, welche Form von Entscheidungsregeln oder Heuristik das fragliche Verhalten hervorgebracht hat, können wir zu fehlerhaften Schlussfolgerungen über die moralischen Dispositionen einer Person gelangen.

Warum Heuristiken unverzichtbar sind

Bevor wir mehr zu dieser These hören, gilt es den Begriff Heuristik etwas besser zu verstehen: Was ist eigentlich eine Heuristik? Hier eine kurze Definition, die ich hilfreich finde: »Eine Heuristik ist eine Strategie, welche weder alle vorhandenen Informationen sucht, gewichtet oder auswertet noch umfängliche mentale Berechnungen ausführt mit dem Ziel, optimierte Lösungen zu erzielen« (Gigerenzer und Gaissmaier 2011). Heuristiken stehen also im Widerspruch zu dem Ideal, das wir uns häufig von gutem Entscheiden machen, nämlich alle Informationen zu erfassen, sie zu gewichten und sorgfältig abzuwägen und dadurch zu einer wohldurchdachten Entscheidung zu gelangen. Der homo oeconomicus würde diesem Ideal entsprechen.

Zur Veranschaulichung einer Heuristik erinnern Sie sich bitte an die Regel 69, die Washington las: »*[…] In things indifferent be of the major side. [In Angelegenheiten, in denen Du unentschieden bist, sei bei der Mehrheit.]*« In dieser Situation, in der zwei sich streiten und man selbst unentschieden ist, könnte man alternativ mehr Informationen sammeln und sorgfältig darüber nachdenken, ob man sich vielleicht mit jener Partei zusammentun sollte, mit der man in Zukunft zusammenarbeiten möchte. Diese und andere Aspekte könnten in die Entscheidung einbezogen werden. Man könnte sie sorgfältig bedenken und abwägen. Regel 69 aber sagt kurz und bündig und sinngemäß: »Finde heraus, wie die Mehrheit denkt und schließe Dich ihr an.« In diesem Sinne begrenzt diese Regel, diese Heuristik, die Suche nach weiterer Information im Gedächtnis oder in der Welt.

Warum sind Heuristiken so unverzichtbar in einer unsicheren sozialen Welt? Es gibt dafür mehrere Gründe (Hertwig et al. 2013). Der erste Grund ist, dass es viele Probleme gibt, die aus *praktischen* Gründen unlösbar sind. Praktisch unlösbar gelten Probleme zum Beispiel dann, wenn es kein Gehirn und keine Maschine gibt, die in endlicher Zeit die optimale Lösung errechnen könnte (vorausgesetzt, es gäbe diese). Schach ist ein gutes Beispiel dafür. Sie erinnern sich an »Deep Blue«, den Supercomputer, der den damaligen Schachweltmeister Garri Kasparow besiegte. Deep Blue würde 55 Milliarden Jahre benötigen, um 10 Züge beider Spieler im Voraus zu berechnen und den optimalen Zug zu ermitteln. Das bedeutet, dass Deep Blue aus rein praktischen Gründen nicht in der Lage ist, den optimalen Spielzug zu ermitteln. Stattdessen bedient sich Deep Blue sogenannter »approximate methods« (Annäherungsmethoden; Gigerenzer und Gaissmaier 2011), um sich dem besten Zug anzunähern.

Schach ist im Vergleich zur realen Welt vergleichsweise wenig komplex. Es gibt lediglich zwei Spieler, eine genau bestimmte endliche Anzahl möglicher Züge und präzise definierte Spielregeln. In realen Situationen sitzt uns aber oft mehr als ein Gegenspieler gegenüber; Spieler haben nicht nur eine festgelegte Anzahl von Strategien und die Regeln unserer »sozialen Spiele« sind auch selten so eindeutig festgelegt wie im Schach. Wenn man also in einem so einfachen und transparenten Spiel wie Schach zur Kenntnis nehmen muss, dass die optimale Lösung nicht berechnet werden kann, dann gilt dies erst recht in der realen Welt. Wir können schlicht aus praktischen Gründen oftmals nicht optimieren. Daher bleibt uns nichts anderes, als mit Annäherungsmethoden, also zum Beispiel Heuristiken, zu operieren.

Ein weiterer Grund, warum Heuristiken unverzichtbar sind, ist, dass wir es in vielen sozialen Situationen mit widerstreitenden und unvereinbaren Gründen und Motiven zu tun haben. Diese verhindern die Form von Abwägung und Integration, die in vielen rationalen Modellen des Entscheidens – wie zum Beispiel in der Theorie des erwarteten Nutzens oder in Modellen moralischen Denkens und Handelns, wie dem »Konsequentialismus« oder dem »Utilitarismus« – postuliert werden. Lassen Sie uns wieder ein Beispiel betrachten. Sie erinnern sich vielleicht an Karl-Theodor zu Guttenberg. Vor einigen Jahren galt er als aufgehender Stern am politischen Himmel Deutschlands, um dann 2011 als Verteidigungsminister zurücktreten zu müssen. Er hatte einen beträchtlichen Teil seiner Dissertation plagiiert. Der Rücktritt war das Schlusskapitel einer längeren, öffentlichen Auseinandersetzung um den Plagiatsvorwurf. Im Zentrum dieser Auseinandersetzung stand auch eine Äußerung von Angela Merkel, die bemüht war, ihren Verteidigungsminister im Amt zu halten. Sie argumentierte sinngemäß wie folgt: Guttenberg erfülle seine Aufgaben als Minister hervorragend und nur das zähle für sie. Schließlich habe sie ihn als Minister bestellt und nicht als wissenschaftlichen Assistenten. Mit dieser Aussage unterstellte sie also, man könne die Leistungen von Guttenberg im Amt gegen etwaige Verfehlungen beim Verfassen seiner Doktorarbeit in die Waagschale werfen und die ersteren würden die letzteren aufwiegen.

Was eine Verteidigung von Guttenberg sein sollte, schlug ins Gegenteil um. Rund 60 000 deutsche Studenten und Akademiker unterschrieben einen offenen Brief, in dem sie Merkel wissen ließen, dass für sie diese Art von Güterabwägung inakzeptabel sei. Werte wie Redlichkeit und Vertrauen wären in der wissenschaftlichen Forschung absolut unverzichtbar und ihre Missachtung würde keineswegs durch gute Leistungen auf einem anderen Gebiet aufgewogen werden. Guttenberg trat zurück. Es war ein eindrückliches Beispiel dafür, dass sich keineswegs alle Dinge einfach miteinander abwägen und in ein Urteil integrieren lassen. Die Theorie des erwarteten Nutzens lässt aber eine solche Güterabwägung zu – sie fordert sie sogar ein. Für Menschen scheint es aber Situationen zu geben, in der die Suche nach weiterer Information und dessen Abwägen und Integrieren unmöglich oder inakzeptabel scheint. Für sie stehen einer oder wenige gute Gründe im Vordergrund, die sich komplexen Abwägungsprozessen entziehen.

Ein weiterer Grund für die Bedeutung von Heuristiken beim Treffen von Entscheidungen ist schlicht und einfach Zeitdruck. Mangel an Zeit ist eine häufige Bedingung menschlichen Handelns. Hier wieder ein Beispiel: Es illustriert, dass die Art des bewussten und wohlüberlegten Entscheidens, die wir gewöhnlich mit gutem Entscheiden gleichsetzen, oftmals nicht realisiert werden kann. Das Beispiel stammt aus einem wunderbaren Buch zweier Soziologen (Gambetta und Hamill 2005). Die Autoren befassen sich unter anderem mit der Frage, welcher Art von Hinweisen Taxifahrer Beachtung schenken, um die Vertrauenswürdigkeit ihrer Fahrgäste abzuschätzen. Dieses Urteil kann lebenswichtig sein. In vielen Metropolen der Welt muss sich ein Taxifahrer sehr genau überlegen, wen er in sein Auto lässt. Jemand winkt am Straßenrand. Wie findet man in wenigen Sekunden heraus, ob die Person das Auto besteigen sollte oder besser draußen bleibt? Taxifahrer scheinen sehr einfache Heuristiken zu verwenden. Diese erlauben auf der Grundlage von wenigen Hinweisen eine schnelle Entscheidung. Eine Regel lautet zum Beispiel: »Wenn jemand in New York an einem sonnigen Tag mit einer dicken Jacke herumläuft, die bis zum Hals zugezogen ist, dann lasse diese Person nicht ins Taxi. Du weißt nicht, was sie unter ihrer Jacke verbirgt.« Wiederum könnte man nach mehr Informationen suchen – vielleicht leidet der potentielle Fahrgast an einer Sommergrippe oder er fröstelt schnell, wenn die Klimaanlage läuft, oder, oder. In der Praxis können sich die Taxifahrer diesen Luxus nicht erlauben. Sie müssen schnell und auf der Grundlage weniger und schnell erfassbarer Informationen eine Entscheidung treffen. Sie verwenden Heuristiken.

Wie ein Fairness-Motiv Ungleichheit schafft

Ich hoffe, Sie einigermaßen davon überzeugt zu haben, dass Heuristiken ein unverzichtbares Werkzeug sind, um Entscheidungen zu treffen. Wenden wir uns jetzt der Frage zu, wie diese einfachen Strategien überraschend komplexes Verhalten produzieren können.

Sozial- und Verhaltenswissenschaftler neigen traditionell dazu, beobachtetes Verhalten stabilen Präferenzen, Persönlichkeitsmerkmalen oder anderen inneren Dispositionen zuzuschreiben. Diese Erklärungsmuster übersehen allerdings, dass komplexes Verhalten häufig durch die Wechselwirkung einfacher Heuristiken mit Bedingungen der Umwelt entsteht. Nehmen wir als Beispiel Eltern mit mehr als einem Kind, denen sich die Frage stellt, wie sie ihre begrenzten Ressourcen – Liebe, Aufmerksamkeit oder Zeit – verteilen sollen. Die klassische Antwort lautet: maximieren. Theoretisch sollten Eltern jene Kinder bevorzugen, von denen sie vermuten, dass sie es später zu mehr Wohlstand bringen und den Eltern im Alter zur Seite stehen. Allerdings können Eltern natürlich nicht in die Zukunft blicken und berechnen, von welchem Kind sie mehr profitieren. In dieser ungewissen Situation verlassen sich viele Eltern auf eine einfache Heuristik, die gleichzeitig auch ihrem Sinn für Gerechtigkeit Rechnung trägt: »Teile Deine Ressource (zum Beispiel Zeit) gleichmäßig unter Deinen Kindern auf« (Hertwig et al. 2002).

Auf den ersten Blick sollte man meinen, dass Eltern, die ausschließlich diese 1/N-Regel anwenden, eine faire (das heißt hier: gleiche) Ressourcenverteilung erzielen sollten. Empirisch findet man allerdings keine derartige Gleichverteilung. Abbildung 1 zeigt, dass die zeitliche Zuwendung, die Geschwister bis zum 18. Lebensjahr in US-amerikanischen Familien von den Eltern erhielten, erheblich ungleich verteilt war. Das heißt, die mittleren Kinder erfahren weniger zeitliche Zuwendungen als das älteste und das jüngste Kind. Dieser Nachteil wird umso größer, je größer die Familie (drei, vier oder fünf Kinder) ist und je weiter die Geschwister altersmäßig auseinanderliegen.

Wie entsteht dieses Ungleichgewicht? Liegen den Eltern ihre Erstgeborenen und Nesthäkchen mehr am Herzen als die mittleren Kinder – vielleicht weil die ersten reifer und die letzten niedlicher sind? Dies würde auch erklären, warum Eltern mit nur zwei Kindern ihre Zuwendung gleich verteilen (Abb. 1). Oder lügen jene Eltern sich in die Tasche, die regelmäßig in soziologischen Umfragen in egalitären Gesellschaften angeben, keine ihrer Kinder vorzuziehen und es für richtig halten, ihre Kinder gleich und fair zu behandeln? Man muss aber weder zu spekulativen inneren Motiven noch zu Heuchelei greifen, um die komplexen Muster der Ressourcenverteilung in Abbildung 1 zu erklären. Die Anwendung der einfachen 1/N-Heuristik und deren Zusammenspiel mit den objektiven Bedingungen der

Abbildung 1

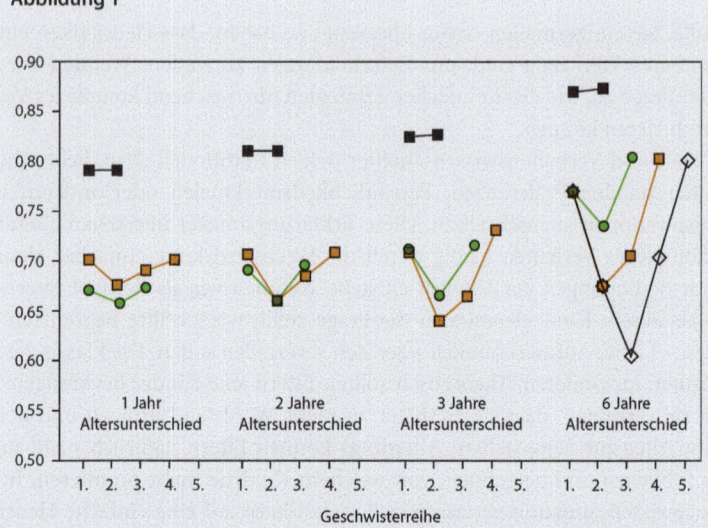

Eltern verbringen mehr Zeit mit ihren erst- und letztgeborenen Kindern als mit ihren mittleren Kindern. In Zwei-Kind-Familien haben beide Geschwister am Ende mit 18 Jahren (schwarze Quadrate) von beiden Eltern zeitlich die gleiche Zuwendung erhalten. Doch in Familien mit drei (grüne Kreise), vier (orange Quadrate) und fünf Kindern (weiße Rauten) bekommen die mittleren Kinder zeitlich weniger Aufmerksamkeit geschenkt. Ihre Benachteiligung wird umso größer, je weiter die Kinder altersmäßig auseinanderliegen. Reanalyse von Daten von 1 296 Familien in Syracuse (siehe Hertwig, Davis, & Sulloway, 2002).

© Max-Planck-Institut für Bildungsforschung/Hertwig

spezifischen familiären Umgebung – hier Kinderanzahl und zeitlicher Abstand zwischen den Kindern – kann dieses Muster erklären bzw. sagt es sogar vorher. Abbildung 2 (oberer Teil) hilft, dies zu veranschaulichen. Lassen Sie uns zunächst von einer Familie mit einem Einzelkind ausgehen. Extrem vereinfachend gibt es in der Welt der Familie nur vier Entwicklungsperioden. In jeder dieser vier Perioden erhält das Einzelkind 100 % der elterlichen Ressourcen (z. B. Zeit). Wenn das Kind erwachsen ist und die Familie verlässt, werden keine weiteren Ressourcen mehr investiert. Wenn man die gleiche Logik auf eine Familie mit zwei Kindern erweitert, erhält das Erstgeborene in der ersten Periode zunächst 100 % der elterlichen Zeit. Wenn das Zweitgeborene in die Familie kommt, verteilen ab dieser Periode die Eltern ihre Zeit gleichmäßig zwischen den Kindern. Das heißt, sie wenden die 1/N-Heuristik an. Genauso verfährt man in den weiteren Perioden. Dann verlässt das Älteste die Familie und in der letzten Entwicklungsperiode des Zweitgeborenen erhält dieses alle Ressourcen der Eltern. Dieselbe Logik findet Anwendung in einer Familie mit drei Kindern: Dies bedeutet, dass die Ressourcen in der dritten Phase zwischen den drei Kindern gleichmäßig aufgeteilt werden. In der letzten Periode erhält das Nesthäkchen dann wiederum 100 % der Ressourcen.

Lassen Sie uns jetzt Folgendes tun. Wir aggregieren die Ressourcen über alle Perioden, um zu sehen, wie viel Zeit ein Kind im Laufe seiner Entwicklung erhält. Der untere Teil von Abbildung 2 zeigt die kumulierten Ressourcen – dabei fallen zwei Ungleichgewichte auf. Erstens erhält das Einzelkind mehr Ressourcen als die Kinder in einer Familie mit zwei oder drei Kindern. Das ist nicht überraschend und resultiert daraus, dass elterliche Ressourcen in der Regel begrenzt sind und je mehr von diesem Kuchen essen, desto kleiner müssen die Stücke werden. Überraschender ist das zweite Ungleichgewicht: Die Mittelgeborenen (oder »Sandwichkinder«) sind diejenigen, die im Schnitt weniger Ressourcen erhalten und dies, obgleich die Eltern in jeder Investitionsperiode ihre Ressourcen *gleichmäßig* verteilt haben. Das elterliche Streben nach Fairness und Gleichbehandlung kann also paradoxerweise Ungleichheit in der Ressourcenverteilung erzeugen.

Die Erklärung für die Ungleichgewichte in Abbildung 1 muss also keineswegs darin bestehen, dass die Eltern die mittleren Kinder schlechter behandeln. Die Erklärung könnte im Wechselspiel der 1/N-Heuristik, die faire Behandlung implementieren soll, und den strukturellen Eigenschaften der Welt der Familie bestehen. Im Unterschied zu Erst- und Letztgeborenen erfahren die Kinder in der Mitte niemals eine Phase ungeteilter Aufmerksamkeit. Sie kommen in die Familie und treffen auf das Erstgeborene und sie verlassen die Familie zu einem Zeitpunkt, in dem das Nesthäkchen noch in der Familie verbleibt.

Was kann man aus dieser Analyse lernen? Aus den Konsequenzen von Verhalten – hier der kumulierten Verteilung elterlicher Ressourcen (Abb. 2) – kann man häufig genug nur sehr unvollständig und fehlerhaft auf die Moral des Han-

Abbildung 2

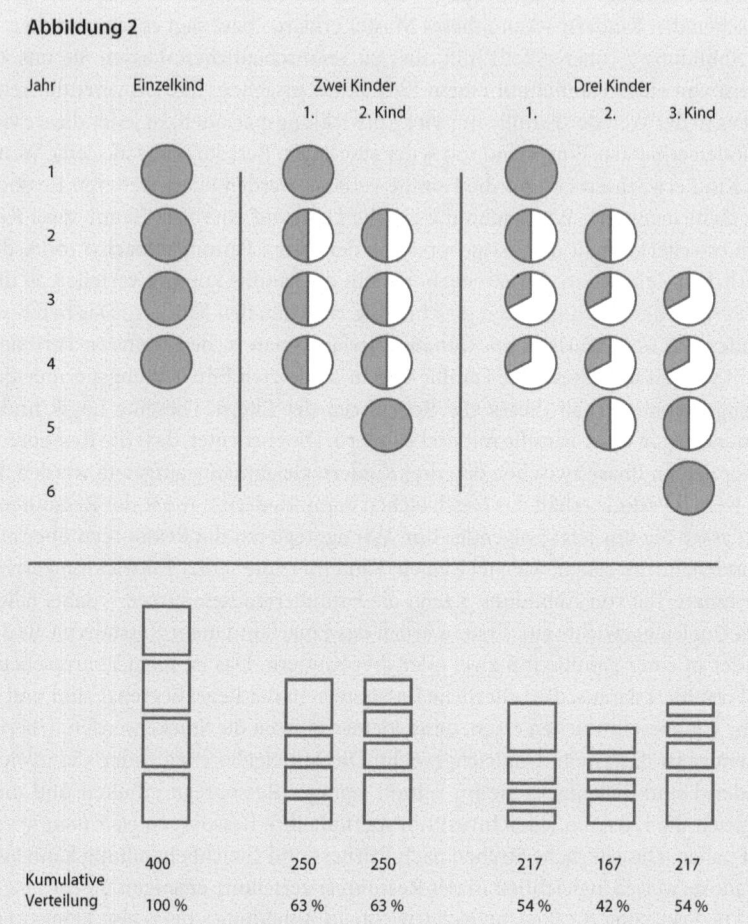

Kreise im oberen Teil der Abbildung stellen die Zuteilung von elterlichen Ressourcen in Familien mit einem, zwei oder drei Kindern dar. Angenommen wird, dass in jeder der vier Investitionsperioden die verfügbare und begrenzte Zeit gleich unter den in der Familie anwesenden Kindern verteilt wird (1/N-Heuristik). Die Balken im unteren Teil zeigen die absoluten und relativen kumulativen Investitionen (berechnet als Anteil der Investitionen für ein Einzelkind) in den vier Wachstumsphasen (Jahre). (siehe Hertwig, Davis, & Sulloway, 2002).

© Max-Planck-Institut für Bildungsforschung/Hertwig

delnden schließen. Eltern von Familien mit drei und mehr Kindern, die vorgeben, ihre Kinder gleich zu behandeln, sollten nicht vorschnell der Heuchelei schuldig gesprochen werden. Die Ungleichheit in den Ressourcen kann dadurch entstehen, dass die 1/N-Heuristik im Wechselspiel mit den objektiven Eigenschaften der Familie (z. B.: Geburtenrang, Altersunterschiede) komplexe Ressourcenverteilungen verursacht.

Mikromotive und Makroverhalten

Schlägt man eine Stadtkarte von New York auf, in der eingezeichnet ist, wo vorwiegend bestimmte Bevölkerungsgruppen leben, dann bemerkt man schnell eine deutliche Clusterbildung. Man sieht zum Beispiel, dass in Lower and Upper Manhattan die weiße Bevölkerung überwiegt – mit Chinatown und einem kleinen Cluster asiatischer Bevölkerung als einzigen Ausnahmen. Fährt man mit dem Finger auf der Karte in den Norden, kommt man nach Harlem, wo die schwarze Bevölkerung überwiegt. Bewegt man sich noch weiter nach Norden Richtung Bronx, beginnt die hispanische Bevölkerung zu überwiegen. Vergegenwärtigt man sich diese Clusterbildung, könnte man versucht sein zu glauben: New York hat ein Rassismus-Problem. Die New Yorker scheinen vorwiegend in Gegenden zu leben, in denen Menschen so sind wie sie selbst.

Aber ähnlich wie im Fall der scheinbar heuchlerischen Eltern (»Wir behandeln alle unsere Kinder gleich.«) gibt es auch hier eine plausible Alternativerklärung. In die Diskussion gebracht wurde sie von dem Ökonomen und Nobelpreisträger Thomas Schelling (1978). Lassen Sie uns eines seiner Gedankenexperimente machen. Wir reduzieren New York auf ein Schach-Brett mit nur zwei Sorten von Steinen, weißen und schwarzen Steinen. Die Farben stehen für zwei unterschiedliche Ethnien und jeder Stein stellt einen Haushalt dar. Zu Beginn sind diese Steine relativ zufällig über das Brett verteilt; die beiden Gruppen sind sozusagen integriert (wie in Abb. 3a gezeigt). Im zweiten Schritt nehmen wir an, dass jeder Haushalt einer einfachen Entscheidungsregel folgt. Diese besagt: »Wir möchten in unserer Nachbarschaft keine Minderheit sein und deshalb sollte mindestens die Hälfte der Nachbarhaushalte der gleichen Gruppe wie wir angehören. Wenn dies nicht der Fall ist, ziehen wir um.« Wir könnten jetzt sicher diskutieren, ob nicht schon das Bedürfnis, dort zu leben, wo die Hälfte der Nachbarn so sind wie man selbst, eine Form von Ausgrenzung impliziert. Aber sicher repräsentiert diese Entscheidungsregel eine größere Integrationsbereitschaft als die Entscheidung, nur dort zu leben, wo die Mehrheit oder gar alle so sind wie man selbst.

Wenn wir nun annehmen, dass eine solche Entscheidungsregel existiert (d. h. umziehen, sofern in der Minderheit), was bedeutet diese dann für eine zunächst

integrierte Nachbarschaft? Der rotumrandete Haushalt (Abb. 3a) hat keinen
Grund umzuziehen. Er ist von vier »weißen« und vier »schwarzen« Haushalten
umgeben und diese Komposition ist mit seiner Entscheidungsregel völlig vereinbar. Das sieht für den blauumrandeten Haushalt anders aus. Dies ist ein »schwarzer Haushalt«, der von vier »weißen« und nur »zwei« schwarzen Haushalten
umgeben ist. Er wird sich entscheiden, dorthin umzuziehen, wo es eine Nachbarschaft gibt, die mit seiner Entscheidungsregel vereinbar ist. Genauso der grü-
numrandete Haushalt. Dieser »weiße« Haushalt ist von einer Mehrheit schwarzer
Haushalte umgeben. Ergo, der Haushalt wird auch umziehen. Wenn aber Haushalte beginnen umzuziehen, setzt eine fatale Dynamik ein. Jeder Haushalt, der
umzieht, verändert die Zusammensetzung der Haushalte in der alten wie auch in
der neuen Nachbarschaft. Dies hat zur Folge, dass jetzt auch andere Haushalte hin-
und herziehen werden, bis ein neues Gleichgewicht erreicht ist, in dem niemand
mehr einen Grund hat umzuziehen. Abbildung 3b zeigt ein solches neues Gleichgewicht. Was bedauernswerterweise entstand, ist eine segregierte Nachbarschaft,
mit Clustern schwarzer Haushalte und sonst weißer Haushalte.

Das bedeutet aber nicht, dass die schwarzen oder weißen Haushalte von einem
starken Ausgrenzungsmotiv geleitet waren. Sie folgten einer einfachen Entscheidungsregel, die durch die zeitgleiche Interaktion mit den anderen Haushalten zu
einem problematischen Verhalten auf der Makro-Ebene führt, das aber keineswegs aus dem Mikromotiv (mindestens die Hälfte der Nachbarhaushalte sollen
der eigenen Ethnie angehören) unmittelbar folgt. Dies ist ein weiteres Beispiel dafür, dass es entsetzlich schwer sein kann, allein mit Blick auf das Handeln einer
Person oder seinen Resultaten Schlussfolgerungen über die Qualität des Charakters oder die ethischen Dispositionen der Person zu ziehen. Man muss neben den
beobachtbaren Handlungskonsequenzen auch verstehen, welche Entscheidungsregel eine Person (oder hier ein Haushalt) zur Anwendung bringt, um zu einer fairen Beurteilung der ethischen Qualität einer Handlung zu kommen.

Schlussfolgerungen

Ich habe versucht, Sie davon zu überzeugen, dass nicht nur George Washington,
sondern wir alle uns häufig einfacher Heuristiken bedienen. Sie sind uns ein
sehr wichtiges Werkzeug und wir bedienen uns ihrer nicht in erster Linie, weil
wir kognitiv begrenzt sind. Natürlich sind unsere kognitiven Ressourcen relativ
zur Komplexität der Welt begrenzt. Das steht außer Frage. Doch die Welt lässt
uns oftmals keine andere Wahl, als Heuristiken zu verwenden, weil optimieren-
de Verfahren häufig unpraktikabel sind (Beispiel »Schach«), Gründe und Motive
inkompatibel sind (Beispiel »Ehrlichkeit in der Wissenschaft vs. Leistungen eines

Abbildung 3

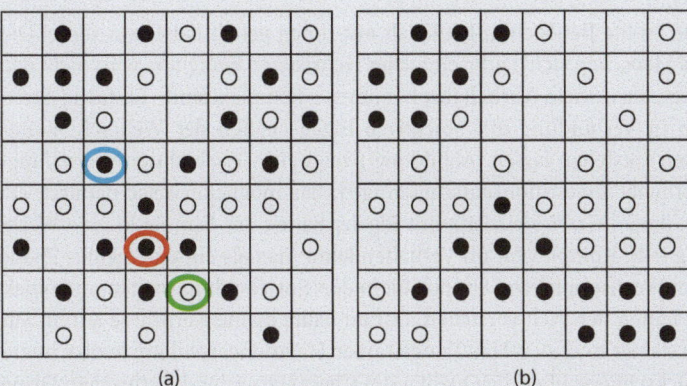

(a)   (b)

Die schwarzen und weißen Steine auf einem Schachbrett repräsentieren symbolisch die Haushalte von zwei Bevölkerungsgruppen, die integriert zusammenleben (d. h. jeder Haushalt ist zufällig auf einem Feld platziert, unabhängig davon, was die Farben der Nachbarhaushalte sind; siehe Abb. 3a). Abbildung 3b zeigt die »Deintegration« der Haushalte und Clusterung nach Ethnien, wenn jeder Haushalt einen anderen Ort sucht, sofern die Mehrheit der angrenzenden Haushalte einer anderen Ethnie angehört.

Abbildung aus Schelling (1978).

Ministers«) und nicht integriert werden können oder weil wir uns sehr schnell entscheiden müssen (Beispiel »Taxifahrer und Vertrauenswürdigkeit des Fahrgastes«).

Eine zweite Beobachtung, die ich mit Ihnen geteilt habe, war diese: Die These, dass Menschen sich häufig einfacher Heuristiken bedienen, wird nicht dadurch widerlegt, dass viele Verhaltensphänomene komplex sind. Einfache Strategien können in Verbindung mit objektiven Eigenschaften der Welt sehr komplexes Verhalten entstehen lassen. Abbildung 1 zeigt ein vielschichtiges Verteilungsmuster elterlicher Investitionsentscheidungen, das möglicherweise dadurch entstanden ist, dass die 1/N-Heuristik mit Eigenschaften der Familie in eine Wechselbeziehung tritt. Komplexität im Verhalten kann man als ein emergentes Phänomen aus dem Wechselspiel von Simplizität in den Entscheidungsregeln und objektiven Eigenschaften der Welt verstehen. Darauf baute meine Kernthese auf: In Situationen, in denen man nur Handlungen oder Handlungsresultate beobachten kann, sind Rückschlüsse über die Qualität des Charakters oder die ethischen Dispositionen der handelnden Person unter Umständen extrem irreführend. Um zu einer angemessenen Beurteilung einer Handlung und ihrer ethischen Implikationen zu gelangen, muss man verstehen, welcher Entscheidungsstrategie oder Heuristik sich der Handelnde bedient hat.

Literatur

Gambetta, D., & Hamill, H. (2005). Streetwise: How taxi drivers establish their Customers' trustworthiness. New York: Russell Sage.

Gigerenzer, G., & Gaissmaier, W. (2011). Heuristic decision making. Annual Review of Psychology, 62, 451–482.

Gigerenzer, G., Hertwig, R., & Pachur, T. (2011). Heuristics: The foundations of adaptive behavior. New York: Oxford.

Hertwig, R., Hoffrage, U., & the ABC Research Group (2013). Simple heuristics in a social world. New York: Oxford University Press.

Hertwig, R., Davis, J. N., & Sulloway, F. J. (2002). Parental investment: How an equity motive can produce inequality. Psychological Bulletin, 128, 728–745.

Kahneman, D. (2011). Thinking, fast and slow. New York: Farrar, Straus and Giroux.

Schelling, T. C. (1978). Micromotives and Macrobehavior. New York: Norton.

Wood, G. S. (1992). The greatness of George Washington. The Virginia Quarterly Review, 68, 189–207.

Gute Lügen, böse Moral und beliebiges Gewissen

Moritz Leuenberger

Sie haben den ganzen Tag über Ethik, Moral und Lügen gesprochen. Ich kann mir nicht anmaßen, nun die ultimative Zusammenfassung zu liefern und schon gar nicht, Ihnen etwas ebenso Kompetentes zu liefern, wie Sie es sich heute erarbeitet haben. Deshalb beschränke ich mich darauf, einige Gesinnungswandel zu schildern, die ich zu Ihrem Themenbereich während und nach meiner aktiven Zeit als Politiker durchlebte. Gewiss haben Sie bei diesem Titel gedacht: Er liest aus seinem Tagebuch als Politiker vor.»Nirgends wird so viel gelogen wie in der Politik, Moral ist dort ohnehin ein Schimpfwort und Gewissen haben die gar keines.« Das ist eine häufig anzutreffende Einstellung. Ich habe mich dagegen empört, dass in der Politik gelogen werden müsse, um Verantwortung wahrzunehmen. Noch in der Amtszeit habe ich dazu sogar ein Buch verfasst, um mich zu rechtfertigen. Heute sehe ich das etwas anders. Hingegen bin ich immer noch nicht damit einverstanden, es werde nirgends so viel gelogen wie in der Politik.

Mit»Politik« meine ich die Politik in den westlichen Demokratien. Die Vorwürfe, mit denen ich mich herumschlage, betreffen nämlich diese Politik. Wir sprechen also nicht von Kriegsparteien, nicht von Putin.

Böse Moral

Was ist Moral? Was ist moralisch? Ist»Moralisch« etwas Depressives, wie in dem Ausspruch»den Moralischen haben«? Oder bedeutet es im Gegenteil Standfestigkeit, also in einem Fussballmatch»Moral beweisen« (»Wir müssen einfach noch mehr Moral zeigen!«)? Ist es eher etwas Positives,»dieser Mann hat noch Moral« oder etwas Abwertendes,»diese Moraltante reißt mir den letzten Nuggi raus«?

Meist wird das Adjektiv»moralisch« mit»gut« und»Moral« mit einer guten Ordnung gleichgesetzt, also positiv bewertet: Ein Buch von André Comte-Sponville lautet: *Kann Kapitalismus moralisch sein?* Dahinter steht eine kritische Haltung gegenüber dem Kapitalismus und eine positiven Bewertung von »moralisch«. Regelmäßig sehe ich Titel an Symposien wie: »Wie viel Moral erträgt die Politik?« Dahinter steckt auch eine Wertung und sie tönt wie die Frage nach einer Salatsauce: Wie viel Moralinsäure und wie viel politisches Schmieröl braucht es?

Gewiss wird Moral immer als etwas Sinnvolles vorgestellt, von den Schöpfern also positiv bewertet. Dennoch empfinden wir Moral nicht immer als positiv. Wir alle kennen moralische Regeln, historische und aktuelle, mit denen wir keineswegs einverstanden sind. Moralisten ärgern uns. Sie predigen Normen, die wir als überholt betrachten, und auch gegen neue Moralapostel, die uns das Rauchen vergällen wollen, lehnen wir uns auf, je nach gesellschaftspolitischer oder religiöser Überzeugung. »Die Moral« als Begriff ist also wertfrei.

Es gibt eine Wechselwirkung zwischen Gesetz und Moral. Moralische Vergehen werden durch gesetzliche Normen sanktioniert. Fiaz (Fahren im angetrunkenem Zustand) als Kavaliersdelikt. Lange Zeit galt in unserer Gesellschaft die soziale Norm »Ein Gläschen in Ehren kann niemand verwehren«. Es war das Gesetz, das dieses Denken gekippt hat. Nach einer gezielten Gesetzesverschärfung, in deren Zuge solche Delinquenten zu Gefängnisstrafen verurteilt wurden, hat sich ein moralisches Umdenken eingestellt. Die Veränderung der Gesetzeslage hat in diesem Fall zu einer Veränderung der Moral beigetragen.

Durch die Annahme der eidgenössischen Volksinitiative gegen die »Abzockerei« verdichtete sich eine moralische Haltung zu einem Verfassungstext, der jetzt konkret umgesetzt werden muss. Dahinter steckt eine moralische Auffassung über den Bezug von Boni bei Managerlöhnen, die dann in eine gesetzliche Norm gegossen wird. Vorläufig in eine Verfassungsnorm: die Umwandlung in ein Gesetz soll folgen. Eine andere Wechselwirkung zwischen Gesetz und Moral besteht darin, dass gesetzliche Normen durch moralische überwunden werden. So etwa beim Konkubinat oder bei der Abtreibung.

Der Schweizerische Bundesrat beantragt erste zaghafte Vorschläge gegen die Vergeudung von Esswaren, um den Abfallberg zu verkleinern. Reflexartig warnen die Wirtschaftsverbände vor neuen Vorschriften: Wir können nun einen Prozess beobachten, wonach ein moralisches Bewusstsein aufgebaut wird, das langfristig zu einem Gesetz führen wird. In einer direkten Demokratie ist es eben so, dass sobald eine Mehrheit der Leute eine moralische Norm akzeptiert, es auch möglich wird, ein entsprechendes Gesetz umzusetzen. Dann ist die moralische Norm zum Gesetz geworden, allerdings aber auch für solche Leute, welche die moralische Norm zuvor nicht akzeptiert haben.

Moralisierende Empörung

Es gibt das spontane Erschaffen von moralischen Normen, indem gleichzeitig moralisierende Empörung geschürt wird. Beispiele hierfür sind folgende: Ein US-General trat wegen eines außerehelichen Verhältnisses trotz seiner beruflichen Verdienste zurück. Eine deutsche Bundesministerin trat zurück, weil sie Teile der Dissertation vor Jahrzehnten ohne Zitatangabe abschrieb. Oder denken Sie an die Vorwürfe in der Schweiz an Václav Havel, dem 2011 verstorbenen tschechischen Politiker und Essayist, als er nach dem Tod seiner Frau Olga erneut heiratete. Ebenso der Fall Steinegger, der zwei Jahre vor mir in der Schweiz als Bundesrat kandidiert hat. Ihm blieb das Amt verwehrt, weil er noch nicht geschieden war, aber bereits mit seiner neuen Freundin zusammengelebt hatte. Zwei Jahre später hat die Moral dann gewechselt, und somit konnte ich als erster geschiedener Bundesrat tatsächlich gewählt werden. Heute ist es eine statistische Tatsache, dass jede zweite Ehe geschieden wird. Von daher ist ein solches moralisches Maß, welches geschiedene Politiker verurteilt, äußerst unzeitgemäß und unangebracht.

In offizielle Repräsentanten werden immer auch Idealvorstellungen projiziert. Sie sollen besser sein als wir. Trotz Demokratie ist da immer noch die Erwartung in ein Staats-»Oberhaupt«, das über dem »Volkskörper« thront und auch moralische Idealvorstellungen zu repräsentieren habe. Wo bleiben da die Errungenschaften der Aufklärung, die im Strafrecht selbstverständlich sind, wie Verjährung, Verhältnismäßigkeit und faire Verfahren? Da werden Verletzungen von moralischen Regeln unter medialem Druck ungleich härter verfolgt als strafrechtliche Tatbestände. Einer gesetzlich geregelten, aufgeklärten Strafjustiz steht heute eine moralisch mediale Lynchjustiz gegenüber. Ihr standzuhalten braucht es zuweilen einiger Widerstandskraft.

Empörungen dieser Art bedeuten Moralisieren und nicht Moral. Sie werden auch im Interesse von Auflagen und Einschaltquoten gepflegt und gar manches Opfer drängt sich scheinheilig in die Schweinwerfer. Darum erlaube ich mir, solche Moral als eine böse Moral zu bezeichnen.

Gute Lügen

Zum Begriff der Lüge: Hannah Arendt ordnet sie ein in ihrem Buch *Wahrheit und Politik,* indem sie eine Unterscheidung von Leibnitz übernimmt, in mathematische, wissenschaftliche und philosophische Wahrheiten als sogenannte *Vernunftwahrheiten* und unterscheidet diese von *Tatsachenwahrheiten.* Politisch, schreibt sie, sei dieser Unterschied zwischen Vernunft- und Tatsachenwahrheit entscheidend.

Das ist richtig. Und in der alltäglichen Sprache wird die Lüge in einer viel breiteren Bedeutung gebraucht: Wahlversprechungen, die nicht eingehalten würden, werden als Lügen apostrophiert. Zugleich werden Überzeugungen als Lüge angegriffen: Der Kommunismus sei eine Lüge oder der Glaube an den freien Markt als Lösung für alle Probleme sei eine Lüge. Obwohl man mit diesen beiden politischen Ideologien nicht einverstanden sein kann, wie ich, ist die Bezeichnung Lüge doch bloße Polemik.

Gibt es bezüglich Meinungen, Überzeugungen oder Glaubensbekenntnissen eine objektive Wahrheit?

Es gibt Ideologien, die zum Religionsersatz geworden sind. Es gibt Leute, in deren Köpfe brennt ein heiliger Scheiterhaufen, der ständig auf Hexen wartet, um sie zu verbrennen. Wenn der andere ihrem Glauben nicht folgt, ist er ein Lügner. Eine aufgeklärte Gesellschaft hat aber damit Mühe. »Jeder sage, was ihm Wahrheit dünkt, und die Wahrheit selbst sei Gott empfohlen«, meinte dagegen noch der Aufklärer Lessing.

Als Lügen verstehe ich darum nur Unwahrheiten über Sachverhalte und nicht über Meinungen. Allerdings ist Meinung und Tatsache nicht immer leicht zu unterscheiden. Der Übergang ist durchaus fließend. Dennoch ist die Unterscheidung hilfreich, auch um sich wenigstens den Differenzen, die zutage treten, sachlich zu nähern. Bei Tatsachen können wir uns dann leichter auf objektive Kriterien einigen.

Muss ich als Politiker lügen? Die Begründung ist meist in der kaum hinterfragten Trennung in Gesinnungsethik und Verantwortungsethik zu finden. Peter von Matt polemisiert beispielsweise: »Die Verantwortungsethik (also die Realpolitik) muss schlecht handeln um des guten Zweckes willen, muss lügen, ungerecht sein, Gesetze biegen und sich zielgerichtet verstellen.« (Vgl. hierzu Leuenberger 2011)

Ich war, als ich mich damals empörte, dieser Trennung ebenfalls erlegen gewesen. Bin aber heute der Meinung, dass diese Trennung nicht zu legitimieren sei. Gesinnung und praktische Verantwortung können nicht getrennt werden. In der Tat ist es die eine Sache, Grundsätze zu entwickeln, wie die Welt aussehen sollte, wie sich jedermann verhalten müsste, damit die Vision einer gerechten Gesellschaft erreicht werden kann. Doch gewiss ist es eine andere Sache, diese Überzeugungen umzusetzen. Das eine ist die geistige Arbeit am philosophischen Reißbrett, die Vision für eine ideale Welt, das andere ist die Auseinandersetzung mit der technischen oder politischen Realität, den Grenzen der Machbarkeit, verbunden mit dem Schmieden von Kompromissen, dem Kämpfen mit List und Taktik. Das sind zwar verschiedene Rollen, doch beide sind notwendig, die Rolle der Mahner, die das öffentliche Gewissen stärken und diejenigen der Macher, welche versuchen, diese Erkenntnisse umzusetzen. Das kann zu Rollenkonflikten führen, insbesondere dann, wenn die Rolle gewechselt wird.

Ein Beispiel dafür ist die Waffenlieferung an Kurden durch Deutschland wie sie im Film *Joschka und Herr Fischer* diskutiert wird. Fischer übernimmt als Pazifist Regierungsverantwortung als deutscher Aussenminister und entschließt sich nun für eine Intervention, um dort Mord, Vergewaltigung und Krieg zu verhindern. Das führt zu heftigen Auseinandersetzungen am Parteitag der Grünen zwischen Repräsentanten von Gesinnungs- und Verantwortungsethik. Einer beeindruckenden Rede Fischers folgt dann zumindest die Erkenntnis bei einer Mehrheit der Basis, dass das bloße Verharren auf den pazifistischen Gesinnungsgrundsätzen angesichts des Elends im Balkankrieg zur Beliebigkeit verkommen muss.

Der Mahner sagt: »Unsere Erde soll den Kindern so hinterlassen werden, wie wir sie angetroffen haben.« Das ist gut so, aber die Deklamation der Vision genügt nicht. Es braucht auch den Macher. Dieser muss dann sagen: »Um den Klimawandel zu stoppen, wäre es zwar notwendig, den CO_2-Ausstoß um 40 % zu reduzieren, aber ich kann unter den Mehrheitsverhältnissen in Regierung und Parlament nur ein Ziel von 20 % im Gesetz festschreiben.« Wer Verantwortung übernimmt, kann sich also dem visionären Ziel nur nähern, es aber nicht erreichen.

Kann ich das als Regierungsmitglied vor meinem Gewissen rechtfertigen? Ja. Nämlich immer dann, wenn ich alles in meiner Macht stehende unternommen habe, um der gerechten Vision so nahe wie möglich zu kommen. Daran sehen wir aber auch, dass die Rollen eben nicht scharf getrennt sind, sondern sich immer überlappen. Ein Visionär denkt auch an die Umsetzung und ein Macher hat auch seine Vision. Die Rollen vermischen sich immer in einer Institution oder in einer Person. In Analogie hierzu ist der Pfarrer auch Bürger und der Politiker ist auch Mitglied der Kirche.

Die Trennung von Gesinnungsethik und Verantwortungsethik kann nicht scharf gezogen werden. Jeder Mensch hat beide Rollen zu erfüllen. Wer sich nur auf die eine Rolle konzentrieren und von der anderen nichts wissen will, der entzieht sich der gesellschaftlichen Verantwortung. Allein deswegen, weil also die Gesinnung und die Umsetzung gar nicht voneinander getrennt werden können, leuchtet eine Spaltung in zwei verschiedene Ethikbegriffe nicht ein. Die sittliche Maxime ist im einen und im anderen Falle dieselbe. Beschränkung auf einen Brennpunkt der Ellipse ist in beiden Fällen verantwortungslos.

Vor wenigen Wochen sagte der Fernsehjournalist Kurt Aeschbacher, innerlich überzeugt: »Nirgends wird so viel gelogen wie in der Politik.« Franz Hohler zeigte sich in seiner Geburtstagsrede für Adolf Muschg zutiefst überzeugt, dass Bundesrat Hürlimann gelogen habe, als er bei der Eröffnung des Gotthard Straßentunnels sagte: »Der Gotthard wird niemals ein Korridor für den Schwerverkehr.« Ist jeder verheimlichte oder nicht veröffentlichte Sachverhalt eine Lüge? Er ist es, wenn die Öffentlichkeit von einem gegenteiligen Sachverhalt ausgeht und darauf vertraut, die Annahme sei richtig und sie dennoch nicht aufgeklärt wird.

Ich erlaube ich mir dazu zwei Anmerkungen, eine kurze und eine längere. Die kurze bezieht sich auf Skandale im öffentlichen Scheinwerferlicht. Das mahnt zur Vorsicht. Der Verdacht der Lüge baumelt wie ein Damoklesschwert ständig über den Köpfen der Politiker. Clinton hatte je nach Interpretation keinen Sex mit Lewinski, und andere Politiker insistieren beim Haschischkonsum, nicht inhaliert zu haben.

Die etwas längere Anmerkung: Nicht alles, was sich später als unwahr herausstellt, war eine Lüge. Zudem ist die Frage: Was ist Wahrheit? nicht immer klar.

Das wichtige moralische Gebot ist, die Wahrheit zu sagen. »Deine Rede sei Ja, Ja und Nein, Nein.« Bei komplizierteren Zusammenhängen wie zum Beispiel der Klimaerwärmung und ihren Ursachen ist es nicht so einfach, die Wahrheit zu eruieren. Prompt gibt es dort den Ausdruck der »Klimalüge«. Es kann nicht immer die so genannte Wahrheit verbreitet werden, denn »die Wahrheit« kennen wir oft kaum. Deswegen müssen wir uns um Wahrhaftigkeit bemühen. Deswegen gilt es zu unterscheiden zwischen Wahrheit und Wahrhaftigkeit: Unter Wahrhaftigkeit verstehen wir das Bemühen, der Wahrheit so nahe wie möglich zu kommen. Dies scheint mir näher an einem ethisch richtigen Verhalten zu sein, als einfach nur zu sagen, es darf nicht gelogen werden.

Bush sagte: »Ein Einmarsch im Irak ist noch nicht beschlossen.« Heute wird ihm vorgeworfen, das sei längst beschlossen gewesen. Doch was ist die Wahrheit? Ich kenne das Reifen von politischen Entscheiden aus eigener Erfahrung. Da wird hin und her diskutiert, es verdichtet sich langsam eine Meinung zu einem Entschluss. Es bleiben aber Zweifel. Man hört ganz gerne Einwände, will sie prüfen und sagt: »Nein, nein, es ist noch nichts entschieden«. Das ist vielleicht eine halbe Wahrheit und es ist mindestens ein Korn Wahrheit drin, selbst wenn der Entscheid »praktisch schon gefallen« ist. War das Fahrlässigkeit oder Irrtum? Auf Altgriechisch heißt Irrtum und Lüge dasselbe: pseudos. Er kann aber auch wegen falschen Angaben anderer oder durch einen Irrtum dazu gekommen sein. Er wird daher nicht zum Lügner, wenn er gutgläubig eine Unwahrheit äußert, wenn er sich also irrt.

Doch die moralische Frage (oder die Frage nach dem Grad der Fahrlässigkeit) lautet: Was hätte er unternehmen müssen, um nicht einem Irrtum zu unterliegen? War Bush ein Lügner, als er Massenvernichtungslager im Irak behauptete? Kerry hat damals bewusst immer nur gesagt, Bush erzähle nicht die Wahrheit, doch er ließ sich nie zum Lügenvorwurf verleiten.

Zusammenfassend kann ich sagen: Ich wurde vorsichtig beim Lügenvorwurf! Auch gegenüber den politischen Gegnern. Hinzu kommt Folgendes: Die Lüge ist nicht immer verwerflich. Sie ist zuweilen Pflicht, zuweilen legitim, zuweilen gibt es Grenzfälle. Zu dieser Überzeugung gelangte ich erst allmählich. Zunächst war ich empört über von Matt. Ich lüge doch nicht. Mein Handwerk wird in den

Schmutz gezogen. Ich habe jede Lüge als moralisch verwerflich angesehen. Das ist eine Folge der Erziehung. Thomas von Aquin sagte: Jede Lüge ist eine Sünde. In dieser Absolutheit ist uns in der Erziehung das Gebot weiter gegeben worden. Die real existierende Moral ist aber weit von solcher Absolutheit entfernt. Nicht alle Lügen sind verwerflich. Es gibt legitime Lügen, es gibt notwendige Lügen, es gibt mannigfaltige Arten von Lügen. Sie gehören zum Funktionieren einer Gesellschaft, in der auch die Wahrheit mitunter großen Schaden anrichten kann.

Sie kennen zum Beispiel in Ibsens Drama *Die Wildente* die Stelle, an der ein Rückkehrer in eine Familie kommt, die Familienverhältnisse dort kennt, und darauf drängt, dass die Wahrheit bezüglich der Vaterschaft eines Kindes gesagt wird. Durch sein Insistieren auf Wahrheit zerstört er jedoch letztendlich die ganze Familie, nur weil er die Wahrheit als Wahrheitsfanatiker verwirklichen wollte.

Die ganze Wahrheit kann kein Mensch dauerhaft ertragen. Darum werden Tatsachen unterdrückt oder Dinge beschönigt. Mark Twain hielt ein eigentliches Plädoyer auf die Lüge; man müsse sie als Schulfach einführen und es gebe nur eine verpönte Art der Lüge: Falsch gegen seinen Nächsten aussagen.

Wenn wir uns die täglichen Komplimente über Aussehen oder Kochkünste unserer Freunde vor Augen halten, realisieren wir, dass Lügen Schmierfett im sozialen Getriebe bilden. Oft weiß dies unser Gegenüber sogar, doch lässt es sich die Schmeicheleien gerne gefallen. Notlügen oder Lügen zum Schutz der Privatsphäre oder einer schrecklichen Wahrheit, die gar nicht ans Tageslicht muss, sind ebenfalls rundum akzeptiert. Dafür gelten auch Euphemismen wie »Personenschaden« bei den Schweizerischen Bundesbahnen (SBB), ein Begriff, der auf einen Selbstmord auf dem Bahngeleise hinweist.

Was im privaten Leben gilt, gilt auch in der Politik. Damit will ich nicht etwa jede Lüge legitimieren. Es ist vielmehr nach ethischen Gesichtspunkten immer abzuwägen, ob eine Lüge verwerflich ist oder ob sie sogar gut und somit zulässig ist. Das heisst, es ist auch abzuklären, ob denn die Äusserung der Wahrheit verwerflich oder geboten, also gut oder böse ist.

Lügen als moralische Pflicht gilt beispielsweise bei Lösegeld für Geiseln (»Nein, wir haben kein Lösegeld bezahlt«), oder zum Schutz der Privatsphäre (»Im gegenseitigen Einvernehmen zurückgetreten«).

Wir betrachten dies als legitime Taktik, Unwahrheiten zu äußern und nennen es keine Lüge. Weitere Beispiele:

- Klimagipfel in Kopenhagen: Es war desaströs und ich war enttäuscht. Vor den Medien in der Schweiz verbreitete ich jedoch Hoffnung. Eigentlich war das eine Lüge, doch ich fühlte mich legitimiert, weil sonst die Bemühungen um die Reduktion des CO_2-Ausstoßes in der Schweiz erlahmt und sabotiert worden wären.

- Die Drohung mit dem Einsatz der Atombombe im kalten Krieg diente der gegenseitigen Abschreckung und verringerte somit die Wahrscheinlichkeit eines Krieges, auch wenn Kissinger sicher war, sie nie einzusetzen.

Sozial legitime Lügen: Die soziale Schmierseife gibt es auch zwischen Nationen: »Wir hatten ein sehr konstruktives Gespräch.« ... Es geht darum, die Tür nicht zuzuschlagen.

Lügen und Mythos: Ein nationaler Mythos wie zum Beispiel Wilhelm Tell, ist wohl kaum historisch belegt. Trotzdem empfindet das niemand als eine Lüge, nicht einmal unsere österreichischen Freunde. Problematischer ist der Mythos, wir hätten in der Schweiz einzig und allein Widerstand gegen Nazideutschland geleistet und in keiner Weise kooperiert oder profitiert. Deswegen war der Bergier Bericht so wichtig (der dann jedoch kaum zur Kenntnis genommen wurde). Mythos kann aber in die nationalistische Lüge kippen, wenn Mythen gepflegt werden, die anderen Ländern oder Volksgruppen die Schuld am Ereignis in die Schuhe schieben (USA gegenüber Indianern oder auch Israel gegenüber Palästinensern).

Illegale Lügen: Diese sind strafrechtlich verboten. Zum Beispiel wurde die Leugnung am Völkermord unter Strafe gestellt, damit ein Sachverhalt, eine Tatsache, nicht aus der Geschichte radiert werden kann. Dies gilt als ein politisches Verbrechen. Der von Nazi-Deutschland begangene Holocaust ist eine Tatsache, die vom Nürnberger Kriegstribunal festgestellt worden ist. Ein Holocaust-Leugner wird bestraft. Es wird demgegenüber immer noch versucht, den Völkermord der Türken gegen die Armenier als Tatsache zu leugnen. Dazu dient folgendes Mittel: Es wird als die eigene, vielleicht subjektive, Meinung dargestellt, es habe keine solchen Genozid gegeben: »Ich glaube, es gab keinen Völkermord.«

Der europäische Gerichtshof für Menschenrechte hielt tatsächlich fest, den Völkermord an den Armeniern durch die Türken, sei in der internationalen Staatengemeinschaft umstritten. Ihn abzustreiten, gehöre zur Meinungsäußerungsfreiheit. Die Schweiz hat das Urteil weitergezogen.

Lügen werden gesellschaftlich akzeptiert, manchmal aber nicht akzeptiert. Nach welchen Kriterien?

- Grenzen der moralischen Toleranz: Wieso wurde Clintons Lüge über sein Verhältnis zu Lewinsky toleriert? Weil das Verhältnis als solches toleriert wurde? Weil es letztlich doch eine Privatsache war? Wieso wurde hingegen der Fall Elisabeth Kopp, die als Bundesrätin zurücktreten musste, weil sie ihren Mann schützen wollte, nicht toleriert? Der Rücktritt erfolgte nicht wegen dem Telefongespräch mit ihrem Mann (eine Privatsache), sondern wegen der Lüge, dies getan zu haben (falsche Aussage führte zum Vorwurf des Amtsmissbrauchs).

- Schönfärberei: Da werden Teile der Fakten verdrängt oder andere überbetont. Das ist die Arbeit der spin doctors, der Kommunikationsstäbe, die nicht einfach Lügner sind. Sie können zur Lüge werden. Aber es sind primär andere Gewichtungen.

- Schwarzmalerei: Denken wir an den früheren ungarischen Ministerpräsidenten Gyurcsány, der 2006 in einer internen Sitzung als Selbstbezichtigung sagte: »Wir haben zwei Jahre lang gelogen.« Letztlich führte das zu seinem Sturz und dem seiner Partei, obwohl seine Selbstkritik blosse Beschönigungen und vor allem Differenzen in der Beurteilung von politischer Machbarkeit betraf.

Die Selbstlüge: Wir kennen alle Beispiele der Selbstlüge. Meist erleichtern wir mit ihr unser Gewissen. Wir verdrängen eine Schuld oder biegen – meist unbewusst – einen Sachverhalt zurecht, wie wir ihn gerne sähen. Vorwerfbar wird die Selbstlüge erst dadurch, dass sie an Dritte weitergegeben wird. Die Lüge hat immer ein soziales Element (so definierte sie Kirchenvater Augustinus). Erst durch die Kommunikation wird die eigene Unwahrheit offenbart.

Insofern ist Selbstlüge eine der schlimmsten Lügen, denn sie führt dazu, dass mit innerer Überzeugung und mit Inbrunst eine Unwahrheit verbreitet wird.

Welche Methode wählen wir, um uns über die Legitimität einer Lüge klar zu werden? Klare Regeln gibt es hierfür nicht. Können wir unser Gewissen schärfen? Wie? Welche Rolle spielt die Ethik dabei? Ich erinnere mich auch an ein Postulat aus dem Nationalrat, das »mehr Ethik« verlangte, nichts weniger, aber auch nichts mehr, und der Bundesrat solle sich doch dafür einsetzen. Mit 4 : 3 entschied sich dieser für »mehr Ethik« und sicher ist Ihnen aufgefallen: Seither ist die Schweiz ein Stück ehrlicher geworden.

Meine Methode im Stab und vor mir selber folgte der Maxime: »Kann ich die Unwahrheit später vor der Öffentlichkeit, den Medien oder einer PUK (Parlamentarische Untersuchungskommission) glaubwürdig erklären?«

Ich möchte mich hiermit ein wenig über den Glauben lustig machen, dass man mit gewissen Methoden oder gewissen Beschlüssen und Schriften, ethische komplizierte Probleme lösen kann. Als ob die Leute nachschlagen können, was sie in einer bestimmten Situation zu tun hätten. Das ist für mich ein radikaler Irrtum. Es gehört eben zur Knochenarbeit, das ethische Gewissen in der täglichen Arbeit immer neu zu schärfen.

Dies kann man auch organisieren – auch hierzu habe ich meine Meinung ein wenig geändert. Man kann als Politiker zum Beispiel arrangieren, dass die Entourage eine kritische ist. Dass dies Leute sind, die den Mut haben, dem Regierungsmitglied in der Beratung auch zu widersprechen und nicht einfach zu bewundern. Das ist keineswegs Gang und Gäbe, ganz im Gegenteil.

Das kann darin bestehen, dass die Politiker bewusst ihre Umgebung schaffen, indem sie Berater wählen, die in einer anderen politischen Partei sind. Das war Brauch im Schweizerischen Bundesrat; seit zehn bis zwanzig Jahren ist dies nicht mehr der Fall, was dazu führt, dass man immer wieder im eigenen Denken bestätigt wird, und das widerspricht eben gerade der Schärfung des ethischen Gewissens.

Es muss stets zum politischen Geschäft gehören, sich in die anderen Parteien, bzw. den politischen Gegner hineinzuversetzen. »wie würde die SVP bei diesem Beschluss reagieren? was schreiben die Medien?« Kann ich die Unwahrheit später vor der Öffentlichkeit, den Medien oder einer Parlamentarischen Untersuchungskommission glaubwürdig erklären?« Dieses Denken muss ich verinnerlichen, und dann ist es möglich im täglichen Geschäft mit ethisch zu legitimierenden Beschlüssen zu handeln. Einfache Lösung gibt es hier nicht.

Hauptkriterium ist das langfristige Vertrauen. Die Lüge vergiftet das Vertrauen. Alle lügen, auch meine sehr christlichen Eltern logen: Die Enttäuschung über das nicht existierende Christkind, das angeblich unseren Weihnachtsbaum schmückte, wozu meine Mutter als Beweis Spuren in den Schnee legte und Engelshaar über die Äste in den Bäumen legte, hat bei mir tiefe Vertrauenskrise ausgelöst. Auch an den Storch musste ich überdurchschnittlich lange glauben. Das hat als Folge auch den Glauben an Gott erschüttert. Lügen unterminieren das Vertrauen.

Das ist ein Kernpunkt der Politik: Ohne Vertrauen können die Menschen nicht in Freiheit miteinander leben. Das Verhältnis zwischen einem Wähler und einem politischen Repräsentanten ist auch ein solches Verhältnis und deswegen duldet es keine verpönten Lügen. Dasselbe gilt zwischen Nationen: Auch im internationalen Bereich wäre die Vertrauensgrundlage sehr rasch dahin, wenn bei Verhandlungen zwischen Staaten gelogen würde.

Der Staat kann Vertrauen nicht zwangsweise durchsetzen. Zwar schreibt er es in den Gesetzen vor:

- Treu und Glauben im Zivilrecht, Treu und Glauben im öffentlichen Recht,
- Bestrafung der Arglist und des Betruges, also eines Lügengebäudes zum Nachteil eines anderen.

Machiavelli geht im *Fürst* davon aus, das Zusammenleben der Menschen werde wesentlich durch die Angst vor Sanktionen organisiert, denn nicht Vertrauen oder gar Liebe, sondern nur die Furcht vor dem Gesetz halte die Menschen zusammen. Ganz abgesehen davon, dass uns dies nicht als Modell eines demokratischen Staates vorschwebt, müssen wir ja auch einsehen, dass selbst in einem totalen Polizeistaat Vertrauen zwischen den Menschen nicht erzwungen oder garantiert werden kann. Dazu bedarf es der Kultur, der Religion, des ewigen Grundwassers des Vertrauens unter den Menschen.

Das eigentliche Grundwasser des menschlichen Vertrauens, das Grund- und Gottvertrauen kann der Staat allein wohl kaum schaffen. Er ist angewiesen auf Religion und Kultur, die nicht nur von der rationalen Notwendigkeit des Vertrauens für das Funktionieren einer Gesellschaft ausgehen, sondern auf einer Metaebene – oder eben in den Urwogen, in den Tiefen der Seelen – das menschliche Verhalten, die Frage von Gut und Böse prägen.

Wie verhalte ich mich zu meinen Mitmenschen? Das sieht niemand im Zivil- oder Obligationenrecht nach, bevor er entsprechend fühlt oder handelt. Das verinnerlicht er, längst bevor er lesen kann. Die Quelle findet sich bei den Menschen selbst, und gespeist wird sie unter anderem aus dem ewigen Grundwasser der Kulturen, Traditionen und der Religionen. Sie haben das Gewissen von Generationen geweckt und geschärft. Jede Gesellschaft gestaltet die Regeln des Zusammenlebens immer wieder neu. Sie greift dabei zurück auf Bewährtes. Und deswegen muss ein aufgeklärter Staat die Religions- und Kulturfreiheit gewähren, damit er selber überhaupt funktionieren kann. Der Staat – und mit ihm übrigens auch die Wirtschaft – sind also auf Religion und Kultur angewiesen, damit sie überhaupt funktionieren können. Sie müssen daher diejenigen Institutionen fördern und unterstützen, die sich dieser Aufgabe annehmen. Das sind Kirchen, Religionsgemeinschaften, das ist die Kultur. Deswegen muss der Staat Kultur und Religion Freiraum gewähren, Autonomie und Entfaltungsmöglichkeiten ermöglichen.

Literatur

Leuenberger, Moritz (2011). *Diskurs über Max Webers Rede zu Ethik und Politik*. Vortragsreihe Ethik der Theologischen Fakultät Genf, 13. April 2011. (http://www.moritzleuenberger.net/index.php/reden/reden-2011/die-gemuesefrau/)

IV Voten aus den Unternehmen zur Frage der Nachhaltigkeit

Nachhaltigkeit als Metapher des Guten? Das Gute der Nachhaltigkeit

Thomas Forwe

Wenn man über eine so große Sache wie Nachhaltigkeit redet, setzt dies im allgemeinen voraus, dass man weiß, was unter der Sache zu verstehen ist. Konfrontiert man aber mehrere Verwender mit der Frage »Was ist Nachhaltigkeit?«, so bekommt man häufig einen bunten Strauß unterschiedlicher, möglicherweise sogar sich widersprechender Antworten. Dabei wird schnell deutlich, dass sich das Wort *Nachhaltigkeit* in vielfältiger Weise verwenden lässt. Ihre unternehmerische Umsetzung findet es im Konzept der so genannten *Corporate Social Responsibility*. Darunter verstehen wir eine Strategie, die in Unternehmen als Grundlage dient, um auf freiwilliger Basis soziale Belange und Umweltbelange in ihre Unternehmenstätigkeit und in die Wechselbeziehungen mit den Stakeholdern zu integrieren (Europäische Kommission, S. 7). Das klingt erst einmal gut und läuft auch nicht Gefahr, Widerspruch zu ernten. Nachhaltigkeit wird so zu einem Wirtschaftsfaktor: Lebensmittel, die aus nachhaltigem Ackerbau stammen, stillen nicht nur den Hunger, sondern vermitteln beim Verzehr gleichermaßen das Gefühl, Gutes für die Umwelt getan zu haben. Unternehmen, die Nachhaltigkeitskonzepte in ihr Geschäftsmodell integrieren, bringen ihren Investoren eine höhere Rendite – jedenfalls im langfristigen Trend. Ohne weitere Rechtfertigung wird Nachhaltigkeit als gut postuliert. Marius Christen, der sich in seiner Dissertation maßgeblich mit der Frage »Was ist zu erhalten?« befasst hat, beschreibt Nachhaltigkeit wie folgt: »Nachhaltigkeitstheorien formulieren eine Antwort darauf. Sie identifizieren, was den gegenwärtig lebenden Menschen gewährleistet und zukünftig lebenden Menschen erhalten werden sollte. Nachhaltigkeitstheorien benennen dabei die Ziele gesellschaftlicher Entwicklung, welche im Rahmen beschränkter und fragiler ökologischer Bedingungen angestrebt werden sollen.« (2013, S. 15). Nachhaltigkeit bedient sich somit auch normativer und wertender Aussagen. Diese setzen die Rechtfertigung der Normen voraus. »Aufgrund der Unbestimmtheit seiner normativen und wertenden Basis«, fährt Christen fort, »ist auch der Begriff selbst in einer problematischen Weise schwammig und nur schwer fassbar. Der Begriff der Nachhaltigkeit ist damit als komplexer und unbestimmter *terminus technicus* charakterisiert, dessen inhaltliche Bestimmung über Einzelaspekte wie ›Langfristigkeit‹, ›Ressourcenschonung‹ oder ›Naturschutz‹ hinausweist.« (2013, S. 16). Nachhaltigkeitstheorien gehören schon allein aus diesen Gründen zur Gruppe der Ethiktheorien. Christen unterscheidet hier, genauso wie sinngemäß auch bereits John Rawls in der Struktur seiner Idee der Gerechtigkeit, zwischen der Idee der Nachhaltigkeit und den konkreten Nachhaltigkeitskonzepten.

Auf der moralischen Ebene verfolgt dieses Wort dabei einen eindeutigen Zweck: Es will sich einschmeicheln in die Erwartungen seiner Verwender. Es scheint fast, als hätte sich das Wort schon zu einem Fetischbegriff gesteigert. Weniger die Inhalte als vielmehr das Vielversprechende im Wort lockt den Verwender aus der Reserve und gibt ihm das Gefühl, mit dem Anschein der Tiefsinnigkeit etwas fordern zu dürfen, was sich irgendwie in das Klima einer ethisch-moralisch überernährten Welt eingliedert. Nachhaltigkeit ist gut. Diese übersteigerte Nutzung des Wortes weckt aber zugleich den Verdacht, dass hier ein Missbrauch der Sprache vorliegt. Das Wort *Nachhaltigkeit* scheint sich einzufügen in den klassischen Vorwurf, dass wir mit moralisch aufgeladenen Worten häufig Nebenschauplätze eröffnen, um von einem Nichtwissen abzulenken.

Die Ökonomisierung des Sozialen

Lassen wir uns zur Verdeutlichung eines Dilemmas auf ein kleines Gedankenexperiment ein. Der Verhaltensökonom Dan Ariely führt es sinngemäß in seinem Buch *Predictably Irrational* (2010, S. 75) ein: Ihre Schwiegereltern haben Sie und Ihren Partner fürs Wochenende zum Essen eingeladen. Es gibt einen leichten Sommersalat als Vorspeise, begleitet von einem feinen Riesling, anschließend erwartet Sie ein herrliches Rinderfilet, abgeschmeckt mit einer wunderbaren Preiselbeer-Sauce. Dazu wird kräftiger Bordeaux gereicht, und als Dessert wartet eine erfrischende Pannacotta mit Pfirsich-Mousse auf Sie, die mit einem leckeren Sauternes serviert wird. Aber damit nicht genug. Alle verhalten sich an diesem Wochenende ausgesprochen fürsorglich. Es kommt kein Streit auf, die Familie hält zusammen. Alles in allem ein sehr gelungener Abend. Bei der Verabschiedung an der Haustür danken Sie den Schwiegereltern nochmals ganz herzlich und geben Ihrer Schwiegermutter 200 EUR für das Essen mit der Bemerkung in die Hand: »Es war köstlich.« Auf ihren erschreckten Gesichtsausdruck antworten Sie: »Oh, nicht genug? Hier sind 300 Euro. Das war es mir wert!«

Die Schwiegereltern schlagen irritiert und beleidigt die Haustür vor ihrer Nase zu. Was haben Sie falsch gemacht? Sie haben auf ungebührliche Weise eine soziale Sphäre mit einer ökonomischen Sphäre verwechselt. Wir Menschen haben offensichtlich ein unstillbares Verlangen, beide Sphären strikt voneinander zu separieren. In der sozialen Sphäre werden Tätigkeiten nicht in Geldeinheiten bewertet. Es generiert sich vielmehr in uns ein gutes, vielleicht auch notwendiges Gefühl, etwas für andere zu tun oder getan zu haben. Aber dafür möchten wir nicht bezahlt werden. Auf diesem Gebiet kennen sich die Psychologen wesentlich besser aus als die Ökonomen, die permanent versuchen, sich auch hier kundig zu machen. In der ökonomischen Sphäre hingegen verfahren wir geradezu buchhalterisch genau, wir verrechnen Einnahmen mit Ausgaben, wägen Kosten und Nutzen ab, ermitteln mathematisch genau unseren Gewinn. Nicht selten werden Menschen sogar wütend, wenn das Wechselgeld von der Kassiererin im Supermarkt oder vom Kellner im Restaurant nicht auf den Cent genau stimmt.

Vor diesem Hintergrund stellt sich die Frage, ob das zuerst beschriebene Tun für andere einer sozialen Wirklichkeit dient, oder ob diesem Tun nicht doch auch eine ökonomische Komponente innewohnt. Andernfalls hätte auch die fürsorglich soziale Sphäre nur den Anschein erweckt, etwas anderes zu sein als Ökonomie. Auch dem strengsten Ökonomen widerstrebt es anzunehmen, dass etwas nicht nützlich sei. Sie haben stets ein feines Gespür und wittern sofort ein Kalkül als dem Nährboden, aus dem heraus sich auch jenes soziale Engagement speist.

Weil uns zudem in Deutschland jedes Detail fein säuberlich geregelt präsentiert wird, im Privaten wie am Arbeitsplatz, entsteht der Verdacht, dass auch Reglementierung dem ökonomischen Kalkül folgt. Der Spielraum für Taten, die wenigstens den Anschein erzeugen, der rein sozialen Sphäre zuzugehören, verengt sich zusehends. Mitarbeiter wollen genau wissen, was sie tun sollen und was eben nicht.

Arbeitsverträge, Betriebsvereinbarungen, Arbeitsanweisungen und allem voran Verhaltenskodizes steigern die Genauigkeit des durchrationalisierten Arbeitsprozesses. Dazu gehört natürlich auch die Regelung der privaten Nutzung von Internet am Arbeitsplatz. Geschieht eigentlich überhaupt etwas ohne kalkulierten Nutzen?

Unsere oben erwähnte Unterscheidung zwischen sozialer und ökonomischer Sphäre beruhte auf der Erwartung der Stärkung sozialer Verbindungen. Beim genauen Hinschauen erweisen sich diese sozialen Aspekte sogar als zwingende Voraussetzung für den Fortbestand einer sozialen Gemeinschaft. Sie sind daher immer zumindest in dieser Hinsicht kalkuliert nützlich, und zwar unabhängig von der individuellen Wahrnehmung einzelner Menschen, die sich als altruistisch erleben. Provozierender könnte man sogar eine Art ökonomischen Altruismus formulieren: Ich nehme ökonomische Kosten auf mich, damit ein anderer ökonomische Vorteile hat. Kommen wir noch einmal auf das Beispiel des Essens mit den Schwiegereltern zurück. Offensichtlich besteht bei Menschen tatsächlich ein mehr oder weniger starkes Bedürfnis, ökonomische Sachverhalte und soziale Angelegenheiten strikt zu trennen. Aus Unkenntnis der fließenden Grenze zwischen den beiden Sphären geschieht jedoch häufig eine gut gemeinte, aber sachlich verkehrte, Vermischung von Sozialem mit Ökonomischem: Soziales wird durch das Ökonomische ersetzt. Christian E. Elger und Friedhelm Schwarz stellen die bemerkenswerte These auf: »Alles, wofür vorher ein Preis vereinbart wurde, wird nach ökonomischen Regeln abgewickelt und nicht mehr nach sozialen.« (2009, S. 78). Diese These legt die Vermutung nahe, dass alles, wofür wir einen Preis aushandeln, für das Soziale verloren scheint. Die beiden Wissenschaftler Uri Gneezy und Aldo Rustichini haben im Jahre 1998 in Haifa 10 private Kindertagesstätten untersucht (2000).

Ausgangspunkt ihrer 20 Wochen andauernden Studie war das Problem, dass Eltern ihre Kinder oftmals zu spät von der Kindertagesstätte abholten, was dazu führte, dass die Kindergärtnerinnen länger bleiben mussten, da sie die Kinder nicht unbeaufsichtigt lassen konnten. In den ersten vier Wochen notierten die beiden Wissenschaftler also fleißig, wie viele Eltern zu spät erschienen. Zu Beginn der fünften Woche wurde dann eine Strafzahlung eingeführt, sofern die Kindergärtnerinnen länger als 10 Minuten auf die Eltern warten mussten. Ab der siebten Woche wurde die Strafe wieder ohne weitere Begründung abgeschafft. Was hatten sie festgestellt? Die Anzahl der zu spät kommenden Eltern wuchs nach Strafeinführung an und blieb nach Wegfall der Strafe auf dem erhöhten Niveau stabil. Was bedeutet dies für uns? In dem Moment, wo wir etwas mit einem Preis versehen (auch eine Strafzahlung ist ein Preis, daher auch der Studientitel *A fine is a price*) lösen sich die sozialen in den ökonomischen Aspekten auf.

Unsere Gesellschaften sind darauf angewiesen, unentgeltliche Dienstleistungen zu erbringen. Es ist unmöglich, für erste Hilfe am Unfallort, kleine Gefälligkeiten in der U-Bahn, die Tätigkeit gemeinnütziger Vereine, schließlich sogar für die private Haushaltsführung, einen Preis auszuhandeln. Das vollständig durchrationalisierte Leben wäre der Tod für das soziale Miteinander. (Vgl. dazu Kummert, 2013, Kap. 2.1)

Über den Missbrauch und das Wunder der Nachhaltigkeit

Indem ohne Begründung suggestiv mit dem Gebrauch des Wortes *Nachhaltigkeit* der Wert des Guten gesetzt wird, erinnern wir uns an die grundsätzliche Neigung in der Ethik, durch einen Missbrauch der Sprache die Rede vom Guten in den Raum des wissenschaftlich genau Bekannten zu verlegen. Wie wir das verstehen dürfen, erklärt der als Sprachphilosoph bekannte Denker Ludwig Wittgenstein in seinem *Vortrag über Ethik*, den er im Jahre 1929 an der Cambridge University hielt (1989). In dieser Vorlesung macht uns Wittgenstein vertraut mit einer Eigenart von Sätzen, die eine moralische Wertung enthalten. Nicht selten, postuliert er, wird Ethik definiert als die allgemeine Untersuchung was gut ist. Aber diese Formulierung enthält bereits das entscheidende Problem. »Wenn wir sagen«, so Wittgenstein, »dieser Mann hier sei ein guter Pianist, meinen wir demnach, daß er Stücke eines bestimmten Schwierigkeitsgrads mit einem gewissen Grad an Fingerfertigkeit spielen kann.(1989, S. 11) Haben wir damit das Problem der Ethik angesprochen? Sicherlich nicht. Aber wir haben das Problem der Doppeldeutigkeit des Adjektivs *gut* vor Augen. Wittgenstein führt dieses Problem auf die Spitze: »Angenommen, ich könnte Tennis spielen, und einer von Ihnen beobachtete mich beim Spiel und sagte: ›Na, Sie spielen aber ziemlich schlecht‹, und ferner angenommen, ich erwiderte: ›Das weiß ich, ich spiele schlecht, aber ich will gar nicht besser spielen‹, dann bliebe dem anderen gar nichts anderes übrig als zu antworten: ›Schon recht, dann ist ja alles in Ordnung.‹ Aber denken wir uns, ich hätte einen von Ihnen aberwitzig angelogen, und nun käme er auf mich zu und sagte: ›Sie benehmen sich abscheulich.‹ Wenn ich darauf erwiderte: ›Ich weiß, daß ich mich schlecht benehme, aber ich will mich gar nicht besser benehmen‹, könnte der andere dann antworten: ›Schon recht, dann ist ja alles in Ordnung‹? Nein, das ginge bestimmt nicht, sondern er würde sagen: ›Na, dann sollten Sie sich aber besser benehmen wollen.« (1989, ebd.) Letzteres drückt ein absolutes Werturteil aus, während es sich beim ersten Satz um ein relatives Werturteil handelte. Prüfen wir zwei weitere Sätze:

1) In den Pausen den Raum zu lüften ist gut.
2) Maria beim Umzug zu helfen ist gut.

Hier erscheint das Problem erneut. Die Verwendung von *ist gut* erweckt den Anschein, als hätten wir es in beiden Fällen mit der gleichen Struktur von Aussagen zu tun. Tatsächlich aber existiert ein großer Unterschied in deren Verwendung in beiden Sätzen. Wir können die Unterscheidung mit einfachen Worten festhalten. Im ersten Satz »In den Pausen den Raum zu lüften ist gut.« findet man eine deskriptive Verwendung von *ist gut,* im zweiten Satz (»Maria beim Umzug zu helfen ist gut.«) dagegen eine präskriptive. Ich habe also den Unterschied zwischen einer beschreibenden und einer vorschreibenden Aussage. Im Allgemeinen sind beschreibende Urteile unproblematisch. Wie aber sieht es aus mit den vorschreibenden Aussagen? Achten wir auf den Mechanismus, in dem sie verwendet werden, können wir eine interessante Entdeckung machen. Damit ich mein Werturteil »Maria beim Umzug zu helfen ist gut.« erfolgreich präsentieren kann, täusche ich eine Tatsache vor, das von einem absoluten Standpunkt aus betrachtet, die Hilfe Maria gegenüber eine unbedingte Notwendigkeit sei. Ich verwende den Satz so, als sei er eine deskriptive Aussage über diese absolute Notwendigkeit. Tatsächlich jedoch bin ich gar nicht in der Lage den absoluten Standpunkt einzunehmen, von dem aus betrachtet es bloß eine beschreibende Aussage wäre, dass eine Notwendigkeit bestünde, Maria beim Umzug helfen zu müssen. Es ist also nur meine Privatmeinung. Nur ich selbst fühle mich genötigt, aus welchen Interessen heraus auch immer, Maria beim Umzug helfen zu müssen. Indem ich jedoch sage, Maria beim Umzug zu helfen ist gut, verdunkele ich meine eigene Interessenlage und täusche den Anschein einer allgemeinen Pflicht vor. Der Missbrauch der Sprache in diesem Fall, der Missbrauch also der beiden Wörter *ist* und *gut,* besteht darin, dass ich so tue, als gäbe ich eine Beschreibung während ich tatsächlich eine Vorschrift unterstelle. Die Definition von Ethik als eine allgemeine Betrachtung dessen, was gut ist, erweist sich damit als ein zweischneidiges Messer. Auf der einen Seite kann ich damit haarscharf das Nützliche vom Nutzlosen trennen, die andere Seite jedoch ist stumpf und stochert im undurchsichtigen Nebel herum. Achten Sie einmal auf folgende Sätze:

1) Ist dies der richtige Weg nach Zürich?

Hier gibt es eine klare Antwort darauf, ob der Weg richtig oder falsch ist. Es ist die Frage danach, ob der Weg zu einem ganz bestimmten vorgegebenen Ziel führt. Missverständnisse sind nahezu ausgeschlossen.

2) Ist der (ehemalige) Präsident des Vereins FC Bayern München ein guter Manager?

Bei dieser Frage treffen wir wieder auf eine eigenartige Doppeldeutigkeit. Einerseits Kriterien, die es erlauben, durch seine Arbeit ein bestimmtes Ziel zu erreichen, und andererseits die Bedeutung, ob er ein guter Mensch im moralischen Sinne ist, der beispielsweise sein Einkommen redlich versteuert. Je nach Kontext erhalten wir eine andere Antwort auf die Frage. Öffnen wir den Köcher des Verschleierungsvokabulars noch einmal und nehmen das Wörtchen *man.* Ein Beispiel von Michael Sandel, Philosophie-Professor in Harvard, soll hier Pate stehen (2013). Stellen Sie sich vor, ein Arzt untersucht drei Patienten. Alle drei sind noch jung, jedoch todkrank und benötigen dringend eine Organspende. Einer braucht eine Niere, der andere ein Herz und der dritte schließlich eine Lunge. Wenn ihnen nicht in den nächsten 24 Stunden geholfen wird, so sterben sie. Wenn sie jedoch einen Spender finden, so steht ihnen ein langes und erfülltes Leben bevor. Zufällig kommt in diesem Moment ein gesunder, junger Mann ins Krankenhaus, der seinen jährlichen Routine-Check vor sich hat. Die Untersuchung zeigt – für ihn sehr erfreulich –, dass alles in bester Ordnung ist. In einem utilitaristischen

Sinne, so wie es sich Jeremy Bentham mit seiner Ethik-Theorie vorstellt, ist die Sache klar. Wir opfern einen Menschen und retten damit drei anderen das Leben. Bentham würde dies das größtmögliche Glück für die größtmögliche Anzahl von Menschen nennen. Nun könnte aber der Einwand kommen: Man tötet keine Menschen. Oder in Kantscher Sprachgrammatik ausgedrückt: Man soll nicht töten. Ich will nun den Fall nicht an dieser Stelle diskutieren, aber eine Frage sollten alle diejenigen für sich beantworten, die dem kategorischen Imperativ *Man soll nicht töten* folgen. Vertreten Sie diese These, weil sie davon überzeugt sind, oder weil sie nächste Woche einen Gesundheitscheck im Krankenhaus vor sich haben?

Was hat dies nun mit Nachhaltigkeit zu tun? Wir können uns an dieser Stelle an die bereits zitierten Ausführungen von Wittgenstein halten. Um den Missbrauch, der mit Moralworten geschieht, an einem Beispiel zu illustrieren, denken wir an die These zu der ein nachdenklicher Mensch sich verleitet fühlen könnte. Es könnte sein, dass er sich – wie wir das bei Kreationisten mit einer guten naturwissenschaftlichen Ausbildung beobachten können – folgendes überlegt. Ein solcher, sagen wir ein Biologe, schaut sich eine seltene Pflanze an und bemerkt: »Dies ist ein Wunder!« Es könnte sehr bald jedoch geschehen, dass er sich sagt: »Jetzt wundere ich mich aber, dass überhaupt etwas existiert.« Oder: »Ich wundere mich über die Existenz der Welt.« Worin besteht nun der Missbrauch ethisch relevanter Wörter? Der Missbrauch besteht darin, dass wir ohne Vorwarnung den Bereich verlassen haben, indem wir gelernt haben, wie die Aussage »Ich wundere mich über …« verwendet wird. Wittgenstein führt an dieser Stelle an: »Wir alle wissen, was man im Alltag als Wunder bezeichnen würde. Ein Wunder ist offenbar nichts weiter als ein Ereignis, dergleichen wir noch nie erlebt haben.« (1989, S. 17) Schon hieraus folgt, dass wir das Wort *Wunder* verwenden für etwas, dass unserer Erwartung widerspricht. »Setzen wir den Fall«, fährt Wittgenstein fort, »einem von Ihnen wachse plötzlich ein Löwenkopf und er begänne zu brüllen«. (1989, ebd.) Etwas Ungewöhnlicheres können wir uns kaum vorstellen. Vergleichen wir dies mit der Aussage des Biologen, den wir uns unter den Kreationisten vorstellen, der gesagt hat: »Ich wundere mich über die Existenz der Welt.« Er wendet das Wort *Wunder* an auf etwas, von dem er das Gegenteil gar nicht kennt. Was ist seine Erwartung dabei? Seine Erwartung ist das, womit er noch nie Erfahrung gemacht hat, nämlich die Nicht-Existenz der Welt. Deutlich wird an diesem Beispiel die Verschiebung der Bedeutung des Ausdrucks »Ich wundere mich über …«. Wir haben ihn erlernt, um zum Ausdruck zu bringen, dass etwas eingetreten ist, was unseren Erfahrungen widersprechen könnte. Dabei setzen wir voraus, dass das Bekannte und die Existenz des Vertrauten kein Wunder ist, sondern eben selbstverständlich. Denn wer die Formulierung »Ich wundere mich über die Existenz der Welt.« korrekt verwendet haben würde, von dem hätten wir angenommen, dass ihm das Gegenteil von dessen, worüber er sich wundert, das Vertrautere ist. Es ist aber unglaubwürdig, vorauszusetzen, dass einem Menschen die Nicht-Existenz der Welt vertrauter ist als deren Existenz.»Sobald wir die Sache in dieser Weise betrachten«, folgert Wittgenstein,»ist alles Wunderbare offenbar verschwunden, es sei denn, wir verstehen unter einem Wunder nichts weiter als eine Tatsache, die noch nicht wissenschaftlich erklärt ist, was seinerseits nichts anderes bedeutet, als daß es uns bisher nicht gelungen ist, diese Tatsache mit anderen in einem wissenschaftlichen System zusammenzustellen«.(1989, ebd.) Dies führt Wittgenstein zu einer damit zusammenhängenden falschen Auffassung unter dem Wunder sehr nahe stehenden Menschen, von denen man oft die Klage hören kann, dass Wissenschaft sich anmaße, bewiesen zu haben, dass es keine Wunder gäbe. Und auch hier schafft Wittgenstein Klarheit. Denn es sei niemals Aufgabe der Wissenschaft, die Existenz von Wunder zu widerlegen. Wer einen strengen Begriff von Wissenschaft hat, wird stets überzeugt sein davon, dass Wissenschaft niemals alles oder auch nur annähernd so viel beweisen oder widerlegen könnte. Aber etwas anderes ist von entscheidender Bedeutung. Wer sich mit Wissenschaft beschäftigt, der erklärt, dass in der Methode seiner Erklärungen Wunder nicht zur Erklärung unverstandener Phänomene herangezogen werden. Wer sich bei seinen Erklärungen auf Wunder bezieht, stellt sich stets außerhalb der Methoden wissenschaftlicher Untersuchungen. Aber wer den Anschein erweckt, gleichzeitig Wissenschaft betreiben zu wollen und ungeprüft Wunder zur Erklärung seiner Thesen postuliert, der befindet sich im Widerspruch und verdunkelt durch den Missbrauch der Sprache die Einsicht in den Widerspruch.»Denn indem ich die Artikulierung des Wunderbaren vom Ausdruck mit Hilfe der Sprache auf den Ausdruck mittels der Existenz der Sprache verlagere, sage ich wieder nichts weiter, als daß wir außerstande sind, das, was wir ausdrücken wollen, zum Ausdruck zu bringen, und daß alles, was wir über das absolut Wunderbare sagen, weiterhin Unsinn bleibt.« (Wittgenstein, 1989, S. 18) Wittgenstein überträgt interessanterweise diese Überlegungen auf die Sprache der Ethik als Wissenschaft, indem er daran erinnert,»daß nicht nur keine erdenkliche Beschreibung imstande wäre zu schildern, was ich unter absolutem Wert verstehe, sondern daß ich jede sinnvolle Beschreibung, die überhaupt jemand möglicherweise vorschlagen könnte, von vornherein und eben aufgrund ihrer Sinnhaftigkeit ablehnen würde. Das bedeutet: Ich sehe jetzt, daß diese unsinnigen Ausdrücke nicht deshalb unsinnig waren, weil ich die richtigen Ausdrücke noch nicht gefunden hatte, sondern daß ihre Unsinnigkeit ihr eigentliches Wesen ausmacht. Denn ich wollte sie ja gerade dazu verwenden, über die Welt – und das heißt: über die sinnvolle Sprache – hinauszugelangen. Es drängte mich, gegen die Grenzen der Sprache anzurennen, und dies ist, glaube ich, der Trieb aller Menschen, die je versucht haben, über Ethik oder Religion zu schreiben oder zu reden. Dieses Anrennen gegen die Wände unseres Käfigs ist völlig und absolut aussichtslos. Soweit die Ethik aus dem Wunsch hervorgeht, etwas über den letztlichen Sinn des Lebens, das absolut Gute, das absolut Wertvolle zu sagen, kann sie keine Wissenschaft sein. Durch das, was sie sagt, wird unser Wissen in keinem Sinne vermehrt. Doch es ist ein Zeugnis eines Drangs im menschlichen Bewußtsein, das ich für mein Teil nicht anders als hochachten kann und um keinen Preis lächerlich machen würde.« (Wittgenstein, 1989, Seite 18 ff.)

Die Metapher der Nachhaltigkeit: Zur Struktur unseres Denkens

Wenn wir nun diese Erfahrung auf die Verwendung des Wortes *Nachhaltigkeit* anwenden, dann lässt sich schnell erkennen, dass wir die Aufmerksamkeit auf etwas lenken, von dem wir eigentlich noch keinerlei Erfahrung haben. Mit dem Wort *Nachhaltigkeit* verhält es sich nämlich nicht sehr viel anders als mit dem Wort *Wunder*. Wir haben eine teilweise untersuchte Geschichte der Herkunft des Wortes *Nachhaltigkeit* aus dem 17. Jahrhundert (vgl. den Beitrag von Stefan Fomm in diesem Buch). Nun aber wird es in der Gegenwart herangezogen für zahlreiche Dinge, mit denen wir keine Erfahrungen gemacht haben, stattdessen jedoch Wünschenswertes aussprechen.

Die bisherigen sprachphilosophischen Ausführungen führen zu einer These, die da lautet: Nachhaltigkeit ist die Metapher, mit der Unternehmen den Investoren auf den Finanzmärkten das Gefühl vermitteln können, dass ihr Kapital (das der Investoren) nicht dem Verfall ausgesetzt ist, wenn sie in das Unternehmen investieren. Wie Lakoff/Johnson in ihrem Buch *Leben in Metaphern* aufführen, verstehen die meisten Menschen unter einer Metapher »ein Mittel der poetischen Imagination und der rhetorischen Geste«. Menschen ordnen es damit »dem Bereich der außergewöhnlichen und nicht der gewöhnlichen Sprache« zu. Lakoff/ Johnson belegen jedoch, dass alltägliche metaphorische Redewendungen immer auch als Träger emotionaler und kognitiver Strukturen fungieren. Sie gehen dabei u. a. davon aus, dass Metaphern zusammenhängende Konzepte bilden, nach denen wir unser Denken und die Welt strukturieren. Das Wort *Nachhaltigkeit* ist eingeflossen in unsere Alltagssprache und bestimmt damit – wenn man Lakoffs Metapherntheorie folgt – unser Denken und Handeln. Aber wie strukturiert nun die Metapher der Nachhaltigkeit unser Denken? Das Wort erinnert an das Nachhallen, also an etwas lang Andauerndes, vielleicht sogar nicht mehr versiegen Wollendes. Im Englischen haben wir dafür den Begriff der *Sustainability*. Damit scheint es sich dem Marktmechanismus der Beschleunigung widersetzen zu wollen. Ein Unternehmen scheint offensichtlich einem Verfall ausgesetzt zu sein, wenn es das Vertrauen auf dem Markt verloren hat. In moderner Wirtschaftssprache redet man von der sog. *licence to operate* und meint damit die gesellschaftliche Akzeptanz eines Unternehmens als Voraussetzung bzw. Begründung ihrer Wertschöpfung. Die *licence to operate* basiert auf subjektiven Wahrnehmungen dieser Gesellschaftsmitglieder, welche mit ihren subjektiven Erwartungen verknüpft sind und durch normative Vorstellungen beeinflusst werden.

Nun gibt es keine absolute Moral, die einmal festgelegt (von wem auch immer) für alle Zeiten Gültigkeit hat. Wie bereits der Philosoph Hans Jonas in seinem Werk *Das Prinzip Verantwortung* feststellte, verändert sich die Natur des Menschen im Zeitablauf; lässt sich das Gute sowieso nur schwer definieren und unterliegt wohl auch dem Zeitgeist und die Reichweite der Verantwortung des Menschen dehnt sich mit der Zeit aus. Damit unterliegt auch das Moralverständnis einem Wandel. Die Inhalte von Gut und Böse ändern sich. Sie müssen in der Gesellschaft immer wieder neu ausgehandelt werden. Und damit ändern sich auch die Unterschiede zwischen Gut und Böse. Somit muss ein Unternehmen auch nicht unerhebliche Investitionen in den Erhalt der *licence to operate* erbringen. Gerade Banken bemühen sich derzeit sehr stark um die Rückgewinnung von Vertrauen. Das wollen sie auch beweisen. Nun ist aber das Wesen des Vertrauens doch, dass es keiner Beweise bedarf. Der Philosoph Buyung Chul Han meinte kürzlich in einem Interview auf die Frage, ob Transparenz die Lösung sei: »[…] Das Verlangen nach Transparenz wird nur dort laut, wo Vertrauen schwindet. Wir erleben gerade, dass die Gesellschaft des Vertrauens vorbei ist. Stattdessen setzen wir auf Transparenz, mit der Folge, dass wir uns immer weiter von einer Gesellschaft des Vertrauens wegbewegen, weil Transparenz immer noch mehr Transparenz und Kontrolle notwendig macht. Gehen Sie mal auf die Website der Schufa: ›Wir schaffen Vertrauen‹ steht da. Das ist reiner Zynismus. Die Schufa schafft kein Vertrauen, sie zerstört Vertrauen, indem sie auf totale Kontrolle setzt.« (Haberl, 2012) Auf der Suche nach Bedeutungsinhalten begegnet man unterschiedlichen Konzepten, die den Begriff stark werden lassen: u.a. moralische Integrität, öffentliches Interesse, Kontrolle, Regulierung. Diese Begriffe zeigen jedoch eher die Hilflosigkeit, in der ein neues Verständnis von moralischem Handeln ihren Ausdruck sucht. Zwischen Kontrolle und Eigenverantwortung versuchen ungenaue Beschreibungen dem Wort einen Reiz abzugewinnen.

Ließe sich daraus nicht schließen, dass wir mit einer pauschalen Forderung nach Regulierung, die ja im Wesentlichen auf Transparenz setzt, genau das Gegenteil von dem erreichen, was eigentlich ursprünglich damit bezweckt wird (zumindest offenkundig)? Und wenn dem so ist, was muss wer eigentlich tun, damit mehr Moral in die Wirtschaft (zurück)kommt? Wann erreicht Regulierung tatsächlich die beabsichtige Wirkung und wann dient sie bloß bestimmten Partikularinteressen? Mit anderen Worten: Geht es wirklich um die Kontroverse Regulierung vs. Deregulierung oder geht es eher um die Frage wirksamer und im öffentlichen Interesse liegender Regulierung einerseits und kontraproduktiver und Partikularinteresse dienender Regulierung andererseits?

Nachhaltigkeit ist gut, weil sie vernünftig ist

Das Menschenbild der klassischen bzw. neoklassischen Nationalökonomie ist der *homo oeconomicus.* Dieses Konstrukt geht davon aus, dass Menschen egoistisch und rational handeln. Sie sind vollständig informiert und maximieren mit gegebenen Mitteln immer ihren Nutzen. Nehmen wir um des Argumentes willen einmal an, die These »Menschen wollen auch sozial sein« stimmt. Dann gestehen wir dem Menschen auch andere (z. B. ethische, altruistische Ziele) zu. Das Bild des *homo oeconomicus* ist damit jedoch nicht mehr haltbar (zu weiteren Begründungen für diese These vgl. den Beitrag von Klaus-Jürgen Grün in diesem Buch). Die Reduktion des Menschen auf Rationalität wäre also kein ausreichendes Erklärungsmuster für sein Verhalten.

Nachhaltigkeit aus der Sicht von Reaktionären

Der Soziologe Albert Hirschman hat in einer Untersuchung über die *Rhetorik der Reaktion* drei Thesen herausgearbeitet, die immer wieder bei sog. Reaktionären anzutreffen sei: die Sinnverkehrungs-, die Vergeblichkeits- und die Gefährdungsthese. Alexander Brink von der Universität Bayreuth hat in einem Discussion Paper (Jahrgang 2/2005, Heft 9) versucht, Hirschmans Thesen auf die Wirtschaftsethik zu übertragen. Dabei müssen wir uns die Ethik als das Progressive vorstellen. Brinks Thesen lauten sinngemäß: Ethik führe nicht zu mehr individuellen Freiheitsrechten, sondern verkehrt ihren Sinn ins Gegenteil: sie schränkt Freiheitsrechte ein. Ethik führe nicht zu mehr Demokratie, sondern verkehrt ihren Sinn ins Gegenteil: sie entdemokratisiert das Unternehmen. Ethik führe nicht zu mehr sozialen Freiheiten im Unternehmen, sondern verkehrt ihren Sinn ins Gegenteil: sie entmündige den Mitarbeiter. Wirtschafts- und Unternehmensethik ist ohne jeglichen Effekt. Nach Brinks Meinung wird sich das Gute oder Schlechte ganz von selbst im Lauf der Geschichte einstellen. Würden Unternehmen selbst einen ökonomischen Vorteil von Ethik sehen, dann würden sie sich von selbst dem Thema widmen. Daher gefährde der gezielte Einsatz von Ethik bestehende Normen und Standards, denn sie reduzierten den ökonomischen Gewinn bzw. den generierten Shareholder-Value.

Verteidiger des Menschenbildes des *homo oeconomicus,* in der Tradition des schottischen Ökonomen und Philosophen Adam Smith, erklären indes seine Be-

rechtigung dadurch, dass das Aufeinandertreffen vieler Eigeninteressen auch das
Gemeinwohl fördere. Adam Smith schreibt: »Nicht von dem Wohlwollen des Flei-
schers, Brauers oder Bäckers erwarten wir unsere Mahlzeit, sondern von ihrer
Bedachtannahme auf ihr eigenen Interesse. Wir wenden uns nicht an ihre Humanität, sondern an ihre Eigenliebe [...]« Smith benutzt dazu in seinem 1776 erschienen Werk *Der Wohlstand der Nationen* den Begriff der »unsichtbaren Hand«.
Es ist unübersehbar, dass viele Ökonomen auch heute noch diesem Begriff erlegen sind.

Demnach sind die Ergebnisse einer freien Marktwirtschaft unabhängig von
den moralischen Intentionen der handelnden Personen. Bei Adam Smith finden
wir: »Jeder Mensch ist stets darauf bedacht, die ersprießlichste Anwendung alles
Kapitals, über das er zu verfügen hat, ausfindig zu machen. Tatsächlich hat er nur
seinen eigenen Vorteil und nicht den der Gesellschaft im Auge; aber natürlich,
oder vielmehr notwendigerweise, führt ihn die Erwägung seines eigenen Vorteils
gerade dahin, daß er diejenige Kapitalbenutzung vorzieht, die zugleich für die
Gesellschaft höchst ersprießlich ist.« Der österreichisch-amerikanische Ökonom
Fritz Machlup formulierte es noch pointierter so: »Eine Welt von tüchtigen Menschen vermag viel eher Wohlstand [...] zu garantieren, als es eine Welt von guten
Menschen imstande wäre.« Man beachte hier den sich im 18. Jahrhundert voll-
ziehenden Paradigmenwechsel. War bislang die Gerechtigkeit im Mittelpunkt der
Ökonomie, so ist es von jetzt an der Wohlstand, also der Reichtum. Weiter heißt
es bei Adam Smith: »Nun ist aber das jährliche Einkommen jeder Gesellschaft immer genau so groß wie der Tauschwert des gesamten Jahreserzeugnisses ihrer Erwerbstätigkeit, oder besser gesagt, es ist dieser Tauschwert selber. Da nun jedermann nach Kräften sucht, sein Kapital in der heimischen Erwerbstätigkeit und
diese Erwerbstätigkeit selbst so zu leiten, daß ihr Erzeugnis den größten Wert erhält, so arbeitet auch jeder notwendig dahin, das jährliche Einkommen der Gesellschaft so groß zu machen, als er kann. Allerdings strebt er in der Regel nicht
danach, das allgemeine Wohl zu fördern, und weiß auch nicht, um wieviel er es
fördert. Indem er die einheimische Erwerbstätigkeit der fremden vorzieht, hat er
nur seine eigene Sicherheit im Auge und indem er diese Erwerbstätigkeit so leitet, daß ihr Produkt den größten Wert erhalte, verfolgt er lediglich seinen eigenen Gewinn und wird in diesen wie in vielen anderen Fällen von einer unsichtbaren Hand geleitet, einen Zweck zu fördern, den er in keiner Weise beabsichtigt
hatte. [...] Verfolgt er sein eigenes Interesse, so fördert er das der Gesellschaft weit
wirksamer, als wenn er dieses wirklich zu fördern beabsichtigt.«

Smiths metaphysisches Konzept, zumindest soweit es seinem anderen Haupt-
werk *Die Theorie ethischer Gefühle* zugrunde liegt, ist ein deistisches. Das Leibniz-
sche Bild vom Uhrmacher, der eine perfekte Uhr baut, in Betrieb nimmt, die dann
aber von selbst weiterläuft, skizziert dies am deutlichsten. Der allweise Schöp-

fer, so Smith, konzipierte die Natur und schuf den Mensch nach seinem Abbild. Die Moral könne der Mensch daher nur in sich, also in seiner eigenen Natur finden. Allerdings ist auch für Smith klar, dass sich die menschliche Natur nicht nur zu moralisch guten Handlungen leiten bzw. verleiten lässt, sondern eben auch zu lasterhaften Handeln, zu Eitelkeit und Selbstsucht. All dies geschieht aber nur im Hinblick auf das Ziel der Ordnung der Welt, der Vollkommenheit und der Glückseligkeit der Menschheit. Und das erfolgreiche Zusammenwirken der menschlichen Natur mit ihren tugendhaften und auch lasterhaften Eigenschaften dient einzig der Verwirklichung dieser Ziele und erfolgt eben mit genau dieser »unsichtbaren Hand«.

In seinem Aufsatz *Das Menschenbild der herkömmlichen Nationalökonomie* schreibt Hans Christoph Binswanger als einer der ganz wenigen Ökonomen, die sich der Ethik gewidmet haben: »Was ist die Konsequenz dieser Feststellung? Nichts anderes als daß die ökonomische Wissenschaft, soweit sie sich ausdrücklich oder stillschweigend auf den ›homo oeconomicus‹ und die ›unsichtbare Hand‹ beruft, auf der Stoa gründet. Alle Ökonomen, die ihre Wissenschaft in diesem Sinne verstehen, bilden daher eine stoische Glaubensgemeinschaft und sind somit auch – obwohl sie es in der Regel nicht wahrhaben wollen – eine Werturteilsgemeinschaft par excellence. Auf dem stoischen Glauben – auf diesem, ich wiederhole es, optimistischen Glauben – beruht auch die große normative Kraft der ökonomischen Gesetze, die, wie vor allem das Gesetz von Angebot und Nachfrage, als Vernunft- oder Naturgesetze gelten und deswegen unabhängig von ihrer konkreten Wirksamkeit bzw. Gültigkeit im einzelnen generell ›geglaubt‹ werden.« (1993, S. 22) Binswanger, der das wundervolle Buch *Geld und Magie – Eine ökonomische Deutung von Goethes Faust* geschrieben hat, gibt uns auch zwei Faust-Zitate anhand, mit deren Hilfe vielleicht eine Reflexion der »unsichtbaren Hand« möglich scheint. (1993, S. 22 ff.) Nach der Frage von Faust, wer er, also Mephistopheles, denn sei, antwortet dieser:

> *»Ich bin ein Teil von jener Kraft,*
> *Die stets das Böse will, und doch das Gute schafft.«*

Auf die Frage von Faust, wie denn diese Antwort wohl zu verstehen sei, antwortet Mephistopheles:

> *»Ich bin der Geist, der stets verneint!*
> *Und das mit Recht; denn alles was entsteht,*
> *Ist wert, das es zugrunde geht;*
> *Drum besser wär's, daß nichts entstünde.*
> *So ist denn alles, was ihr Sünde,*

Zerstörung, kurz das Böse nennt,
Mein eigentliches Element.«

Adam Smiths Theorie der unsichtbaren Hand kann auch in der Form interpretiert werden, dass menschliches Handeln häufig zu positiven Effekten führt, denn es kam in der Geschichte häufig genug vor, dass dem Bösen etwas Gutes folgte. Aber daraus lässt sich eben nicht schließen, dass das Böse deswegen moralisch legitimiert wäre, da das Gute ja automatisch folgt. Es lässt sich in der Wirtschaft feststellen, dass es durchaus Situationen gibt, wo man die Akteure sich selbst überlassen kann.

Aber es gibt ebenso Situationen, in denen dies nicht der Fall ist. Hier muss uns die Moral weiterhelfen. Wenn wir sozial erwünschtes Verhalten jedoch dadurch einfordern, dass wir die Nichtbeachtung bzw. Nichteinhaltung mit einer Strafe versehen, verdrängt die Ökonomie das Soziale. Ethik wäre dann zu einer weiteren Strategie der Ökonomie mutiert. Sie wird ein Mittel zum Zweck. Zur Zeit gibt es keine Ethik, die beides zu leisten vermag: Ökonomie und Soziales gleichermaßen oder noch besser gleichwertig zu berücksichtigen. Dabei wäre genau dies zum Überleben einer sozialen Gemeinschaft als notwendig auszuweisen. Der Mensch ist und er bleibt stets auch ein soziales Wesen. Er ist in gewisser Weise von anderen Menschen abhängig. Eine kleine Anekdote aus unbekannter Quelle: »Ein Professor der Columbia University in New York überlegte vor einiger Zeit, ob er das Angebot einer anderen Universität annehmen sollte. Nach reichlichem Schwanken nahm ihn schließlich ein Kollege beiseite und riet ihm: ›Maximiere doch einfach Deinen erwarteten Nutzen – Du schreibst doch immer darüber.‹ Darauf entgegnete der Professor entnervt: ›Hör auf damit – das ist jetzt Ernst!‹«.

Wer in der Wirtschaft erfolgreich wirken will, muss das Verhalten seiner Akteure antizipieren können. Wenn diese Akteure aber keine eindeutigen Präferenzen mehr zeigen, erweist sich dies als schwierig, denn die alten Marketing-Rezepte verlören ihre Wirkung. Wichtiges Werbe-Budget verpufft. Kunden handeln plötzlich spontan, irrational, emotional. Sie wählen gar nicht aus allen Produkten das Beste aus, sondern nur aus einigen Produkten. Sie interessieren sich nicht für alle Produkte, verschaffen sich schon gar nicht einen vollständigen Marktüberblick.

In diesem Zusammenhang spricht Birger P. Priddat an anderer Stelle von einem *invisible environment.* Kunden seien nicht an der Maximierung ihres Nutzens im Hinblick auf ein optimales Ergebnis interessiert. Was heute zähle ist nicht, sich einen kompletten Marktüberblick zu verschaffen, es gelte Entscheidbarkeit herzustellen. Kunden sollten sich also gefälligst entscheiden.

Damit sind wir bei der Frage, wie wir überhaupt Entscheidungen treffen. Die neuesten Forschungen auf den Gebieten der Neurologie und Psychologie zeigen deutlich ein neues Bild des Menschen. Gerd Gigerenzer vom Max Planck Institut hat diesen »neuen« Menschen treffend den *homo heuristicus* genannt (vgl. hierzu u. a. Gigerenzer, G. & Brighton, H., 2009). Hierzu soll uns ein Beispiel der Kategorie »Kaufe, was Du vergleichen kannst« dienen: Dan Ariely hat mit einem Abonnement-Angebot der Zeitschrift *The Economist* einen Versuch mit Studenten der Sloan School of Management am MIT durchgeführt. *The Economist* bot folgende drei Abo-Varianten an: 1. Nur Internet für 59 Dollar; 2. Nur Papier für 125 Dollar und 3. Papier und Internet ebenfalls für 125 Dollar. Bei der folgenden Abstimmung entschieden sich 16 % der Studenten für die Variante 1, niemand für die Variante 2 und 84 % für die Variante 3. Clevere Studenten könnte man sagen. Aber nun wurde Variante 2, die ja niemand wählte, herausgenommen. Es konnte in einem erneuten Versuch mit Studenten nur noch zwischen Variante 1 (Nur Internet) und Variante 3 (Papier und Internet) entschieden werden. Nun entschieden sich 68 % für Variante 1 und 32 % für Variante 3. Diese Entscheidung ist keinesfalls rational zu erklären, sie ist irrational. Aber eben auch voraussehbar irrational. Achten sie einmal beim nächsten Einkauf z. B. eines Fernsehgerätes auf ihr Entscheidungsverhalten. (vgl. hierzu Ariely, 2010, S. 2 ff.)

Benötigen wir eine neue Ethik oder ein neues Ethikverständnis?

Wenn Menschen glauben, es müsse mehr für das Soziale getan werden, übersehen sie häufig eines: Die Strategien, mit denen sie das umzusetzen versuchen, entlarven sich regelmäßig als ökonomisches Kalkül (zur ausführlichen Begründung vgl. den Beitrag von Klaus-Jürgen Grün in diesem Buch). Selbst wenn der Staat Vorgaben macht, was denn zu tun sei, dann geschieht die Umsetzung in der Regel aus Gründen der Staatsräson – nicht aus Überzeugung einer sozialen Notwendigkeit. Erinnern wir uns nur nochmals an das Beispiel mit den Kindertagesstätten. Wer an die Selbstheilungskräfte der Märkte glaubt, glaubt damit letztlich, dass sich die Probleme von selbst lösen werden. Dieser optimistische, stoische Glauben, möchte ich mit Binswangers Ausführungen unterstreichen, kann der wahrgenommenen Realität nicht mehr Stand halten. Es gibt sicherlich Probleme, die mit der effizienten Marktselbststeuerung über Angebot und Nachfrage lösbar sind, aber es gibt mindestens genauso viele, wo es ohne ein soziales Kalkül keine Lösung gibt (siehe Klimawandel, Umweltschutz).

Vielleicht hilft eine Unterscheidung in *Transaktionen durchführen* und *Transaktionen initiieren*. Ersteres unterliegt sicherlich einem Selbstoptimierungsprozess. Aber welche Transaktionen wir überhaupt einem Markt aussetzen, entscheiden Menschen. Wer glaubt, dass die Moral im Menschen verankert ist und damit automatisch bereits Anwendung findet, sollte sich einmal mit dem Mäuse-Experiment von Armin Falk von der Universität Bonn auseinandersetzen. Sein Experiment führte ihn zu der provokanten These: Der Markt verdrängt die Moral (siehe hierzu Falk, A. & Szech, N., 2013).

Die Soziologin Jane Jacobs hat in ihrem 1994 erschienen Buch *Systems of Survival* einen gänzlich anderen Ansatz gewählt. Sie geht von der These aus, dass es nur zwei Wege gibt, wie wir bekommen, was wir brauchen: durch Handeln oder durch eigene Produktion. Jedem dieser Bereiche ordnet sie ein spezielles Set von moralischen Werten zu. Beide Bereiche würden benötigt, damit eine Gesellschaft gesunden kann. Zu den Werten der Händlermoral zählt sie beispielsweise Konkurrenz, Effizienz, Öffentlichkeitsscheue, Sparsamkeit, Optimismus, Ehrlichkeit. Die Wächtermoral umfasst bei ihr Werte wie z.B. Loyalität, Hierarchie-Respekt, Ehrgefühl, der Tradition verpflichtet, Großzügigkeit, Disziplin und Gehorsam. Bringt uns vielleicht dieser Gedankengang ein Stück weiter? Entstehen viele Probleme vielleicht aus dem Grund, weil wir beide Moralsysteme oft miteinander mischen bzw. verwechseln? So redet ja der Investmentbanker gerne vom Hüten des Geldes. Dies weckt die Wächtermoral. Tatsächlich ist er aber doch Händler.

Für eine sinnvolle Bestimmung von Nachhaltigkeit

Unsere bisherigen Überlegungen haben die Verwendung des Wortes *Nachhaltigkeit* in die Klasse der Wohlfühlbegriffe eingeordnet, die in den Ethiken oftmals mehr Verwirrung stiften als Nutzen. Betrachten wir aber die grundsätzliche Forderung, dass Ethik relevante Vorstellungen zum sozialen Nutzen beizutragen habe, kann die Metapher *Nachhaltigkeit* zur sinnvollen Leitvorgabe für das Wirtschaftsleben herangezogen werden. Nachhaltigkeit beinhaltet zumindest das Postulat, dass alle Menschen ein »Anrecht auf ein gutes Leben haben« (Christen, S. 20). Damit verbunden ist ein zweites Postulat, nämlich, dass unsere soziale Gemeinschaft mit Natur in einem Wechselverhältnis zueinander stehen (Christen, S. 20). Während wir oben davon gesprochen haben, dass eine »nachhaltige Kapitalanlage« eine langfristig gesicherte Rendite erwarten lassen soll, so wird diese allgemeine Aussage durch die oben genannten Postulate eingeschränkt. Langfristige Erwartung von Gewinn darf den Postulaten des guten Lebens und dem Stoffwechsel zwischen sozialer Gemeinschaft und der Ressource »Natur« nicht derart widersprechen, dass beides aufhört zu existieren. Ökonomische Rahmenbedingungen, die die Metapher *Nachhaltigkeit* aufspannen, haben ihren Realitätsbezug dadurch, dass sie das Bestehen der Gesellschaft sicherstellen sollen.

Nachhaltigkeit als Metapher beinhaltet eine kontrafaktische Bedeutung. Sie ist Ausdruck des Wunsches, der sich aus dem Erlebnis der Zerbrechlichkeit oder Verletzlichkeit von Worten ergibt. Dieses Erlebnis findet bereits Eingang in den

Brundtland-Bericht mit dem Titel *Our Common Future,* den 1987 die Weltkommission für Umwelt und Entwicklung der Vereinten Nationen veröffentlichte. Dort heißt es: »Sustainable development seeks to meet the needs and aspirations of the present without compromising the ability to meet those of the future. Far from requiring the cessation of economy growth, it recognizes that the problems of poverty and underdevelopment cannot be solved unless we have a new era of growth in which developing countries play a large role and reap large benefits.« (S. 51) Und weiter finden wir: »Sustainable development is development that meets the needs of the present without compromising the ability of future generations to meet their own needs. It contains within it two key concepts: – the concept of ›needs‹, in particular the essential needs of the world's poor, to which overriding priority should be given; and – the idea of limitations imposed by the state of technology and social organization on the environment's ability to meet present and future needs.« (S. 54).

Der Metapher liegt insofern eine reale Basis zugrunde, als wir aus Erfahrung wissen, dass der schonende Umgang mit Gütern, die unser Leben zu einem guten Leben machen, dazu führt, dass wir lange Freude an ihm haben: Wenn wir mit unserer Gesundheit schonend umgehen, »hält sie länger nach«. Gleiches gilt für Konsumgüter wie Schuhe und andere Kleidung, Auto, Fahrrad und schließlich der Garten, die Stadt, die Erholungsgebiete. So wird die Metapher *Nachhaltigkeit* zu einer regulativen Idee im Sinne der Vernunftkritik Immanuel Kants. Wir setzen die Idee mit dem Ziel, unser Handeln so von ihr leiten zu lassen, dass wir eines Tages die Erfahrung mit der Wirklichkeit der Idee machen können. Wirtschaften am Leitfaden der Idee der Nachhaltigkeit bedeutet demnach, dass wir unsere Produktions- und Distributionsstrukturen so organisieren, dass wir lange Freude an ihnen haben können.

Mit der Verwendung des Begriffes *Nachhaltigkeit* als einer Idee und einer Metapher lösen wir ihn heraus aus der Schublade der moralisierenden Wortfetische. Wir setzen ihn ein als eine Erwartung im Umgang mit Ressourcen, Gütern und Menschen. Die Erwartung kann sich zu einem Gebot verschärfen, wenn wir berücksichtigen, dass der allen Beteiligten zuzumutende Wunsch nach einem guten Leben auch in der Zukunft als ein Postulat unterstellt werden kann.

Mit diesen Überlegungen fällt Industrie und Wirtschaft eine Vorreiter- und Vorbildrolle beim Aufbau von Ethik und Moral zu. Ethik und Moral entstehen nicht, wie das manche Lehren in der Tradition mit Verweis auf reine Vernunft darstellen, in einem luftleeren und von Erfahrung freien Raum. Vielmehr erwachsen sie als ein Desiderat aus der Erfahrung. Es ist die Erfahrung, dass manches nicht so ist, wie wir es uns wünschen.

Literatur

Ariely, D. (2010). *Predictably irrational. The hidden forces that shape our decisions* (Business & economics, Rev. and expanded ed). New York: Harper Collins.

Binswanger, H. C. (1993). *Das Menschenbild der herkömmlichen Nationalökonomie.* Zeitschrift für Sozialökonomie (97), 18–26.

Brink, A. (Universität Bayreuth, Hrsg.). (2006). *Albert O. Hirschmans »Rhetorik der Reaktion«. Kritik an der Wirtschafts- und Unternehmensethik und Empfehlungen für die angewandte Wissenschaft und das Management.* Diskussionspapiere: Jahrgang 2/2005, Heft 9. Verfügbar unter http://pe.uni-bayreuth.de/file/DP/J02H09. pdf. Zugegriffen 03. 04. 2015.

Christen, M. (2013). *Die Idee der Nachhaltigkeit. Eine werttheoretische Fundierung* (Beiträge zur Theorie und Praxis starker Nachhaltigkeit, Bd. 5). Marburg: Metropolis-Verlag.

Elger, C. E. & Schwarz, F. (2009). *Neurofinance. Wie Vertrauen, Angst und Gier Entscheidungen treffen* (Wirtschaftssachbuch, 1. Auflage). München: Haufe Verlag.

Europäische Kommission (Luxemburg: Amt für amtliche Veröffentlichungen der Europäischen Gemeinschaften, Hrsg.). (2001). *Europäische Rahmenbedingungen für die soziale Verantwortung der Unternehmen. Grünbuch.* Verfügbar unter http://www.csr-weltweit.de/uploads/tx_jpdownloads/Europaeische_Rahmenbedingungen_fuer_die_sozialeVerantwortung_der_Unternehmen_Gruenbuch.pdf. Zugegriffen 03. 04. 2015.

Falk, A. & Szech, N. (2013). *Morals and Markets.* Science, 340 (6133), 707–711. doi:10.1126/science.1231566

Geneezy, U. & Rustichini, A. (2000*). A fine is a price.* The journal of legal studies, 29 (1,1), 1–17.

Gigerenzer, G. & Brighton, H. (2009). *Homo Heuristicus: Why Biased Minds Make Better Inferences.* Topics in Cognitive Science, 1 (1), 107–143. doi:10.1111/j.1756-8765.2008.01006.x

Haberl, T. *Wir steuern auf eine Katastrophe zu.* Süddeutsche Zeitung Magazin, Heft 50/2012. Zugegriffen 03. 04. 2015. Verfügbar unter http://sz-magazin. sueddeutsche.de/texte/anzeigen/39059/.

Hirschman, A. O. (1995). *Denken gegen die Zukunft. Die Rhetorik der Reaktion* (Fischer Sozialwissenschaft, Bd. 12510, Ungekürzte Ausg). Frankfurt am Main: Fischer-Taschenbuch-Verl.

Jacobs, J. (1994). *Systems of survival. A dialogue on the moral foundations of commerce and politics* (1. ed). New York NY: Vintage Books.

Kummert, I. (2013). *Strategien der Moral am Kapitalmarkt. Namhafte Finanzmarktakteure geben Einblick in ihr Ethikverständnis:* Gabler.

Lakoff, G. & Johnson, M. (2004). *Leben in Metaphern. Konstruktion und Gebrauch von Sprachbildern* (Kommunikationswissenschaften, 4., Aufl). Heidelberg: Carl-Auer-Systeme-Verl.

Sandel, M. J. (2013). *Gerechtigkeit. Wie wir das Richtige tun* (Ullstein, Bd. 37537). Berlin: Ullstein.

Wittgenstein, L. & Schulte, J. (1989). *Vortrag über Ethik und andere kleine Schriften* (Suhrkamp Taschenbuch. Wissenschaft, Bd. 770). Frankfurt am Main: Suhrkamp.

World Commission on Environment and Development. (1987). *[Our common future]. From one earth to one world ; an overview.* Oxford: Oxford Univ. Press.

Nachhaltigkeit – Anspruch und Wirklichkeit eines Trend-Begriffs

Stefan Fomm

Es scheint kaum einen Bereich mehr zu geben, der ohne Nachhaltigkeit auskommt. Produkte wie Tiefkühlpizza werden damit ebenso beworben wie Biosprit aus Raps- und Palmöl oder die Regale einer Billigmöbelkette. Finanzprodukte werden mit dem Attribut »nachhaltig« versehen, um das Vertrauen der Kunden zu gewinnen. Die Politik gebraucht das Adjektiv geradezu inflationär. Sei es zur Rechtfertigung dreistelliger Milliardensummen für eine »Eurorettung« oder zur Umsetzung einer »Energiewende«. Unternehmen begründen mit »Nachhaltigkeit« umfangreiche Entlassungsprogramme, und lenken von ihrer bereits sehr hohen Profitabilität ab.

Einer übermäßigen Verwendung des Begriffs steht die ziemlich durchgängige Unfähigkeit gegenüber, ihn auch nur in etwa zu definieren. Die Gesellschaft verlangt offenbar Nachhaltigkeit. Es scheint allerdings so, als sei neugieriges Fragen, was denn nun Nachhaltigkeit sei, bereits ein unbilliger Beweis des Misstrauens. Schließlich meint es der Absender ja nur gut. Der Aufkleber »Nachhaltig« reicht offenbar, schnell Vertrauen zu gewinnen und gewünschte Handlungen auszulösen. Was hat es nun auf sich mit der Nachhaltigkeit?

Dieser Beitrag ist ein Versuch, Antworten auf folgende Fragen zu geben:

- Woher kommt der Begriff Nachhaltigkeit?
- Wo gibt es Nachhaltigkeit in der Realität?
- Funktioniert Nachhaltigkeit in unserem Wirtschaftssystem? Wo liegen die Grenzen?
- Nachhaltigkeit und Verbraucher: Ist es (nicht) egal, was ich tue?
- Ansatzpunkt Wirtschaft: Bringt uns CSR der Nachhaltigkeit näher?
- Ratings als Instrument zur Messung von Nachhaltigkeit?
- Ist Nullwachstum eine Option?

- Welche Kritik lässt sich an der Idee der Nachhaltigkeit üben?
- Wie kann es weitergehen?

Woher kommt der Begriff Nachhaltigkeit?

Im 17. Jahrhundert war die Metallverhüttung im sächsischen Erzgebirge ein stark wachsender Wirtschaftsbereich. Dort arbeitete Hans Carl von Carlowitz (1645–1714) als Oberberghauptmann. Er war unter anderem verantwortlich für den nachwachsenden Rohstoff Holz. Zur Verhüttung von Erzen wurden jedes Jahr immer größere Waldflächen in der Umgebung der Betriebe gerodet. Verwendet wurde das Holz zur Gewinnung von Holzkohle für den Verhüttungsprozess sowie für Ausbau und Sicherung der Erzminen. Carlowitz beobachtete eine immer stärkere Holz-Knappheit. Die Beschaffungsradien wuchsen von Monat zu Monat. Die in der Folge steigenden Holzpreise bedrohten die Wettbewerbsfähigkeit.

Auf Fernreisen durch Europa nahm Carlowitz auch dort besorgt den Raubbau an Wäldern wahr. Er erkannte den Handlungsbedarf und schrieb 1713 mit der *Sylvicultura oeconomica, oder haußwirthliche Nachricht und Naturmäßige Anweisung zur wilden Baum-Zucht* das erste geschlossene Werk über die Forstwirtschaft. Carlowitz gilt damit als wesentlicher Schöpfer des forstwirtschaftlichen Begriffs der Nachhaltigkeit. Die wirtschaftliche Nutzung der Wälder ist nach Carlowitz dann nachhaltig, wenn nicht mehr Holz geschlagen wird, als nachwächst. Die Regenerationskraft der Ökosysteme soll also der Maßstab für deren Nutzung sein. So wäre gewährleistet, dass auch künftige Generationen auf diese Ökosysteme zugreifen können. Damit war bereits das heute noch anerkannte Prinzip der Nachhaltigkeit erkennbar: Die Ökonomie hat der »Wohlfahrt« des Gemeinwesens zu dienen. Sie ist zu einem schonenden Umgang mit der »gütigen Natur« verpflichtet und an die Verantwortung für künftige Generationen gebunden.

Carlowitz kritisiert das auf kurzfristigen Gewinn ausgerichtete Denken und argumentiert mit einer Analogie: Ein Kornfeld bringt jährlichen Nutzen. Auf das Holz des Waldes dagegen muss man Jahrzehnte warten. Trotzdem sei die fortschreitende Umwandlung von Waldflächen zu Äckern und Wiesen ein Irrweg.

Wo gibt es Nachhaltigkeit in der Realität?

Eine auf Selbstversorgung basierende Subsistenzwirtschaft ohne nennenswerte Überschüsse ausgerichtete Versorgung wirtschaftet nachhaltig im oben beschriebenen Sinne. Kulturen von Jägern und Sammlern gehören ebenso dazu wie Nomaden, Kleinbauern, Reisbauern in China oder die frühen Walfänger von Kamtschatka. In Europa finden wir Ansätze in der Allmende-Wirtschaft, zum Beispiel bei der Wasserversorgung von Bergbauern in der Schweiz. Allmende bezeichnet ein landwirtschaftlich genutztes Gemeinschaftsgut, das von allen Nutzern nur soweit verbraucht werden darf, dass es die Gemeinschaft nicht schädigt. Etwa 40 % der Weltbevölkerung lebt heute in einer Subsistenzwirtschaft.

Was sind hier nun die Motive für nachhaltiges Handeln im oben definierten Sinne?

- Bei Naturvölkern sind es häufig moralische Leitlinien einer »heiligen Erdverbundenheit«, die ein Streben nach Gleichgewicht positiv sanktionieren.
- Carlowitz verfolgt eine Ethik, die das Handeln nach den absehbaren Folgen bewertet.
- Kirchenvertreter wie Melanchton argumentieren moralisch und berufen sich auf das »Zorngericht Gottes«, falls der Mensch seine Lebensgrundlage zerstört.
- Letztenendes handelt es sich auch um ein ökonomisches Motiv. Schließlich fällt die wirtschaftliche Grundlage weg, wenn man seine Ressourcen vernichtet.

Funktioniert Nachhaltigkeit in unserem Wirtschaftssystem? Wo liegen die Grenzen?

Dem nachhaltigen Agieren der Subsistenzwirtschaft gegenüber stehen Staaten oder Gesellschaften, die stark wuchsen oder wachsen. Inzwischen gilt es als erwiesen, dass in den meisten Staaten der Erde deutlich mehr Rohstoffe entnommen werden, als nachwachsen können; und deutlich mehr belastende Stoffe an die Umwelt abgegeben werden, als diese natürlich regenerieren kann. Die Tatsache, dass inzwischen sehr zahlreiche und wirkungsvolle Maßnahmen in Richtig Nachhaltigkeit unternommen werden, vermag den Raubbau auch nicht nur annähernd umzukehren.

Bereits in der Antike rodeten beispielsweise Griechen und Römer fast ganz Südeuropa. In der Neuzeit holzten Engländer große Teile ihrer Wälder ab. Heute nutzen kapitalistische – aber auch sozialistische/kommunistische – Gesellschaften Ressourcen mehr oder weniger intensiv und überschreiten vielfach die Regenerationsfähigkeit der Natur. Wesentliche Kennzeichen dieser Gesellschaften sind exponentielles Wachstum, massiver Raubbau an der Natur, Externalisierung von Umweltkosten und damit vergleichsweise niedrige Preise. Die daraus zwangsläufig entstehenden Kosten werden häufig ignoriert und so kurzsichtig in eine ungewisse Zukunft verschoben. Die Ausbeutung der Ressourcen findet inzwischen in industriellem Ausmaß global statt.

In den früh industrialisierten Staaten kam seit dem Ende der sechziger Jahre eine Diskussion über eine drohende Schädigung der Umwelt auf. Exponentielles Wirtschaftswachstum mit entsprechendem Ressourcenverbrauch und der Konsum als starker Wachstumsmotor ließen Fragen nach der Zukunftsfähigkeit unserer Lebensbedingungen aufkommen. Nicht mehr zu übersehende Umweltschäden kamen ins (mediale) Bewusstsein: wilde Müllentsorgung in der Natur, umkippende Flüsse, Seen, kaum mehr absehbare Kosten von Umweltschäden. Die bewusste Begrenzung der Lebensdauer von Produkten prägte das Stichwort der ressourcenverschwendenden »Wegwerfgesellschaft«. Das Buch »Grenzen des Wachstums« des Club of Rome löste 1972 eine breite Umweltdebatte aus. Auch wenn sich die Prognosen zur Endlichkeit natürlicher Ressourcen in ihrer Fristigkeit nicht bestätigten, schob die Debatte wichtige Umweltinitiativen an.

Im Brundtland-Bericht »Our Common Future« der UNO wurde die Idee der Nachhaltigkeit 1983 wieder aufgenommen. Der Hauptautor von »Grenzen des Wachstums«, Dennis Meadows, definierte in der aktualisierten Version 1992 »Die neuen Grenzen des Wachstums« den Begriff der Nachhaltigkeit in einem modernen Kontext: »*Eine Gesellschaft ist dann nachhaltig, wenn sie so strukturiert ist und sich so verhält, dass sie über alle Generationen existenzfähig bleibt. Mit anderen Worten: Sie ist so weitsichtig, so wandlungsfähig und so weise, dass sie ihre eigenen materiellen und sozialen Existenzgrundlagen nicht unterminiert.*«

Der Umweltschutz, wie wir ihn heute kennen, kommt in Gang: »Grüne Parteien« etablierten sich in Europa. Erste »Umwelt-«Minister kommen ins Amt, umfangreiche Umweltgesetze werden umgesetzt. Erste rasche Erfolge wie das FCKW-Verbot sind zu verzeichnen. Ab Ende der Achtziger Jahr erkennt die Wirtschaft »Öko« als Chance und Wettbewerbfaktor. Es folgen die (bisher leider wenig erfolgreichen) UN-Klima Konferenzen. Zunehmende Kritik an »der Wirtschaft« löst eine Ethik-Debatte aus.

Weitgehend abseits einer breiten medialen Wahrnehmung spitzen sich die Probleme aktuell immer dramatischer zu: Die Folgen ungebremsten Bevölkerungswachstums; die dramatische Verschmutzung der Meere mit Kunststoffen; die ausgelaugten Böden in den Kornkammern der Ukraine und den USA werden über lang oder kurz unfruchtbar werden; China beginnt sich gerade erst, seiner dramatischen Umweltverschmutzung bewusst zu werden; Urwälder werden mit unverminderter Geschwindigkeit gerodet; bei der Förderung von Energieträgern entstehen unabsehbare Schäden (Fracking, Ölsände in Kanada); die Klimaerwärmung scheint inzwischen evident. Kritiker fordern allerdings immer neue Beweise als Begründung für ihre Zögerlichkeit, diesen Entwicklungen ernsthaft entgegenzutreten.

Nachhaltigkeit und Verbraucher: Ist es (nicht) egal, was ich tue?

In Umfragen zu Themen wie Umweltproblemen oder Tierschutz konstatiert regelmäßig der größte Teil der Befragten, umweltbewusst zu sein. Wenn es jedoch um die bekundete Ausgabenbereitschaft geht, sinken die Zustimmungswerte. Bei tatsächlichen Kaufentscheidungen sinkt die Bereitschaft noch einmal ganz deutlich. Dies trifft in großem Maße auch auf Menschen zu, die aufgrund ihres Einkommens definitiv »nachhaltige« Alternativen hätten. Als Mediennutzer regen sie sich über Massentierhaltung auf. Als Konsumenten kaufen sie dennoch bevorzugt unter ungünstigen Bedingungen produzierte Billigware.

Die Erkenntnis von begrenzten Ressourcen bei gleichzeitig steigenden Umweltbelastungen scheint sich immer mehr durchzusetzen. Zumindest in den Industrieländern ist die Informationslage dazu schließlich mehr als ausreichend und hinreichend breit verfügbar. Dennoch zögern die meisten Menschen, der Erkenntnis einigermaßen wirkungsvolle Taten folgen zu lassen. Es scheint demnach kein Defizit des Wissens zu geben, sondern ein Defizit der Motivation, und in der Folge, des Handelns. Woran liegt das? Werden die Auswirkungen eines veränderten Verhaltens als irrelevant für das Ganze betrachtet? Das als »Negligibility« bezeichnete Phänomen beschreibt die Annahme, dass der einzelne Akteur ein solch unbedeutender Mitspieler auf dieser Erde ist, dass seine geänderte Handlungsweise für den Fortbestand der Erde völlig irrelevant wäre. Umgedreht wird eine Verhaltensänderung sogar vielfach als unvernünftig angesehen. Angesichts der gigantischen Umweltverschmutzung in China scheint es doch völlig gleichgültig, ob ich anfangen soll, meinen Müll zu trennen. Entsprechend sind über lange Zeit »eingeübte« Verhaltensänderungen schwierig zu ändern. Im Übrigen ist es auch aus Sicht des Individuums einfach, sein »Nichtstun« mit dem Argument zu rechtfertigen, man sei ja auch unschuldig an den Umweltproblemen: weil man sowieso nichts ändern kann. Und so, wie sich ein Individuum verhält, verhalten sich Organisationen, Unternehmen, bis hin zu Staaten.

Beispiele wirkungsvoller Konsumentenboykotts zeigen jedoch, dass das Verhalten des Einzelnen sehr wohl in der Summe etwas ändern kann. Sei es eine Änderung einer Unternehmensstrategie. Beispiel Shell: Versenkung von Ölplattformen im Meer; oder der kurzzeitige Zusammenbruch eines Marktes. Beispiel Überfischung von Kabeljaubeständen: breiter Kaufboykott von überfischtem Kabeljau lässt Preise einbrechen. Fischer gehen nicht mehr »auf Kabeljau«, da die Erlöse nicht einmal ihre Kosten decken. Dadurch erholen sich die Kabeljaubestände wieder.

Unter welchen Bedingungen ändern Menschen eigentlich ihr Verhalten in Richtung Nachhaltigkeit? Zwei Motive umweltbewussten Verhaltens sind hier zu unterscheiden:

- *Soziales Motiv:* der Schutz der Umwelt vor eigener Umweltschädigung. »Ich schütze die Umwelt vor mir.« Aus einer wahrgenommen sozialen Verantwortung heraus verhalten sich Verbraucher umweltbewusst. Und das, obwohl der eigene Nutzen aus diesem Verhalten meist viel kleiner ist, als das aufgebrachte »Opfer«. Je geringer das wahrgenommene Opfer ist, desto mehr tritt das soziale Motiv in den Vordergrund.

- *Egoistisches Motiv:* der Schutz des eigenen Umfelds vor den negativen Auswirkungen der Umwelt. »Ich schütze mich vor der Umwelt.« Hier resultiert das Verhalten offenbar aus einem Gesundheitsbewusstsein.

In der Wertehierarchie nach Maslow stellt der Erhalt der Gesundheit ein physiologisches Bedürfnis ersten Ranges dar. Damit werden Konsumenten eher egoistischen denn sozialen Motiven folgen.

Wie kommt es nun zu umweltgerichtetem/nachhaltigem Verhalten? Es ist eine zwingende Abfolge von Einsichten erforderlich. Fehlt ein Schritt, kommt am Ende kein entsprechendes Verhalten zustande. Ob es sich nun um umweltgerechtes Verhalten handelt oder beispielsweise um den Wunsch, mit dem Rauchen aufzuhören, die Schritte zur Verhaltensänderung sind identisch:

Schritt 1: *Wahrnehmung von Umweltproblemen*
Ausgangspunkt ist hier zunächst das Spüren persönlicher Betroffenheit. Schadstoffe in Nahrungsmitteln, Müll in der Natur oder Berichte über Urwaldrodungen bewirken ein ungutes Gefühl.

Schritt 2: *Eingeständnis der eigenen Verantwortung*
Die Wahrnehmung von Umweltproblemen alleine führt nicht automatisch zu nachhaltigem Verhalten. Vielmehr ist das Eingeständnis persönlicher Verantwortung für das Entstehen sowie der Zuständigkeit für die Lösung von Umweltproblemen notwendig.

Schritt 3: *Wahrgenommene Wirksamkeit einer eigenen Verhaltensänderung*
Erwarten Menschen Erfolge bei der Bewältigung von Umweltproblemen, so sind sie verstärkt bereit, nachhaltig zu handeln. Dies ist jedoch auch noch nicht hinreichend für eine Veränderung des Verhaltens.

Schritt 4: *Bereitschaft zu persönlichen Opfern*
Die Frage nach der Bereitschaft zu persönlichen Opfern für nachhaltige/umweltverträgliche Produkte ist entscheidend für die Feststellung der Preisbereitschaft der Verbraucher.

Im täglichen Leben ist zu spüren, wie schwierig es ist, auch relativ kleine Verhaltensänderungen umzusetzen. Eine Veränderung in Richtung nachhaltigem Verhalten ist vergleichsweise schwerer. Weil eben der wahrgenommene Nutzen in den meisten Fällen relativ gering, häufig lediglich ideell, ist. Und das gerade beim sozial motivierten Handeln. Anreize, wie Steuererleichterungen oder Subventionen, können dazu beitragen, nachhaltiges Verhalten zu fördern.

Nachhaltige Verhaltensweisen können sich ausdrücken in: Konsumverzicht, Ausweichen auf vergleichsweise umweltbewusstere/nachhaltigere Produkte, Einschränkung (Sparen), Beschwerdeverhalten oder Abfalltrennung/Recycling.

Ansatzpunkt Wirtschaft: Bringt uns CSR der Nachhaltigkeit näher?

In den 1950er Jahren wird in den USA erstmals in der breiten Öffentlichkeit die Verantwortung von Unternehmern für die Gesellschaft diskutiert. Später weitete sich dieser Gedanken auf Unternehmen aus. Die Idee der Verantwortung von Unternehmen für die Gesellschaft diffundierten erst später nach Europa. In den 1990er Jahren verbanden sich die Gedanken des Club of Rome mit den Ideen der Verantwortung von Unternehmen. Daraus entwickelt die Privatwirtschaft den Ansatz einer »Corporate Social Responsibility« (CSR). Das Ziel ist die Übernahme gesellschaftlicher Verantwortung von Unternehmen für die Auswirkungen ihrer Tätigkeit auf die Gesellschaft. Die Idee des CSR umfasst alle ökonomischen, ökologischen und sozialen Aktivitäten eines Unternehmens, die über die Einhaltung gesetzlicher Bestimmungen (Compliance) hinausgehen. Damit streben sie Nachhaltigkeit an, die der Gesellschaft – aber auch ihnen selbst – wieder zu gute kommen soll. CSR ist eine freiwillige Initiative. Es gibt weder eine einheitliche Definition von CSR als Grundidee noch eine gemeinschaftlich getragene Definition einer CSR-Systematik. Der gemeinsame Nenner von CSR lässt sich in folgende drei Schwerpunkte unterteilen:

- *Ökonomische Nachhaltigkeit:* Eine Gesellschaft sollte wirtschaftlich nicht über ihre Verhältnisse leben, da dies zwangsläufig zu Einbußen der nachkommenden Generationen führen würde. Allgemein gilt eine Wirtschaftsweise dann als nachhaltig, wenn sie dauerhaft betrieben werden kann.
- *Ökologische Nachhaltigkeit:* Sie verfolgt – ähnlich wie Carlowitz – das Ziel, Raubbau an der Natur möglichst zu vermeiden, bzw. ihn möglichst gering zu halten. Nachhaltigkeit bedeutet hier, die natürlichen Lebensgrundlagen nur in dem Maße zu beanspruchen, wie sie sich regenerieren. Ökologisch relevante Aspekte (Umweltverantwortung); Stichworte: Energieeffizienz, Klimaschutz, CO_2-Fußabdruck, Abfallmanagement.
- *Soziale Nachhaltigkeit:* Ein Staat oder eine Gesellschaft sollte so organisiert sein, dass sich die sozialen Spannungen in Grenzen halten und Konflikte nicht eskalieren, sondern auf friedlichem und zivilem Wege ausgetragen werden können.

Die Unternehmen erhoffen sich damit einen Nutzenzuwachs durch die Steigerung von Reputation, Vertrauen, Mitarbeitermotivation und Kundenzufriedenheit. Umgedreht sollen durch CSR Skandale verhindert werden, die den Unternehmenswert gefährden könnten.

Auf der Ebene des einzelnen Unternehmens werden hinsichtlich CSR folgenden Ansprüche aufgestellt:

- Mitarbeiterinnen und Mitarbeiter sollen fair behandelt, gefördert und beteiligt werden;
- Mit natürlichen Ressourcen soll schonend und effizient umgegangen werden;
- Es soll darauf geachtet werden, im eigenen Einflussbereich in der Wertschöpfungskette sozial und ökologisch verantwortungsvoll zu produzieren;
- Menschenrechte und die ILO-Kernarbeitsnormen sollen gewahrt werden und es soll ein Beitrag geleistet werden, diese auch international umzusetzen;
- Das Unternehmen soll einen positiven Beitrag für das Gemeinwesen leisten;
- Es soll verstärkt in Bildung investiert werden;
- Kulturelle Vielfalt und Toleranz innerhalb des Betriebes sollen gefördert werden;
- Das Unternehmen soll für einen fairen Wettbewerb eintreten;
- Maßnahmen zur Korruptionsprävention sollen gefördert werden;
- Es soll Transparenz hinsichtlich der Unternehmensführung hergestellt werden;
- Verbraucherrechte und Verbraucherinteressen sollen geachtet werden.

Zahlreiche Unternehmen formulierten diese Werte im Rahmen von Ethik-Leitlinien. Diese Werte in ihrer Gesamtheit auch tatsächlich mit Leben zu erfüllen, stellt sich gerade im internationalen/globalen Wettbewerb als sehr schwierig dar.

Diese Initiativen spielen sich im Spannungsfeld einer Globalisierung mit niedrigen Umweltstandards ab. Beispielsweise China und Indien nutzen nicht vorhandene Umweltstandards (noch) als handfesten Wettbewerbsvorteil. Sie beziehen Kosten westlicher Umwelt-und Sozialstandards nicht in ihre Kalkulation ein. Es zeigt sich allerdings, dass nachhaltiges Wirtschaften in unseren hoch entwickelten Gesellschaften vielfach lediglich ein Alibi ist. Beispielsweise werben 5Sternehotels dafür, weniger Handtücher zu waschen und setzen Solarkollektoren ein. Ihr gesamter Ressourcen-Verbrauch pro Hotelgast übersteigt jedoch bei weitem die Regenerationsfähigkeit der Umwelt. Zur Produktion eines Mittelklasse PKW mögen noch so viele Recyclingstoffe eingesetzt sein; der Treibstoffverbrauch der Motoren mag mit 6 Litern vergleichsweise gering sein. Der Rohstoffverbrauch zur Produktion eines Fahrzeugs steht jedoch kaum im Verhältnis zu dessen Treibstoff-Einsparungen. Ein Passivhaus mit 100 QM pro Bewohner verbraucht alleine bei seiner Erstellung ungleich mehr Ressourcen, als es später einsparen kann. Insgesamt ist unser Wirtschaften von einer Nachhaltigkeit im oben definierten Sinne weit entfernt. Hier offenbart sich ein Konflikt, dem unsere hoch industrialisierten Gesellschaften ausgesetzt sind: Eine Diskussion darüber wird jedoch lediglich in relativ kleinen und abgegrenzten Zirkeln geführt.

Ein genauer Blick auf den aktuellen Korruptionsfall der SIEMENS AG zeigt, dass es offenbar unmöglich ist, in Afrika, Asien, Osteuropa oder Südamerika gänzlich ohne Korruption – also über Bestechungsgelder – an Aufträge zu kommen. Wo liegt der Konflikt? Das Unternehmen ist börsennotiert und ist damit zu qualitativem Wachstum gezwungen. Verzichtet ein börsennotiertes Unternehmen in den genannten Regionen tatsächlich komplett auf die Zahlung von Bestechungsgeldern, wird es einen Umsatzrückgang erleiden, der wiederum den Börsenwert des Unternehmens negativ zu beeinflussen droht. Ein Gefangenendilemma wird daraus, wenn klar ist, dass die Wettbewerber diese Praktiken nicht aufgeben werden. Solange Korruption in den Staaten nicht zurückgedrängt wird, bleiben freiwillige CSR-Initiativen gegen Korruption hier relativ wirkungslos. Eine Lösung sind hier beispielsweise die Tätigkeiten von Organisationen wie Transparancy International, die Korruption auf Ebene der Staaten *und* der Unternehmen anprangern.

Bei allen Unzulänglichkeiten hat CSR eine große – und wachsende – Community: UN, EU, NGOs, führende Investmentbanken, Rating-Agenturen; und inzwischen eine breite Durchsetzung in der Industrie.

Vielfach sind Unternehmen, die sich einer nachhaltigen Entwicklung verpflichten, sehr innovativ und verfügen über ein besseres Risikomanagement als ihre Wettbewerber.

Inzwischen gibt es eine Reihe von Aktien-Indizes, die aus verschiedenen Branchen diejenigen Unternehmen auswählen, die besonders sparsam mit Ressourcen umgehen, ethische Grundsätze einhalten und besonders sozial verantwortlich mit ihren Mitarbeitern umgehen. Hierzu gehören die Dow Jones Sustainability-Indizes und die FTSE4Good-Serie. Der Einfluss dieser Ratings ist nicht unerheblich, auch wenn der messbare Einfluss auf den weltweiten Kapitalmärkten noch gering ist.

Ratings als Instrument zur Messung von Nachhaltigkeit?

Angesichts der Erfahrungen aus den letzten zwei Dekaden mag es sich verwunderlich anhören: Der *Grundgedanke* von Shareholder-Value und CSR steht im Einklang. Aus den USA kommend sollen nach diesem Ansatz für den Anleger von Aktien dadurch Werte geschaffen werden, dass Unternehmen im bestehenden Wettbewerb effizient, langfristig und profitabel wirtschaften. Dem Anleger soll so eine angemessene Verzinsung seines eingesetzten Kapitals gesichert werden. Dieser – auf Langfristigkeit ausgerichtete – Shareholder Value-Ansatz unterscheidet sich deutlich von der auf kurzfristige Steigerung des Börsenwerts ausgerichteten Unternehmenspolitik zahlreicher börsennotierter Unternehmen. Diese sind bestrebt, von Quartal zu Quartal durch Kurzfristmaßnahmen den Börsenkurs zu steigern. So war beispielsweise zu beobachten, dass Aktiengesellschaften trotz steigender Gewinne von Quartal zu Quartal ständig weiter ihre Prozesse strafften, damit Arbeit verdichten, um so ständig Mitarbeiter zu entlassen; oder sie unter schlechteren Bedingungen »outzusourcen«. Angetrieben wurde diese Tendenz durch massiv gestiegene variable Gehaltsbestandteile der Vorstände. So lieferten sich gerade die Vorstände US-amerikanischer Aktiengesellschaften in der letzten Dekade regelrechte Wettbewerbe darum, wer die meisten Mitarbeiter entlässt – und dafür die höchste Tantieme einfährt. Es ließ sich eine klare Korrelation nachweisen: von Entlassungen über den Börsenkurs zu Tantiemen. Dies widerspricht jedoch vollkommen dem Prinzip der Nachhaltigkeit. Nicht nur unter humanistischen Gesichtspunkten scheint dieser Ansatz fragwürdig. Es ist kaum vorstellbar, dass sich damit für die Aktionäre langfristig – und *nachhaltig* – Werte schaffen lassen. Ein nachhaltiges, also auf Langfristigkeit ausgerichtetes Wirtschaften wird auch dadurch behindert, dass angestellte Vorstände/Manager bisher kaum Verantwortung für ihr Tun übernehmen mussten. Zeitlich befristete Engagements ließen den Blick auf langfristige Auswirkungen ihres Tuns in den Hintergrund treten. Sicherlich spielt auch eine Rolle, dass gerade in der Ausbildung der Betriebswirtschaft das Thema Ethik keine Rolle spielt. Die künftigen Manager bekommen kein Rüstzeug an die Hand, wie sie mit ethischen Dilemmata umgehen können. Am Rande sei bemerkt, dass – je nach Region – für bestimmte Handlungen völlig unterschiedliche ethische Werte gelten. Abgesehen davon sind bestehende Ethik-konzepte wenig praxistauglich.

Etwa seit den letzten zehn Jahren kommt es zum Umdenken. Die kurzfristige Quartalsdenke wird immer mehr in Frage gestellt. Einige Unternehmen sind gera-de aus diesem Grund von der Börse gegangen. Überhöhte Tantiemen stehen mas-siv in der gesellschaftlichen Kritik. Auch wenn es manchmal etwas nach »Mar-keting« ausschaut: alle großen börsennotierten Unternehmen beschäftigen sich zumindest aktiv mit CSR.

Viele der CSR-Initiativen waren idealistisch gedacht, ließen sich jedoch unter den Bedingungen eines globalisierten Wettbewerbs kaum international umsetzen. Die nahezu unveränderten Produktionsbedingungen der Modelabels in Ostasien seien hier nur stellvertretend genannt. Appelle an eine – wie auch immer gear-tete – Ethik an die Verantwortlichen sollten den Graben zwischen Wirtschaft und Gesellschaft schließen helfen. Nun scheint es so zu sein, dass die Wirtschaft selbst eine halbwegs erfolgreiche Lösung zustande bringt.

Zunehmend legen private, aber auch institutionelle Anlegergruppen Wert auf Anlagen in Unternehmen, die soziale und ökologische Belange nicht nur beach-ten, sondern auch mehr tun als ihre Wettbewerber. Sie erwarten damit, dass ihr Investment langfristig erfolgreich ist. Seit einiger Zeit ist zu beobachten, dass gan-ze Branchen, die gesundheitsgefährdende Produkte herstellen (Rüstung, Alkohol, Fastfood, Tabak), bereits schon deutlich weniger Kapital von den Kapitalmärkten einwerben können.

Ratingagenturen bewerten inzwischen die CSR-Maßnahmen börsennotierter Unternehmen. FTSE4 Good-Series Jones und Sustainability-Indices sind hier die beiden wichtigsten Indizes. 2013 gab es bereits eine Gruppe von etwa 250 Ana-lysten großer Investmentbanken, die ihre Investments stärker auf Nachhaltigkeit ausrichteten. Sie entschieden 2013 über eine Anlagesumme von ca. 350 Mrd. US Dollar. Mit fortschreitender Klima- und Umweltdiskussion werden diese Sum-men weiter steigen. CSR ist demnach – aller Kritik zum Trotz – inzwischen mehr als ein Marketing Instrument.

Ist Nullwachstum eine Option?

Die Diskussion um die Frage, ob weiteres Wachstum sinnvoll ist, läuft auf Hoch-touren. Organisationen wie degrowth.de oder denkwerkzukunft.de sind Plattfor-men, die diese Frage breit diskutieren. Sie sehen im systemimmanenten, (zwangs-läufig) exponentiellen Wachstum einen wesentlichen Motor der Gefährdung unserer Lebensbedingungen. Inzwischen finden sich immer mehr Unternehmen, die reines (Umsatz)wachstum zugunsten qualitativer Ziele in den Hintergrund stellen. Verfechter der Marktwirtschaft stehen Verfechtern der Nachhaltigkeit ohne Wachstum fast genau so ratlos wie konfrontativ gegenüber. Ein Konsens scheint nicht in Sicht.

Wenn wir über das Wachstum nachdenken, stehen Pressemeldungen großer börsennotierter Unternehmen im Mittelpunkt. Diese Unternehmen stehen im Fokus von Anlegern und sind buchstäblich zu Wachstum verdammt. Gerade im globalen Wettbewerb scheint eine »Degrwoth«-Strategie geradezu wie ein ökonomischer Selbstmord. Addiert man jedoch die Umsätze aller deutschen börsennotierten Unternehmen, so ist deren Anteil am Bruttoinlandsprodukt (BIP) relativ gering. Der größte Anteil des BIP wird von Unternehmen erwirtschaftet, für die Wachstum in vielen Fällen nicht besonders wichtig oder gar unwichtig ist.

Beispielsweise verfolgt der allergrößte Teil der Handwerks-/und Dienstleistungsbetriebe ganz bewusst *keine* Wachstumsstrategie. Sie sind inhabergeführt und die Inhaber halten die Anzahl der Mitarbeiter meistens konstant. Auf einem Niveau, dass sie ihre Firma selbst noch führen können. Eher streben diese Inhaber ein qualitatives Wachstum an.

Immer mehr Unternehmen im Industriebereich verfolgen bewusst eine Strategie der »Wachstumsneutralität«. Teilweise bereits seit über 20 Jahren. Warum Eigentümer dieses Ziel verfolgen? Einige Aussagen:

- Nachhaltigkeit unterstützen,
- Geld motiviert nur begrenzt,
- Andere (Lebens-)ziele sind wichtiger (Familie, Freizeit ...),
- engere Bindung an die Mitarbeiter,
- Qualität geht vor Quantität,
- Expansion bindet Ressourcen, die sinnvoller eingesetzt werden können,
- Es ist sinnvoller, zu überlegen, wie die Produkte besser werden, als uns mit ständiger Expansion zu beschäftigen.

Bisher sind es noch zahlenmäßig wenige Industrie-Unternehmen. Die Nachahmer werden jedoch mehr. Trotz aller (System-)Kritik ist diese Strategie bedenkenswert.

Welche Kritik lässt sich an der Idee der Nachhaltigkeit üben?

Kritik an gewinnorientiertem Wirtschaften – später am Kapitalismus generell – ist so alt, wie die Wirtschaft selbst. Die Bibel legt hier bereits ein beredtes Zeugnis ab, wie beispielsweise das Gleichnis vom Reichen, dessen Wahrscheinlichkeit geringer ist, in den Himmel zu gelangen, als die, dass ein Kamel durch das Nadelöhr passt. Was sind nun die Hauptkritikpunkte an der Idee der Nachhaltigkeit?

- Der Nachhaltigkeit – als eine Antwort auf die Umweltkrise – liegt die Idee/das Ideal der Naturethik zugrunde; einer Vorstellung, die Probleme mit einer ökologischen Gerechtigkeit lösen zu können. Probleme der Gerechtigkeit von/in der Wirtschaft lösen zu wollen, sind fragwürdig.

- Es ist sicherlich ein Trugschluss anzunehmen, dass die hoch industrialisierten Gesellschaften im Sinne der oben verwendeten Definition wirklich nachhaltig wirtschaften können. Am Rande sei die Kritik erwähnt, wenn wir von Schwellenländern mehr Nachhaltigkeit verlangen.

- Das Adjektiv »nachhaltig« ist zu einer ethisch/moralischen Kategorie geworden. Es entzieht sich jeder sachlichen Diskussion. Anzuzweifeln, dass »nachhaltig« nicht sinnvoll wäre, gilt reflexartig als gesellschaftsschädigend.

- Inzwischen sind diverse Auswüchse im Umgang mit »Nachhaltigkeit« bekannt geworden. So versucht beispielsweise ein amerikanischer Hersteller von Pestiziden und Düngemitteln, sein unter ethischen und juristischen Maßstäben zum Teil mehr als fragwürdiges Verhalten mit dem Begriff »Sustainability« zu tarnen. Er gibt vor, alle seine Aktivitäten stünden unter dem strengen Prüfkriterium der Nachhaltigkeit.

- Die westliche Art zu wirtschaften trat ihren Siegeszug rund um den Globus an und hat unzweifelhafte Vorteile. Armut und Krankheiten, ja selbst Kriege werden seltener. Jeder hat die Freiheit, sich zu verwirklichen. Konjunkturschwankungen wirken in den allermeisten Fällen nicht mehr lebensbedrohend. Missernten, Hungersnöte und Seuchen gehören hier der Geschichte an.

- Wer die freie Wahl hat, für den dürfte die Aussicht auf eine magere Subsistenzwirtschaft wenig attraktiv sein. Zumal in westlichen Ländern. Führt der Weg zum nachhaltigen Wirtschaften nur über eine »Öko-Diktatur«?

- Eine (mehr oder weniger freie) freie Marktwirtschaft hat schon immer große Herausforderungen gemeistert. Gerade bahnbrechende Innovationen im Umweltbereich wären unter den Bedingungen der Subsistenzwirtschaft gänzlich undenkbar.

- Umgedreht tötet die Negation von Wachstum wahrscheinlich das Innovationspotenzial von Gesellschaften. Damit wäre der Idee der Nachhaltigkeit auch nicht geholfen.
- Negative Weltbilder mit apokalyptischen Zukunfts-Szenarien waren noch nie besonders zur Verbesserung unserer Lebensumstände geeignet. Die Diktaturen des Kommunismus sollten uns warnen.
- Wir können die Zukunft nicht vorhersehen. So stehen etwa die komplexen Prognosen des Club of Rome auf tönernen Füßen. Zumindest, was die Eintrittszeit der Szenarien angeht!

Wie kann es weiter gehen?

Nachhaltigkeit und die Doktrin des Zwangs zum Wachstum widersprechen sich diametral. Das Dilemma scheint unauflösbar. Angesichts dieser Situation scheinen die folgenden vier Ansätze sinnvoll zu sein:

1) *Politik der kleinen Schritte:*
   In den frühindustrialisierten Gesellschaften ist es kaum vorstellbar, zu einer kargen Subsistenzwirtschaft zurückzukehren. Dennoch: Das Prinzip der Nachhaltigkeit sollte ein Prüfstein sein, an dem wir uns immer wieder fragen, was wir an Ressourcen schonen können. Den bisherigen Initiativen des Umweltschutzes sind inzwischen kaum für möglich gehaltene Innovationen zu verdanken. Ein Vorgehen nach dem Prinzip des »trial and error« scheint angesichts der komplexen Herausforderungen sinnvoll. Es ist zu hoffen, dass der Druck der Kapitalmärkte in Richtig Nachhaltigkeit zunimmt.

2) *Sachlich argumentieren statt moralisieren:*
   Die Diskussion um »Nachhaltigkeit« wird schnell mit moralischen/ethischen Argumenten geführt und gerät so zielsicher in eine Schwarz-/Weiß-Sackgasse. Was soll denn aus einem Argument wie »Du willst also Schuld sein, dass Deine Enkel keine Überlebenschance haben« folgen? Bestimmt keine lösungsorientierte Diskussion.

3) *Es gibt keine Wahrheiten. Auch nicht beim Thema Nachhaltigkeit:*
   Je nach Grundannahme selektieren wir Informationen. Ich befürchte die sehr negativen Auswirkungen zunehmender Umweltschäden. Also nehme ich Signale zu Umweltschäden möglicherweise anders wahr, als jemand, der davon ausgeht, dass sich alles von selbst reguliert. Er wird sagen, das ökonomische Prinzip löst alle Probleme. Daraus leiten wir unterschiedliche Schlussfolgerungen und Argumente ab. Wichtig ist hier, offen und vorurteilsfrei zuzuhören und sich auf die »andere Seite« einzulassen. So können beide Seiten von-

einander lernen. Gemäß dem Motto: Aus These und Antithese wird Synthese. Und diese wird mit Sicherheit sinnvoller sein als die Ausgangsthesen beider Seiten. Gerade in einem so komplexen Thema wie Nachhaltigkeit gibt es keine Wahrheiten. Hüten wir uns vor einer Nachhaltigkeit im Sinne einer Ideologie.

4) *Gesetzliche Regelungen können helfen:*
So wie ein Verbot alkoholisierten Fahrens langfristig ein wirkungsvolles Umdenken zum Thema »Alkohol an Steuer« gebracht hat, können gesetzliche Eingriffe sehr wirkungsvoll sein, um in Richtung Nachhaltigkeit vorwärts zu kommen. Das Verbot von extrem klimaschädlichem FCKW-Gas konnte nur durch ein Verbot so schnell aus der Welt verbannt werden. Das Verbot bestimmter Glühbirnen in der EU ist jedoch ein Beispiel misslungener Gesetzgebung. Die Tatsache des Verbots ist weniger kritisch zu sehen. Schließlich gelangen so innovative Technologien (LED) zum Durchbruch. Kritisch am Glühbirnenverbot ist die völlig fehlende Erläuterung der Ziele dieses Verbots. Soll eine Veränderung von Einstellungen bewirkt werden, ist eine geduldige Diskussion wichtig. Sinnvoll eingesetzte Subventionen können Märkte gestalten. Die Solarindustrie in Deutschland wäre nie ohne Subventionen entstanden. Dass chinesische Anbieter die deutsche Solarindustrie großflächig verdrängt haben, spricht nicht gegen diese Subventionen. Es ist allerdings unerlässlich, die komplexen Folgen von Umweltmaßnahmen zu analysieren. Viel zu häufig ist die gute Absicht der Auslöser verunglückter Gesetzesinitiativen.

Literatur

Alkire, S. (2006). *Public Debate and Value Construction in Sen's Approach, in: Capabilities Equality. Basic Issues and Problems,* hrsg. von A. Kaufman, New York: Routledge, S. 133–154.

Anand, S., Sen, A. (2000). *Human Development and Economic Sustainability,* in: World Development 28/12, S. 2029–2049.

Baerlocher, B. (2013): *Natur und soziales Handeln. Ein sozialtheoretisches Konzept für die Nachhaltigkeitsforschung,* Frankfurt a. M.: Campus.

Baker, S. (2006). *Sustainable Development,* New York: Routledge.

Baker, S. Richardson, D., Young, S., Kousis, M. (Hg.) (1997). *Sustainable Development: Theory, Policy and Practice within the EU,* London: Routledge.

Barry, B. (1999). *Sustainability and Intergenerational Justice,* in: Fairness and Futurity. Essays on Environmental Sustainability and Social Justice, hg. von A. Dobson, Oxford: Oxford University Press, S. 93–117.

Birnbacher, D., Schicha, Ch. (1996). *Vorsorge statt Nachhaltigkeit. Ethische Grundlagen der Zukunftsverantwortung,* in: Nachhaltige Entwicklung.

Zukunftschancen für Mensch und Umwelt, hg. von H. G. Kastenholz, K.-H. Erdmann, M. Wolff, Berlin: Springer, S. 141–156.

Brand, K.-W., Jochum, G. (2000). *Der deutsche Diskurs nachhaltiger Entwicklung.* MPS-Texte 1/2000, München: MPS.

Burger, P. (2006). *Why any Substantial Definition of Sustainability Must Fail – And Why This is A Good, Not a Bad Story,* in: *International Sustainable Development Research Conference 2006.* Conference Proceedings, University of Hong Kong: Hong Kong.

Burger, P. (2007). *Nachhaltigkeitstheorie als Gesellschaftstheorie. Ein philosophisches Plädoyer,* in: Nachhaltigkeitsforschung – Perspektiven der Sozial und Geisteswissenschaften, hg. von SAGW, Bern: SAGW, S. 13–34.

Burger, P., Christen, M. (2011): *Towards a Capability Approach of Sustainability,* in: *Journal of Cleaner Production* 19, S. 787–795.

Callicott, J. B. (1989). *In Defense of the Land Ethic. Essays in Environmental Philosophy,* New York: State University of New York Press.

Callicott, (1999). *Intrinsic Value in Nature: A Metaethical Analysis,* in: Beyond the Land Ethic, hg. von J. B. Callicott, New York: State University of New York Press, S. 239–261.

Carlowitz, H. C. (1713). *Sylvicultura oeconomica, oder haußwirthliche Nachricht und Naturmäßige Anweisung zur wilden Baum-Zucht.*

Christen, M., Schmidt, S. (2011). *A Formal Framework for Conceptions of Sustainability – a Theoretical Contribution to the Discourse in Sustainable Development,* in: Sustainable Development (DOI: 10.1002/sd.518). (http://onlinelibrary.wiley.com/doi/10.1002/sd.518/pdf; Sept. 2013).

Christen, M., Schultz, E., Burger, P. (2011). *In Support of a More Just and Sustainable Development: Futhering a Capability Based Conception of Sustainability,* in: HDCA Conference 2011, Conference Proceedings, 3TU.Center for Ethics and Technology: The Hague.

Fomm, S. (1989). *Die Bedeutung des Umweltschutzbewusstseins in der Bevölkerung für die Marketingpolitik der Hersteller.* Diplomarbeit, Frankfurt am Main.

Fomm, S, Kühn, M. (1991). *Umweltschutz als Erfolgsfaktor für Markenartikelhersteller,* in FAZ 13. 09. 1991, FAZ Verlag, Frankfurt.

Fomm, S. (1992). *So richten Sie Ihr Unternehmen auf Umweltschutz aus,* in: *io – Management Zeitschrift,* Verlag Industrielle Organisation, Zürich.

Görg, C., Brand, U. (Hrsg.) (2002). *Mythen globalen Umweltmanagements. »Rio + 10« und die Sackgassen nachhaltiger Entwicklung,* Münster.

Grün, K. J. (2007). *Messbarkeit von Ethik durch Standards und Ratings,* Symposion Publishing.

Kastenholz, H.G, Erdmann, K. H., Wolff, M. (Hrsg.). *Nachhaltige Entwicklung – Zukunftschancen für Mensch und Umwelt.* Veröffentlichung der Akademie für Technologiefolgeabschätzung in Baden Württemberg, Springer, Berlin.

Kommission der Europäischen Gemeinschaft (Hrsg.) (2001). Grünbuch. *Europäische Rahmenbedingungen für die soziale Verantwortung der Unternehmen,* Brüssel.

Kopfmüller, J., V. Brand, J. Jörissen, M. Paetau, G. Banse, R. Coenen, A. Grunwald (2001). *Nachhaltige Entwicklung integrativ betrachtet. Konstitutive Elemente, Regeln, Indikatoren,* Berlin: Sigma.

Lane, M.: (2015). *Es ist nicht egal, was Du tust,* in: Cicero 03. 2015, (http://www.cicero.de/salon/philosophie-der-nachhaltigkeit-es-ist-nicht-egal-was-du-tust/59026).

Leist, A. (2007). *Ökologische Gerechtigkeit als bessere Nachhaltigkeit,* in: Aus Politik und Zeitgeschichte 24 (Beilage zu: Das Parlament).

Leßmann, O. (2011). *Sustainability as a Challenge to the Capability Approach, in: Sustainable Development. Capabilities, Needs, and Well-being,* hg. von F. Rauschmayer, I. Omann, J. Frühmann, London: Routledge, S. 43–61.

Leßmann, O., Rauschmayer, F. (2013). *Re-conceptualizing Sustainable Development on the Basis of the Capability Approach: A Model and Its Difficulties,* in: Journal of Human Development and Capability 14/1, S. 95–114.

McDowell, J. (1998). *Two Sorts of Naturalism,* in: Mind, Value, and Reality, hg. von J. McDowell, Cambridge: Harvard University Press, S. 167–197.

Rauschmayer, F., Omann, I., Frühmann, J. (2011). *Sustainable Development. Capabilities, Needs, and Well-being,* London: Routledge.

Schultz, E., Christen, M., Voget-Kleschin, L., Burger, P. (2013). *A Sustainability-Fitting Interpretation of the Capability Approach: Integrating the Natural Dimension by Employing Feedback Loops,* in: Journal of Human Development and Capabilities 14/1, S. 115–133.

Tremmel, J. (2003). *Nachhaltigkeit als politische und analytische Kategorie. Der deutsche Diskurs um nachhaltige Entwicklung im Spiegel der Interessen der Akteure.* München: ökom.

Jenseits der Nachhaltigkeit

Katharina Serafimova

Was bedeutet es, wenn der Begriff der Nachhaltigkeit, heute geradezu inflationär verwendet wird und keiner so recht weiß oder sich zu fragen traut, was er bedeutet? Was steckt dahinter, wenn Tiefkühlpizza, Biosprit oder Finanzprodukte mit Nachhaltigkeit werben? Hier kann bereits ein leichtes Unbehagen aufkommen und das Gefühl, dass etwas nicht ganz mit rechten Dingen zugeht. Jemand – das kann man fühlen – ist nicht ganz ehrlich. Aber wer? Wir müssen noch etwas tiefer graben, um das Massen-Phänomen der Nachhaltigkeit besser zu verstehen. Am besten fangen wir dabei mit uns selber an.

Als Hotelgast in einem nachhaltigen 5-Sternehotel werde ich eingeladen zu übersehen, dass auch ein Solarkollektor auf dem Dach und eine Woche dreckige Handtücher den Gesamtressourcenverbrauch von Luxustourismus nur minimal reduzieren. Aber ich lasse mich von einem mit Nachhaltigkeit beworbenen Hotel einladen zu verdrängen. Vielleicht sogar, dass ich einen Langstreckenflug zurückgelegt habe, um zu meinem Urlausort zu gelangen. Und irgendwie weiß ich ja, dass das mit den Langstreckenflügen nicht so eine gute Sache ist, wegen des Klimas. Und vielleicht verdränge ich dabei gerade auch noch einiges mehr: Vielleicht, dass diese Urlausreise doch erheblich über meinem Budget liegt. Oder, dass ich dieses Ziel vor allem gebucht habe, um meine Kollegen zu beeindrucken. Oder, dass ich ganz dringend diese Reise buchen musste, weil ich sonst im täglichen Hamsterrad wahnsinnig geworden wäre und die Tage bis zur Abreise gezählt habe: Ein einziger mehr und ich wäre umgefallen. Was auch immer ich an uneingestandenen Erwartungen, Ängsten, Überforderungen oder innerer Leere in meinem Reisekoffer dabei habe, eines ist sicher: Wenn ich mich von der Nachhaltigkeit habe einladen lassen, dann deshalb, weil ich in mir das Bedürfnis spüre, das Richtige zu machen. Und das ist doch schon einmal eine gute Sache. So betrachtet macht es Hoffnung, dass sehr viele Menschen Sachen kaufen wollen, auf denen das Etikett Nachhaltigkeit steht. Wir alle wollen offenbar etwas richtig machen.

Mir gibt es also, zumindest kurzfristig, das gute Gefühl etwas richtig zu machen, wenn ich etwas kaufe, wo Nachhaltigkeit draufsteht. Warum nur geht dieses gute Gefühl so schnell wieder vorbei? Wenn ich mich traue ehrlich zu sein, dann ahne ich, dass es keine Abkürzungen gibt, wenn ich etwas richtig machen möchte. Irgendetwas in mir sagt, dass keine Kaufentscheidung mir abnimmt, meinen Beziehungen mehr Sinn zu geben, mich aus dem Hamsterrad zu befreien und meine innere Leere zu füllen. Und obwohl ich dieser Stimme sehr selten zuhöre, sagt sie mir auch, dass das ganz allgemein und immer gilt, also egal, ob ich Dinge mit dem Etikett Nachhaltigkeit kaufe, absolut ungezügelt konsumiere oder asketisch verzichte.

Genauso gerne lasse ich mich einladen von dem Etikett der Nachhaltigkeit, wenn ich im Management einer Luxushotelkette arbeite. Hier steckt ganz sicher echte Arbeit dahinter, wenn neue Prozesse erarbeitet und Projekte umgesetzt werden, um in einem Luxushotelbetrieb den Strom-oder Wasserverbrauch zu senken. Dies will kalkuliert, gemessen, durch- und umgesetzt werden. Und ich möchte gute Arbeit leisten, Wirkung erzielen. So betrachtet sind die vielen Unternehmen die sich oder ihren Produkten die Nachhaltigkeit als Etikett geben ebenfalls ein Zeichen für Hoffnung. (Gut, den einen oder anderen ausgebufften Manager, der nur den Profit im Sinn hat, sich einen Dreck um die Umwelt oder kommende Generationen schert und jeden treuen Kunden über den Tisch ziehen würde, gibt es wohl auch.) Ganz sicher aber gibt es jede Menge Menschen wie Du und ich, die etwas richtig machen wollen und die deshalb gerne für ein Projekt und oder ein Unternehmen arbeiten, wo Nachhaltigkeit drauf steht und zumindest doch auch ein wenig davon drin ist. Und nur ganz selten traue ich mich stumm zu fragen, ob es sein kann, dass die Firma für die ich arbeite in der Realität endloser Sitzungen und unproduktiver Grabenkämpfe sich so ganz anders anfühlt als das Hochglanzbild im Nachhaltigkeitsbericht.

Und wenn ich einmal so tief gegraben habe, dann offenbart sich unter dem Etikett(-enschwindel?) der Nachhaltigkeit ein ganz anderes Problem. Dass ich mich habe verführen lassen und dabei gar nicht richtig gemerkt habe, wie ich zum Konsumenten oder zum nach Anerkennung und Erfolg hechelnden Hamsterradbewohner zusammengeschrumpft bin. Und hier möchte ich gar nicht zu streng mit mir und anderen sein und etwas Nachsicht haben, denn schließlich hat mich das davor geschützt, die vielen unangenehmen oder schmerzhaften Dinge allzu deutlich zu sehen: die Sinnlosigkeit endloser Sitzungen, das Missverstanden sein bei all den Bemühungen, die Erschöpfung. Und zudem ist es ja auch ganz praktisch und durchaus produktiv, solange ich nicht aus dem Hamsterrad aussteige, mich befreie, unbequeme Fragen stelle, sondern brav konsumiere. Aber wenn ich einmal durchschaut habe, dass der Konsum – ob mit Nachhaltigkeits-Etikett oder ohne – nicht einmal die Probleme meines eigenen kleinen Lebens lösen kann, dann wird mir klar, dass mein Konsumverhalten auch nicht reicht, um die großen Probleme, wie soziale Ungerechtigkeit, Klimawandel oder Artensterben zu lösen, im Gegenteil. Und so betrachtet könnte es sogar Hoffnung machen, dass eine große Anzahl Menschen nicht bereit ist, mehr Geld für ein Etikett der Nachhaltigkeit auszugeben und sich der Wunsch, das Richtige zu tun, nicht immer gleich in eine messbare Kaufentscheidung übersetzt. (Gewiss, es wird ein paar unter all denen geben, denen die Umwelt, die Nachbarn, Flüchtlinge oder auch Kinder egal sind.) Aber ich bin sicher, da sind eine ganze Menge darunter, wie Du und ich, die das Richtige tun wollen, aber ein unbestimmtes Gefühl haben, dass es eine Abkürzung in Richtung Sackgasse ist, wenn ich mich da mit einem Etikett Nachhaltigkeit rauskaufen wollte.

Und wenn ich mich mal getraut habe zuzugeben, dass ich mich immer wieder vom eigentlich Richtigen ablenke, wenn ich mich zum Kauf des nächsten Paares Schuhe oder der nächsten Tasche verführen lasse, dann beginne ich zu ahnen, wie wichtig es ist, auch bei den wirklich großen Themen, wie sozialer Ungerechtigkeit oder Umweltzerstörung nicht auf Ablenkungsmanöver hereinzufallen. Der Ruf nach einer Öko-Diktatur ist beispielsweise ein solches Ablenkungsmanöver. Hier werde ich fremdbestimmter und verführter Konsument noch mehr in einer Selbst- und Umwelt-zerstörerischen Konsumentenrolle festgehalten. Und dabei kann ich nun wirklich nicht auch noch einen Diktator gebrauchen sondern ganz im Gegenteil, eine riesige Portion Mut, mich den echten Lebensaufgaben zu stellen: Meine Bedürfnisse und die anderer Menschen ernst zu nehmen, Karrierismus, Opportunismus und der Rücksichtslosigkeit in mir selbst und bei anderen entgegenzutreten. Und ohne das geht es nicht, wenn es uns gelingen soll an einer Gesellschaft zu arbeiten, in der die Menschen füreinander da sind und an einer Wirtschaft und Finanzwirtschaft, die für die Menschen da ist und die die Grenzen der Umwelt respektiert.

Autorenverzeichnis

Dr. Irina Kummert, Präsidentin des Ethikverbandes der deutschen Wirtschaft e. V., Geschäftsführende Gesellschafterin der IKP Executive Search und Lehrbeauftragte an der Humboldt-Universität zu Berlin.

Dr. Philipp Aerni, Direktor des Center for Corporate Responsibility and Sustainability (CCRS) an der Universität Zürich, Philipp Aerni ist promovierter Agrarökonom und Dozent an der ETH Zürich.

Dr. Yvonne Thorhauer, Professorin für Management and Strategy mit dem Schwerpunkt Business Ethics an der accadis Hochschule Bad Homburg sowie Dozentin für Wirtschaftsethik und -philosophie am Fachbereich Wirtschaftswissenschaften der Goethe-Universitat in Frankfurt am Main, Mitglied im Ethikverband der deutschen Wirtschaft e. V.

Dr. Dieter Thomä, Professor für Philosophie an der Universität St. Gallen mit den Arbeitsschwerpunkten Sozialphilosophie, Ethik, Kulturphilosophie, politische Philosophie, Phänomenologie, in denen es stets um die sokratische Frage »wie zu leben sei« geht.

Dr. Klaus-Jürgen Grün, Professor für Philosophie an der Goethe-Universität Frankfurt am Main, Leiter des Philosophischen Kollegs für Führungskräfte (PhilKoll) und Vizepräsident des Ethikverbandes der deutschen Wirtschaft e. V.

Johannes Schwarze, Doktorand am Institut für Philosophie der Goethe-Universität in Frankfurt am Main, wissenschaftlicher Berater im Ethikverband der deutschen Wirtschaft und im Philosophischen Kolleg für Führungskräfte (PhilKoll).

Dr. Paul Slovic, Professor für Decision Research an der Universität Oregon (USA) mit den Schwerpunkten Social/Personality, Judgment and Decision Making, Risk Perception, Affect and Information Processing, Genocide and Human Rights, Behavioral Economics.

Dr. Ralph Hertwig, Geschäftsführender Direktor Max-Planck-Institut für Bildungsforschung, Professor für Kognitive Psychologie und Adaptive Rationalität.

Dr. h. c. Moritz Leuenberger, Schweizer Rechtsanwalt und Politiker (SP), von 1995 bis 2010 Mitglied der Schweizer Regierung, des Bundesrates.

Thomas Forwe, Wirtschaftsberater insbesondere für Banken, Dozent an verschiedenen Akademien für Wirtschaftswissenschaften, zertifizierter Coach für systemische Beratung, Mitglied des Vorstands beim Ethikverbandes der deutschen Wirtschaft e. V.

Stefan Fomm, Unternehmensberater für Strategie, Organisation und Personalmanagement. Mitglied im Ethikverband der deutschen Wirtschaft e. V. und im Wirtschaftsrat der CDU.

Katharina Serafimova, ist an der Schnittstelle von Umwelt und Finanzwirtschaft tätig. Sie arbeitet als Senior Advisor Sustainable Finance für den WWF Schweiz und hat einen Lehrauftrag an der Universität Zürich.

The manufacturer's authorised representative in the EU is Springer
Nature Customer Service Centre GmbH, Europaplatz 3, 69115 Heidelberg,
Germany. If you have any concerns regarding our products, please
contact ProductSafety@springernature.com

Printed and bound by CPI Group (UK) Ltd, Croydon, CR0 4YY
27/04/2026
02097560-0003